구약신학논문집 6

Essays in Old Testament Theology 6

Edited and translated by Young Tark Yune, D.D.

구약신학논문집 6

초판1쇄 | 2006년 4월 10일
편역자 | 윤영탁
발행인 | 오덕교
펴낸곳 | 합동신학대학원출판부
주소 | 443-791 수원시 영통구 원천동 산 42-3
전화 | (031)217-0629
팩스 | (031)212-6204
홈페이지 | www.hapdong.ac.kr
출판등록번호 | 제22-1-1호
출판등록일 | 1987년 11월 16일
인쇄처 | 우림문화사 (02)2637-4462
총판 | (주)기독교출판유통 (031)906-9191
값 8,000원

ISBN 89-86191-66-0(94230)
ISBN 89-86191-65-2(세트)

이 도서의 국립중앙도서관 출판시도서목록(CIP)은 e-CIP 홈페이지
http://www.nl.kr/cip.php에서 이용하실 수 있습니다.
(CIP제어번호 : 2006000393)

구약논문 시리즈

구약신학논문집 6

윤영탁 역편

2006
합동신학대학원출판부

Essays in Old Testament Theology 6

Edited and translated
by

Young Tark Yune, D.D.

Professor emeritus of Old Testament
Hapdong Theological Seminary

2006
Hapdong Theological Seminary Press
Suwon, Kyonggi-do, Korea

■ 역자의 말

금번 『구약신학논문집』 제6권에 8편의 귀한 논문들을 독자에게 소개하게 된 것을 기쁘게 생각한다. 첫 번째 논문인 시드니 에스 그레이다누스의 "구약본문으로 그리스도를 설교해야 할 필요성"(Sidney S. Greidanus, "The Necessity of Preaching Christ also from Old Testament Texts," *Calvin Theological Journal* 34[1999] : 188~197)은 고려신학교 출판부(「고려신학」, 2001년 제5집)의 도움을 받아 여기에 소개했다. 두 번째 논문인 에드먼드 피 클라우니의 "어떻게 구약성경에서 그리스도를 전할 것인가"(Edmund P. Clowney, "Preaching Christ From All the Scriptures," *Preacher and the Preaching, Reviving the Art in the 20th Century*, ed. Samuel T. Logan, Jr. [N. J.: Presbyterian & Reformed Pub. Co., 1986], pp. 163~191)는 저자가 작고하시기 전에 허락을 받아 실었다. 생전에 항상 베풀어주신 친절에 다시 한 번 감사드리며 또한 PRP의 브라이스 에이치 크레이그(Bryce H. Craig)에게도 심심한 감사를 드린다. 찰스 스펄전(Charles Spurgeon)은 설교자들에게 그리스도를 설교하라고 역설한 바 있다. "그리스도를 설교하라! 언제든지 끊임없이 그리스도를 설교하라. 그리스도는 복음 전부이시다. 그분의 위격, 신분, 사역은 반드시 우리들의 위대하고도 당면한 주제이어야 한다." 이 두 편의 논문들이 설교자들에게 큰 활력소를 불어넣어 줄 것으로 믿어 의심치 않는다. 세 번째 논문인 시드니 에스 그레이다누스의 "구약본문 설교에서 적용문제"(Sidney S. Greidanus, "Application in Preaching Old Testament Texts," *Readings and Hearing the Word: From text to Sermon: Essays in Honor of J. H. Stek* [Grand Rapids: CRC Publication, 1998], pp. 233~244를 번역할 수 있도록 허락해 주신 저자와 CRC 출판부에 감사드린다. 네 번째 논문인 존 에이치 세일하머의 "모세율법과 오경의 신학"(John H. Sailhamer, "The Mosaic Law and the Theology of the Pentateuch," *Westminster Theological Journal*

52[1991]: 241~261]을 번역하여 실을 수 있게 허락해 주신 저자와 웨스트민스터 신학교 출판부에 감사드린다. 이 논문의 각주에 유난히 많은 라틴어 문자들은 김영규 교수의 도움을 받아 우리말로 옮겼다. 다섯 번째 논문인 티모디 제이 콜의 "하나님과 동행한 에녹"(Timothy J. Cloe, "Enoch, a Man Who Walked with God," *Bibliotheca Sacra* 148[1991]: 288~297)을 여기에 실을 수 있도록 허락해 주신 저자와 또한 여러 번 귀한 논문들을 번역하도록 기회를 주신 *Bibliotheca Sacra*의 편집인 주크 박사(Dr. Roy Zuk)에게 감사드린다. 여섯 번째 논문인 말텐 에이치 와우드스트라의 "에스겔서에 나타난 에돔과 이스라엘"(Marten H. Woudstra, "Edom and Israel in Ezekiel," *Calvin Theological Journal* 3[1968]: 21~35)과 일곱 번째 논문인 와우드스트라의 "에스겔 16:56~63에 나타난 영원한 언약"(Marten H. Woudstra, "The Everlasting Convenant in Ezekiel 16:59-63," *Calvin Theological Journal* 6[1971]: 22~48)을 번역하도록 허락해 주신 저자와 칼빈신학교 출판부에 감사를 드린다. 특히 이 두 논문이 에스겔서 연구가 활발하지 못한 한국 신학계에 도움이 되기를 바라는 마음으로 여기에 실었다. 그리고 마지막 여덟 번째 논문인 세끼네 마사오의 "히브리어와 히브리적 사고"(關根正雄, "ヘブライ的思考," 〈聖書學の 方法と 課題〉, 聖書學論集5, 山本書店, 1967, pp. 65~73)는 산본서점의 허락을 받아 실었다.

귀한 논문들을 번역하여 여기에 실을 수 있도록 흔쾌히 허락해 준 저자들과 여러 출판부에 다시 한번 심심한 감사드린다. 금번의 논문집 제6권에는 출판상의 관계로 인해 지난번에 실린 논문들과 다른 논문들을 포함시켰다. 번역하는 일에 도움을 준 오태용 목사와 임건택 목사 그리고 이 논문집을 출판하도록 협력해 주며 여러 모로 도움을 준 오덕교 총장과 출판부 여러분에게 감사드린다.

2006년 1월

역자

차례

구약성경 본문으로 그리스도를 설교해야 할 필요성[1)]

시드니 그레이다너스

프레드 크래독(Fred Craddock)은 이 시대의 설교를 가리켜 다음과 같이 지적한다.

> 오늘 강단 앞에 앉아 있는 많은 사람들은 전후 신학적 문맥도 고려함이 없는 예수 그리스도를 이해하라는 식의 강요를 받고 있다. 이로써 설교를 듣는 청중은 잘못된 인식을 갖게 되는데, 그것은 그리스도에 대한 믿음이 마치 전에 믿었던 하나님에 대한 신앙을 대치하는 것으로나 혹은 하나님을 믿는 믿음에 새로 그리스도의 대한 신앙을 첨가하는 것으로 잘못 이해하게 한다는 것이다. 이는 마치 사람이 자신의 신앙에 무엇을 하나 더 보태어 구원의 효과를 증대하는 것으로 오해를 받게 한다.[2)]

이러한 설교들이 난무하여 신앙 공동체들(교회) 안에는 일원론적 그리스도의 설교(Christomonistic preaching), 곧 하나님과 분리 고립된 예수가

---

1) 이 소 논문은 1998년 12월 5일에 Academy of Homiletics에서 발표된 것인데 약간 수정하여 여기에 게재하였다. 처음에 발표한 논문은 "구약으로 설교함"(Preaching from the Old Testament)에 초점을 맞추었다.

2) Fred Craddock, "The Gospel of God", in *Preaching as Theological Task; World, Gospel, Scripture*, Thomas G. Long and Edward Farley ed. (Louisville: Westminster/John Knox, 1996), p. 74.

전파될 위험에 노출되어 있는 상태다.

에드먼드 스타임레(Edmund Steimle)는 이 위험성을 자신이 속한 루터 교단을 향해 다음과 같이 경고한 바 있다.

> 루터교의 설교에서 그리스도 중심의 강조는 …… 비록 그것이 고의는 아닐지라도 처음의 전제에서 심히 뒤틀려, 복음의 본질 곧 그리스도 안에 있는 하나님의 계시와 구속 역사에 대한 바른 이해를 거의 교회의 성도들에게서 빼앗아가고 있다.[3)]

이 루터파 학자가 던진 그리스도 일원론에 대한 경고는 더 이상 시편을 노래하지 않고 다만 설교나 복음성가에서 예수 그리스도에만 초점을 맞추는 다른 기독교 공동체에도 똑 같이 적용된다.

그러나 오늘날 구약으로 설교할 때 다른 극단적 양상이 훨씬 많이 나타나는 현실이다. 즉 구약성경 본문으로 설교한 메시지가 예수 그리스도 안에 있는 하나님 자신의 궁극적 계시와는 전혀 상관이 없는 유형의 설교라는 것이다. 이런 흐름 자체는 두 가지 방식으로 나타난다. 첫째는, 대체로 구약으로 설교할 때 인물 중심의 설교를 한다는 것이다. 이는 성경의 인물을 중심으로 그들이 무엇을 했는지 혹은 무엇을 안 했는지를 빗대어 현대 성도들에게 신앙적 도덕적 모범을 제시하는 것이다. 이러한 인간적 "인물 모방의 설교"는 거의 하나님 자신의 계시 본질에 도달하기 어렵다.

둘째는, 이보다 조금 나은 방식으로서 하나님과 그의 구속적 행위에 초점을 맞추는 것이다. 그러나 유감스럽게도 이 하나님 중심적 설교 역시 자주 예수 그리스도 안에 있는 하나님의 궁극적 계시를 도출하지 못하고

---

3) Edmund Steimle, "Preaching as the Word Made Relevant", *Lutheran Quarterly* 6 (1954): 14. 참조. p. 13. 이 논문에서 그는 말하기를 "그리스도 중심의 설교에 대한 강조는 하나님 중심의 설교를 간과할 우려가 있다. 다시 말하면, 그리스도를 적절하고 필요할 만큼 강조한다고 하고서 너무 지나치게 부각시키면 결과적으로 하나님을 강조하지 못하는 부적절한 점이 나타난다"라고 했다.

있다. 일반적으로 하나님 중심적 설교(그리스도를 제외한)는 오히려 기독교 밖의 다른 신들을 믿는 종교인들과 차이가 나지 않는 종교 다원적 성향을 조성할 수 있다. 이 점에 대하여 레이먼드 브라운(Raymond Brown)이 옳게 지적하였다.

> 우리 그리스도인들은 단순히 하나님에 대하여 고백하는 것으로 규정되지 않고 예수를 누구라고 말하느냐로 규정되는 사람들이다. 그 이유는, 누구든지 예수가 누구시며 어떤 사역을 하셨는지 모른다면 하나님을 바로 이해할 수 없기 때문이다.[4]

더욱 중요한 것은 예수님 자신이 주장하시기를 "나로 말미암지 않고는 아무도 아버지께로 올 자가 없느니라 …… 나를 본 자는 아버지를 보았거늘"(요 14:6,9)이라고 하셨기 때문이다. 하나님의 구속 행위와 자기 계시는 그의 독생 성자이신 예수 그리스도의 사심과 죽으심과 부활하심에서 그 절정을 이루고 있다. "하나님이 자기를 드러내심이 어느 것, 어느 때보다도 탁월하게, 또 최고로 선명하게 나타난 바는 바로 예수 그리스도로 말미암음이다."[5]

I. 구약 본문으로 그리스도를 전파하는 것을 옹호하는 자들

기독교의 전통적 설교학 교과서들은 대체로 그리스도를 설교하는 것에 지지를 보내고 있다. 예를 들면, 로마가톨릭의 저술자인 도메니코 그라쏘(Domenico Grasso)는 "설교의 대상과 내용은 그리스도 곧 그 안에서 성부

---

4) Raymond Brown, *Biblical Exegesis and Church Doctrine* (New York: Paulist, 1985), p. 140.

5) Robert Bounce, *The Essential Nature of New Testamental Preaching* (Grand Rapids: Eerdmans, 1960), p. 152.

하나님이 자신을 표출하시고 그의 뜻을 사람에게 전달하시는 그 말씀이다"[6] 라고 진술하였다.

동방정교의 게오르게스 플로로브스키(Georges Florovsky)도 다음과 같이 단언한다. "교회의 사역자들이 성직에 위임되고 또 임무가 부여되는 것은 오직 하나님의 말씀을 바르게 설교하기 위함이다. 그들에게는 고정된 텍스트 곧 예수 그리스도의 복음이 주어지며, 바로 이 유일하고 영원한 메시지를 바르게 전하기 위해 헌신된 자들이다."[7]

루터교 설교학자인 류(M. Reu)도 다음과 같이 말하였다. "설교가 그리스도 중심일 필요가 있으며, 그리스도 예수 이외의 어느 사람이나 대상도 설교의 중심이나 내용이 되어서는 안 된다."[8]

개혁주의 설교학자인 획스트라(T. Hoekstra)는 이렇게 주장하였다.

> 회중을 위해서 성경 강해를 할 때, 설교자는 반드시 …… 그 중심으로 들어가는 한 길이 있다는 것을 보여주어야 하며 이는 비록 그 중심에서 가장 먼 주변의 지점일지라도 그렇게 해야 한다. 왜냐하면 그리스도가 없는 설교는 설교가 아니기 때문이다.[9]

그리고 침례교 설교자인 찰스 스펄전(Charles Spurgeon)은 이렇게 말하였다.

> 그리스도를 설교하라! 언제든지 끊임없이 그리스도를 설교하라. 그리스도는 복음 전부이시다. 그분의 위격, 신분, 사역은 반드시 우리들의

---

6) Domenico Grasso, *Proclaiming God's Message: A Study in the Theology of Preaching* (Notre Dame: Univ. of Notre Dame Press, 1965), p. 6.

7) Georges Florovsky, *Bible, Church, Tradition: An Eastern Orthodox View* (Belmont, Miss.: Nordland, 1972), p. 9.

8) M. Reu, *Homiletics: A Manual of the Theory and Practice of Preaching* (Grand Rapids: Baker, 1967), p. 57.

9) H. Hoekstra, *Geereformeerde Homiletiek* (Wageningen: Zomer & Keuning, 1926), p. 172. 이 내용은 필자가 번역하였다.

위대하고도 당면한 주제이어야 한다.[10)]

이와 같이 교파적 전통들을 통해 보이는 스펙트럼도 우리가 그리스도를 전해야 할 필요성에 대하여 널리 일치하는 것을 발견할 수 있다.[11)]

실제로 구약성경을 가지고 그리스도를 전하는 설교가 불행하게도 설교학 교과서가 말하는 이상적인 것과는 크게 차이가 난다. 이 실패의 원인은 여러 가지 추적된다. 구약성경으로 그리스도에 대하여 설교하는 것 자체가 어렵고, 구약성경을 전공하는 학자들로부터 얻을 수 있는 도움도 부족하며, 설교 본문 안에 구체적 지시도 부족하고, 신약에 계시된 예수 그리스도를 다시 구약 본문에서 읽는 것도 두려우며(두려운 해석), 기타 기독교 교리나 또는 기독교적 삶 혹은 사회 정의에 대한 관심은 등한시하면서 그리스도를 전해야 한다는 염려가 있고, 또 놀랍게도 "그리스도를 전파함"이 무엇이냐 하는 의미도 서로 일치하지 않기 때문이다.

II. "그리스도를 전파함"이라는 말의 의미

"그리스도를 전파함"이라는 표현은 사람들에 따라 다른 의미를 지닌다.

---

10) Charles Spurgeon, *Lectures to My Students.* 이 내용은 Helmut Thielicke, *Encounter with Spurgeon* (Grand Rapids: Baker, 1975), p. 194에서 인용함.

11) 다음의 내용도 함께 참조하라. 예를 들면, 스튜어트(James Stuwart)의 *Heralds of God* (London: Hodder & Staughton, 1946), p. 54: "만일 우리가 하는 모든 강화에서 그리스도에 대하여 설교하는 것을 생각하지 않으려 하면 차라리 그 즉시 우리가 받은 기독교 설교자로서의 직임을 사퇴하고 다른 직업을 구하는 것이 훨씬 나을 것이다." 클라우니(Edmund Clowney)의 *Preaching and Biblical Theology* (Grand Rapids: Eerdmans, 1946), p. 74: "하나님의 말씀을 설교하는 자들은 반드시 그리스도를 설교해야만 한다." 라르슨(David Larsen)의 *The Anatomy of Preaching: Identifying The Issues in Preaching Today* (Grand Rapids: Baker, 1989), P. 163: "기독교의 설교자는 구약이든 신약이든 어느 본문에서 설교하든지 간에 반드시 그리스도를 말씀의 궁극적인 준거로 제시해야 한다."

비록 그 의미가 표면상으로는 단순하게 보여도 몇 가지 요인으로 말미암아 꽤 복합적으로 나타난다. 그 중에 중요한 것 하나는 그리스도께서 영원하신 하나님이시면서 동시에 유한한 세상의 인간으로 성육신 하셨다는 사실이다. 이 복합성으로 인해 "그리스도를 전파함"이라는 표현은 여러 가지로 이해되었다.

혹자에게 "그리스도를 전파함"이란 "십자가에 죽으신 그리스도"를 전하는 것을 뜻하는데 이는 성경의 모든 본문을 갈보리 십자가에서 행하신 그리스도의 구속 행위와 연결시키는 것이다.

다른 이들은 그 의미를 "그리스도의 죽으심과 부활"로 해석한다. 또 다른 사람들은 그리스도의 신성을 강조하여 성경 본문을 영원하신 로고스(Logos)의 사역에 맞추어, 태초부터 나타나셨으며(요 1:1), 구약성경에서 여호와의 사자, 여호와의 군대장관, 하나님의 지혜로서 활동하신 그분을 드러내는 것이라고 한다.

또 다른 이들은 그 의미를 하나님 중심의 강화(講話)로 확대 해석하는데, 그들의 주장에 의하면 그리스도가 영원하신 하나님이시기 때문이라는 것이다. 또 다른 이들의 주장은 "주 예수 그리스도가 여호와로 인식된다"고 하며, 그렇기 때문에 구약성경에 나타난 "여호와"라는 이름 대신에 그리스도를 대치해도 된다는 것이다.[12)]

신약성경에서 "그리스도를 전파함"이라는 표현을 면밀히 조사하면 그 의미는 그리스도의 이름이 결코 여호와의 이름을 대신하지 않는다는 것을 알게 된다. 그것은 일반적으로 불리는 하나님을 설교하는 것이 아니다. 그것은 구약성경에 나타난 영원한 로고스를 계시하는 것도 아니다. 소위

---

12) William Robinson,, "Jesus Christ Is Jehovah," *Evangelical Quarterly* 5 (1933): 145. 참조. T. W. Calloway, *Christ in the Old Testament* (New York: Loizeaux, 1950), e.g., chapter 1, "Jehovah of the Old Testament the Christ of the New." 역시 Howard A. Hanke, *Christ and the Church in the Old Testament* (Grand Rapids: Zondervan, 1957), e.g., 173: "구약에서 우리 주님은 그리스도(여호와)라는 이름으로 사람에게 계시되었고, 신약에서 동일하신 우리 주님은 그 자신이 예수 혹은 그리스도라는 이름으로 자신을 계시하셨다."

이런 유의 명칭을 대신하는 설명은 구약 본문으로 "그리스도를 전파함"이라는 문제를 회피하게 하는 것이다.

신약성경에 따르면, "그리스도를 전파함"이란 하나님의 자기 계시의 절정으로서 나사렛 예수를 설교함이다. 구약으로 그리스도를 설교하는 것은 곧 신약에 계시된 예수 그리스도의 위격, 사역, 교훈 가운데 담긴 하나님 계시의 절정과 구약의 메시지를 참되게 통합하여 완성한 강화이다. 이러한 정의는 설교자들의 딜레마를 폭로한다. 우리는 어떻게 나사렛 예수보다 수세기 전에 기록된 책을 가지고 그분을 설교할 수 있겠는가?

III. 구약성경으로 "그리스도를 전파함"에 대한 교회들의 고민

기독교회는 초기부터 예수 그리스도를 구약 본문으로 설교하는 문제에 대해서 고민해왔다. 불행하게도 설교자들은 자주 풍유적 방법(allegorical method)에서 그 도움을 찾았다. 이 방법으로 그들은 연대기적 문제를 모면할 수는 있었으나, 구약성경 본문을 잘못 해석하는 대가를 지불해야 했다.

예컨대, 순교자 저스틴(Justin Martyr, 주후 약 100~165년)은 구약성경을 가지고 "그리스도를 전파하는 일"에 아주 열성이어서 구약에 언급된 나무토막이면 무엇이든 모두 그리스도의 십자가와 연결시켰다. 그는 "에덴 동산에 있던 생명나무, 모세의 지팡이, 마라의 쓴 물을 달게 한 나무토막, 야곱의 지팡이와 사닥다리, 아론의 지팡이, 마므레의 상수리나무, 출애굽기 15:27의 칠십 주의 종려나무, 엘리사의 막대기 그리고 유다의 지팡이"[13]를 모두 그리스도와 연관시켰다.

---

13) Rowan A. Greer, "The Christian Bible and Its Interpretation," in *Early Biblical Interpretation*, ed. James Kangel and Rowan A Greer (Philadelphia: Westminster, 1986), p. 148.

이 풍유적 방법이 종교개혁 시대까지 유행하였지만, 종교개혁 당시에는 성경해석학자인 루터(Luther)나 특히 칼빈(Calvin)과 같은 사람들에 의해 강력히 거부되었다. 그 이유는 풍유적 해석이 문법적 역사적 해석의 틀과 크게 상치되었기 때문이다. 그러나 후대에도 풍유적 방법은 여전히 스펄전(Spurgeon)이나 빌헬름 비셔(Wilhelm Visher)와 같이 그리스도를 구약 속에서 말하고자 하는 설교자들이 즐겨 사용한 바이다. 이러한 도전 앞에서 우리는 풍유적 함정에 빠지지 않고 구약 본문으로 그리스도를 설교할 수 있는 방법을 개발하는 일에 자극을 받는다.

IV. 구약성경과 신약성경의 관계

구약 본문으로 그리스도를 설교하는 데 있어서 핵심 요건은 설교자가 구약성경을 어떻게 인식하느냐 하는 점이다. 간단히 말하면, 많은 설교자들이 구약과 신약을 별개의 것으로 보고 때로는 구약을 정경이 아닌 것처럼 여기는 경우도 있었다. 따라서 그들은 처음부터 어떤 종류의 "기독론적 해석"이든 반대해 왔다.

예를 들면, 화이브레이(R. N. Whybray) 같은 학자는 "구약성경은 독립적으로 (신약과 별도로) 연구될 때에만 바르게 해석될 수 있다"[14]고 주장한다. 그리고 그는 "전통적인 기독론적 해석의 원칙을 벗어날 필요가 있는데, 이는 이 원칙에 의해 구약이 이미 예견된 선입관으로 해석되기 때문이다.

14) R. N. Whybray, "Old Testament Theology - A Non-existent Beast," in *Scripture: Meaning and Method*, ed. Barry P. Thompson (Hull: Hull Univ. Press, 1987), p. 172. 참조. A. H. J. Gunneweg, *Understanding the Old Testament* (London: SCM, 1978), p. 172: "그리스도적이 아니니 어떤 것을 그리스도적으로 해석하는 것은 불가능하다. 그리스도적이 아닌 것을 그리스도적이라고 해석하는 것은 거짓 해석이다. 적절한 해석은 차라리 솔직하게 구약 그 자체가 스스로 말하도록 하여서, 그것을 현재의 견지에서 이해하는 것이다."

이런 식으로 신약성경의 기자들이 구약을 해석했는데 …… 이는 적절하지 못한 것"으로 여긴다. 그는 우리에게 "구약에 대한 신약성경의 해석이 현대 학문에서는 결코 용납될 수 없다고 솔직히 시인하라"[15]는 식으로 설득하고 있다. 또한 화이브레이는 구약성경을 비기독교적인 책으로 이해하도록 종용한다. 하지만 그와 같이 신약을 구약성경과 분리하고, 또한 기껏해야 이스라엘 동시대의 메시지에만 초점을 맞추는 엄격한 역사 비평적 방법을 채택하게 되면 결국 구약 본문으로 그리스도를 설교하는 일에는 실패하고 말 것이다.

그러나 구약성경은 결코 비기독교적인 책이 아니다. 그것은 예수 그리스도 자신의 성경이다. 그것은 또 바울과 다른 사도들의 성경이기도 했다. 바울은 구약을 염두에 두고 "모든 성경은 하나님의 감동으로 된 것으로 교훈과 책망과 바르게 함과 의로 교육하기에 유익하니"(딤후 3:16)라고 하였다. 구약은 신약을 기록한 기자들에게 전혀 오류가 없는 성경이었다. 물론 당시 (유대인) 기독교회가 당연히 구약을 성경으로 인정했기 때문이다: 구약은 언제나 그들의 것이었다. 마르시온(Marcion, 주후 약 85~160년)이 나타나기 전에는 구약성경이 그리스도인의 성경의 일부라는 사실에 결코 의심하지 않았다.[16]

그리고 후기 기독교회는 구약을 공식 정경(The Canon)으로 채택하였으며(주후 382년), 교회의 신경들은 이 입장을 천명하였다. 예를 들어, 종교개혁의 한 신경을 보면 다음과 같다.

> 성경에 구약과 신약의 두 책을 포함시킨다 …… 우리는 이 모든 (66

---

15) *Ibid.*, pp. 170,171.

16) 참조. Oscar Cullmann, *Christ and Time: The Primitive Christian Conception of Time and History* (London: SCM, 1962), p. 132. 여기에서 그는 바나바의 서신(Epistle of Barnabas)에 대하여 언급하면서 지적하기를 "초기의 기독교인들은 예배를 드리는 가운데 구약성경을 읽고 그것을 기독교 공동체의 정경으로 간주하였다. 따라서 그들은 구약성경을 그들의 삶 속에서 그리스도인의 책으로 간직하였다."

> 권의) 책들을 받아들이며, 이것들만 거룩한 정경의 책으로 인정한다. 이 책들은 우리의 신앙을 규정하고, 기초를 쌓고, 세워나가는 데에 절대 필요하다고 믿는다.[17]

제2 바티칸공의회는 다음과 같이 선언하고 있다.

> 신성한 성경 저자들에 의하여 예언되고, 또 다시 언급되며 설명된 구원의 계획은 구약성경의 책들 속에서 참되고 진실한 하나님의 말씀으로 발견된다. 그러므로 신적 영감하에 기록된 이러한 구약의 책들은 영속적으로 가치가 있다.[18]

결론적으로, "비그리스도적 서적"(저들이 말하는 구약성경)에서 어떻게 기독교의 메시지를 얻을 수 있을까 하는 딜레마는 사람들이 스스로 만들어낸 우문일 뿐이다. 왜냐하면 그러한 일은 성경 자체에 결코 발생하지 않기 때문이다. 물론 우리는 구약에서 신약으로 나아가는 전이 과정 속에서 구속역사뿐 아니라 계시 자체의 발전 과정도 발견하게 된다. 그러나 그 발전 곧 차이점이 결코 구약을 비그리스도적인 것으로 만들지는 않는다. 어떤 강(江)의 원류(原流)들이라고 해서 그것들이 "강이 아닌 것"(nonriver)은 결코 아니다. 그것들은 점차 하류로 흘러 내려가면서 강을 형성하는 주류가 된다.

V. 신약성경의 문맥 속에서 구약 본문을 이해하기

---

17) 벨직 신앙고백, 4항과 5항. 참조. G. C. Berkouwer, *The Person of Christ*, trans. John Vriend (Grand Rapids: Eerdmans, 1952), p. 117. "우리는 성경에 관한 교회의 신조를 다음의 한마디로 축약할 수 있는데, 곧 구약성경이 그리스도적이라는 것은 결코 시대착오가 아니라는 말이다."

18) *Constitution on Divine Revelation*, 4.14, 이 내용은 F. F. Bruce, *The New Testament Development of Old Testament Themes* (Grand Rapids: Eerdmans, 1968), p. 12에 인용되었다.

크리소스톰(Chrysostom)에게서 한 단서를 얻음으로써[19] 우리는 구약을 하나의 그림에 비유할 수 있는데, 그 그림은 하나님께서 역사의 캔버스에 친히 스케치하신 그림이다. 이 그림이 미완성일 때는, 언제든지 여러 가지 방향으로 발전될 가능성이 있으며, 이는 다양한 해석들이 열려있음을 뜻하였다. 하지만 이 그림이 신약에 의해 완성되고 그리스도에 대한 교훈이 종결되었을 때, 구약에 내재했던 모호성은 깨끗이 사라지게 되었다. 따라서 이내 구약의 모든 부분은 완전한 그림 속에서 관찰 되어야 한다. 모든 부분은 반드시 예수 그리스도께서 주신 신약 계시와 연관해서 보아야 한다.

신약 본문 속에서 구약 본문을 이해해야 한다는 요건은 구속사의 발전 과정에서 얻어진 당연한 귀결이다. "때가 차서" 그리스도께서 오시고 그리고 그를 통해 나타난 하나님의 최종 계시는, 우리가 구약을 읽을 때 언제나 이 최종 계시의 관점에서 읽어야 한다. 존 스텍(John Stek)은 이에 대하여 다음과 같이 말하고 있다.

> 구원사의 발전 과정이 있다는 사실은 역사의 초기에 말씀하신 하나님의 말씀을 항상 새롭게 (발전 과정에 따라) 청취할 것을 요구한다. 그 청취는 반드시 그 이전과 다를 수밖에 없고, 그것은 구원사 가운데 이전과 다른 그 이후의 사건과 환경의 문맥을 들음으로 후에 말씀하신 하나님의 계시의 빛을 통해서 읽는 것이기 때문이다.[20]

바울은 바로 이 사실을 고린도후서 3:15~16에서 인정하고 있는데, 개종하

19) Chrysostom, *Sermons in the Epistle to the Philippians*, no. 10, MPG 62.257. 이 내용은 레슬리 바나드의 책에서 인용된다: Leslie W. Barnard, *Studia Theologia* 36 (1982), p. 2: "그림에서도 그와 유사하다. 어떤 화가가 왕을 그리고 있다. 그러나 그 그림은 거기에 색깔이 칠해지기 전까지는 결코 그는 왕이라고 불리지 않을 것이다. 그리고 색깔이 칠해져서 도형이 가려지고 실상이 나타날 때, 그때에야 비로소 우리는 '보라 왕이시다!'라고 말하게 되는 것이다."

20) John Stek, "The Message of the Book Jonah," *Calvin Theological Journal* 4/1 (1969): 47-48.

지 않은 유대인에 대하여 바울이 언급하기를 "오늘까지 모세의 글을 읽을 때에 수건이 오히려 그 마음을 덮었도다 그러나 언제든지 주께로 돌아가면 그 수건이 벗어지리라"고 했던 것이다. 신약에 나타난 하나님의 계시로부터 예수를 메시야로 알게 된 그리스도인은 자연히 구약을 이해하는 "새로운 독해능력"(new-reader-competence)[21]을 가지게 된다.

우리는 또한 신약의 문맥 속에서 구약 본문을 이해할 수 있는 요건으로, 하나님의 문학적 관점에서 그것을 보라고 주장할 수 있다. 구약의 각 본문들은 기독교 정경의 전체를 이루고 있는 일부이기에, 이 요건은 당연히 해석학적 원칙의 표준이 되며 성경의 모든 본문들은 각각 그 문학적 전후 문맥 속에서 이해되어야 한다.[22] 그것은 또한 해석학적 유형의 한 틀이기도 하다. 누구든지 전체를 완전히 알기 전에는 그것의 일부를 완전하게 이해할 수 없고, 마찬가지로 부분들을 다 알기 전에는 결코 전체를 완전히 이해할 수 없다. 기독교 정경 두 부분(구약과 신약)의 바로 이런 통일성을 이해할 때에만 비로소 해석학적 틀이 우리에게 신약의 예수 그리스도의 빛을 통해 구약을 실제적으로 이해할 정보를 제공해준다. 그러나 그 반대도 유효하다. 즉 구약을 바로 알기 전까지는 누구도 신약과 예수 그리스도를 참되게

---

21) Richard B. Hays, *Echoes of Scripture in the Letters of Paul* (New Haven: Yale Univ. Press, 1989), p. 124.

22) 여러 신학적 전통을 따르는 학자들도 이 해석학적 원칙에 동의하고 있다. 예를 들면, 로렌스 툼스(Lawrence E. Toombs)는 *The Old Testament in Christian Preaching* (Philadelphia: Westminster, 1961), p. 26에서 다음과 같이 말하고 있다. "설교자들은 반드시 신약성경에서 자신의 신앙적 입장을 분명하게 취할 수 있어야만 한다. 그래서 혹시 그가 구약으로부터 설교를 할지라도, 그는 결코 구약을 설교하는 것이 아니라 그 자신의 독특한 크리스천 복음을 설교하는 것이다." 참조. 클라우니(Edmund Clowney)는, 그의 책 *Preaching and Biblical Theology*, p. 75에서 다음과 같이 말하고 있다. "구약본문의 그리스도적 선포는 구약 그 자체의 강화를 설교하는 것이 아니다." 참조. 칼 그래써(Carl Grasser)는, 그의 "Preaching from the Old Testament," *Concordia Theological Monthly* 38 (1967): 529에서 이렇게 언급한다. "구약은 하나님 나라가 도래하는 목적을 바라보고 있었다. 그 나라가 이미 예수 그리스도 안에서 도래하였기 때문에, 구약은 신약에서의 예수 그리스도의 언약 성취와 완성의 사건들이라는 견지에서만 설교가 될 수 있다."

이해할 수 없다.

VI. 구약성경을 가지고 설교해야 할 이유들

오늘 우리는 구약성경을 가지고 설교해야 할 이유들을 여러 가지로 거론할 수 있다. (1) 구약은 기독교 정경의 일부이다. (2) 구약은 예수에게로 인도하는 구속 역사를 드러내 준다. (3) 구약은 신약에서 발견되지 않는 진리를 선포한다. (4) 구약은 신약을 잘못 이해하지 않도록 지켜준다. 그러나 "그리스도를 전파함"이라는 주제와 관련해서 다음의 세 가지 이유를 부각시키고 싶다.

첫째로, 구약을 가지고 하는 설교는 설교자와 청중들로 하여금 신약과 예수 그리스도에 대한 증거를 더욱 잘 이해할 수 있게 해준다. 존 브라이트(John Bright)는 다음과 같이 진술했다.

> 신약성경은 예수를 메시야, 인자로 높이며 고난받는 종으로 설명한다. 그러나 정작 그 어디에도 이들 용어가 무슨 뜻인지 설명해 주는 곳은 없다 …… 만일 구약성경을 제외한다면 신약성경의 기자들이 보았던 우리 주님이 하신 사역의 참된 의미를 이해한다는 것은 참으로 불가능하다.[23)]

둘째로, 설교자와 청중들은 그리스도의 위격과 사역을 이해하려면 반드시 구약을 알아야 한다. 벌카우워(Berkouwer)는 주장하기를 구약성경이

---

23) John Bright, *The Authority of the Old Testament* (London: SCM, 1967), p. 204. 참조. Bruce C. Birch, *What Does the Lord Require? The Old Testament Call to Social Witness* (Philadelphia: Westminster, 1985), p. 110: "구약성경의 증거가 없다면, 우리는 신약성경의 초대 교회가 예수에 대하여 무엇이라고 말하고 있는지 전혀 알 수 없을 것이다."

없다면 예수 그리스도께서 인간으로 낮아지심, 신적 구속행위, 하나님의 공의와 진노, 그의 사랑과 거룩하심으로 묘사되는 전체 배경에서 단절된 그리스도를 만들고 말 것이다"[24]라고 하였다. 폰 라드(von Rad)도 다음과 같이 주장한다. "그리스도에 대한 우리의 지식은 구약의 증거 없이는 불완전하다. 그리스도는 그가 오시기를 기다리던 자들과 그를 기억하던 자들, 이 두 그룹의 이중 증거의 합창을 통해서 비로소 우리에게 전해졌다."[25]

셋째로, 설교자와 청중들은 예수 그리스도의 가르침을 바로 이해하려면 역시 구약을 알아야 한다. 예를 들면, 예수님의 가르치심의 핵심은 하나님의 나라를 말하는 것이었다. 이것은 예수님께서 그의 공생애 사역 시작부터 끝까지 하신 말씀의 주제였다. 그는 "때가 찼고 하나님 나라가 가까왔으니 회개하고 복음을 믿으라"고 하셨다(막 1:15). 그러나 구약의 조명 없이 이 하나님의 나라가 무엇인지를 알지 못할 것이다. 크리스토퍼 라이트(Christopher Wright)는 주장하기를, "구약을 더욱 잘 이해할수록, 당신은 그리스도의 중심에 더욱 더 가까이 다가가게 될 것이다"[26]라고 하였다.

---

24) G. C. Berkouwer, *The Person of Christ*, 152. 브리젠(Th. G. Vriezen)은 그의 책 *An Outline of Old Testament Theology* (Oxford: Basil Blackwell, 1970), p. 9에서 "그리스도의 메시야 직분은 구약 없이는 결코 고백되거나 증거 될 수 없다"고 주장했다.

25) Gerhard von Rad, "Typological Interpretation of the Old Testament," in *Essays on Old Testament Hermeneutics*, ed. Claus Westermann (Richmond: John Knox, 1963), p. 39.

26) Christopher J. H. Wright, *Knowing Jesus Through the Old Testament: Rediscovering the Roots of Our Faith* (Downers Grove: Inter-Varsity Press, 1992), p. 108. 참조. John I. McKenzie, "The Significance of the Old Testament for Christian Faith in Roman Catholicism," in *The Old Testament and Christian Faith: A Theological Discussion*, ed. Bernhard W. Anderson (New York: Harper & Row, 1963), p. 108.

VII. 구약 본문들을 가지고 그리스도를 설교해야 할 이유들

우리가 만일 규칙적으로 구약을 설교해야 할 필요를 느낀다고 가정한다면, 그것은 또한 "왜 구약에서 반드시 그리스도를 설교해야 하는가?"에 대하여 의문을 제기할 지도 모르겠다. 이 점에 대하여 본인은 구약 본문들을 가지고 그리스도를 설교해야 할 여섯 가지 이유를 제안하고자 한다.

첫째로, 구약은 여러 가지로 그리스도에 대하여 증거하고 있기 때문이다. 예수 그리스도께서도 유대인에게 말씀하시기를 "너희가 성경(구약)에서 영생을 얻는 줄 생각하고 성경을 상고하거니와 이 성경이 곧 내게 대하여 증거하는 것이로다"(요 5:39)라고 친히 증거하셨다. 또한 주님은 부활하신 후에 그의 제자들에게 말씀하시기를 "내가 너희와 함께 있을 때에 너희에게 말한 바 곧 모세의 율법과 선지자의 글과 시편에 나를 가리켜 기록된 모든 것이 이루어져야 하리라 한 말이 이것이라"(눅 24:44)고 하셨던 것이다. 만일 구약의 세 부분(율법, 선지서, 시편에 기록된 글)이 그리스도에 대하여 증거하고 있다면, 우리의 설교에서 그리스도에 대한 이 증거들을 제시하지 아니할 경우 구약에 대하여 정당하게 취급하지 못할 것이다.

둘째로, 예수께서 제자들에게 자기의 이름을 모든 민족에게 전파하라고 명령하셨기 때문이다. "너희는 가서 모든 민족으로 제자를 삼아 아버지와 아들과 성령의 이름으로 세례를 주고 내가 네게 분부한 모든 것을 가르쳐 지키게 하라 볼지어다 내가 세상 끝날까지 너희와 항상 함께 있으리라"(마 28:19~20). 비록 이 세례 공식이 삼위일체적이기는 하지만, "(예수의) 제자"를 삼고 "내가 너희에게 분부한 모든 것을 가르쳐 지키게 하라"는 명령과 "내가 함께 있으리라"는 약속들은 특별히 모두 예수 그리스도 자신에게 초점이 맞추어져 있다.

이에 대하여 사도 베드로는 후에 회상하기를 "우리를 명하사 백성에게 전도하되 하나님이 산 자와 죽은 자의 재판장으로 정하신 자가 곧 이 사람인 것을 증거하게 하셨다"(행 10:42)고 하였다. 예수님에게 직접 이 본래의 명령을 받지 않았던 사도 바울도 나중에 예수 그리스도를 전파해야 한다는 특별 명령을 받았다.

바울은 그리스도인들을 박해하려고 다메섹으로 가던 길에 살아 계신 주님께서 그를 막으시고 말씀하셨다. "나는 네가 핍박하는 예수라 네가 일어나 성으로 들어가라 행할 것을 네게 이를 자가 있느니라." 그리고 나서 예수님은 아나니아에게 말씀하시기를 "이 사람(바울)은 내 이름을 이방인과 임금들과 이스라엘 자손들 앞에 전하기 위하여 택한 나의 그릇이라"(행 9:5~6,15)고 하셨다.

사도들은 모두 부활하신 그들의 주님으로부터 그의 "이름"(예수와 관련된 계시)을 민족들 가운데 전파하라고 명령을 받았으며, 그들은 이를 구약성경 본문을 인용하여 예수 그리스도를 전파함으로써 순종하였다.

오늘 기독교의 설교자들도 모두 예수 그리스도의 "이름"을 설교하라는 명령 하에 살고 있는 것은 그 명령이 처음 사도들을 훨씬 뛰어 넘어 오늘에 미치고 "마지막 때까지" 이르기 때문이다.

셋째로, 그리스도의 오심은 구속사에서 그토록 중대한 사건이기에 비록 그 설교가 초기의 구속사에 기초하고 있을지라도 무시할 수 없는 것이다. 구속사의 드라마 가운데 초기 장면은 반드시 절정의 빛에 의해 해석되고 설교되어야 한다. 하나님이 약속하신 메시야를 수세기 동안 기다린 후에 또 여러 번 기대가 부풀기도 하고 소망이 끊어진 듯한 시간이 경과한 후에 마침내 메시야가 오셨다.

구약에서 하나님의 구속 행위들을 설교할 때 우리는 이 구속역사의 절정을 결코 무시할 수 없다. 하나님께서는 그의 약속하신 바를 성취하신 것이다. 그의 구원이 실제 현실이 된 것이다. 하나님의 나라가 놀라운 새 방식으로 이 세상 속에 들어온 것이다. 그 임금(the King)께서 오신 것이다!

넷째로, 그리스도를 설교해야 할 이유는 생명을 구원하는 설교 메시지가 그 속에 있기 때문이다. 1970년대에 브리티시 콜롬비아(British Columbia)

에서 척수성 소아마비가 막 번지게 되자 콜롬비아 정부는 재빨리 모든 자녀들을 예방 접종하라는 메시지를 부모들에게 전달하였다. 그것은 정말로 즉각 받아야할 매우 사활이 걸린 메시지였다. 이 메시지를 전달해야 할 긴급성이 명백한 것은 그 질병의 치명성을 알리는 동시에 그 치료제를 손쉽게 얻을 수 있다는 것을 알려야만 한다는 시각 때문이다.

이와 마찬가지로 죄로 말미암아 타락한 이후에, 인간들도 하나님과 멀리 떨어지게 되었고 죽음에 이르는 절박한 질병 아래 놓이게 되었다. 분별력이 있는 사람이라면 누구든지 이 죽음에 이르는 질병을 목도는 하지만, 모두 그 치료법을 아는 것은 아니다. 그래서 사람들은 유효한 치료제에 대한 메시지를 들을 필요가 있다.

바로 이 사실에 대하여 빌립보 감옥의 간수가 부르짖기를 "내가 어떻게 하여야 구원을 얻으리이까"라고 하였던 것이다. 바울이 대답하기를 "주 예수를 믿으라 그리하면 너와 네 집이 구원을 얻으리라"(행 16: 30~31)고 하였다.

바울은 이 사실을 수년 후에 언급하기를, "네가 만일 네 입으로 예수를 주로 시인하며 또 하나님께서 그를 죽은 자 가운데서 살리신 것을 네 마음에 믿으면 구원을 얻으리라"(롬 10:9)고 하였던 것이다. 예수 그리스도에 대한 신앙은 바로 영원히 죽음에 이르는 질병에 대한 유일한 치료제이다. 이 세상은 치명적인 죄를 지어, 하나님과 멀어졌고, 죽음을 향해 달리고 있기 때문에, 생명을 구원하시는 예수 그리스도의 메시지는 매우 긴급하고 단순하게 선포되어야 한다. 왜냐하면 그것은 희망의 메시지요 화해의 메시지이며, 하나님과의 화평, 치료, 회복, 구원, 영생의 메시지이기 때문이다.

다섯째로, 그리스도를 전해야 할 보다 더 중요한 이유는 오직 그리스도만이 구원의 유일한 길이시기 때문이다. 베드로는 그의 설교에서 강조하여 말하기를 "천하 인간에 구원을 얻을 만한 다른 이름을 주신 일이 없음이니라"(행 4:12)고 했다. 베드로의 희망찬 그러면서도 배타적인 이 설교는 사실상 예수 그리스도 자신의 메시지를 그대로 받아 전하는 것이었다.

주님께서는 "내가 곧 길이요 진리요 생명이니 나로 말미암지 않고는 아버지께로 올 자가 없음이라"[27]고 말씀하셨다. 영생은 오직 예수 그리스도 안에서 발견된다.

마지막 여섯째로, 구약 본문을 가지고 예수 그리스도를 설교해야 할 마지막 이유는 오늘 우리의 청중들이 후기 기독교(Post-Christian)의 문화 가운데서 살기 때문이다. 초대 교회는 그 특성상 비기독교 문화 속에서 살고 있던 사람들에게 복음을 전하였다. 그 시대의 사람들은 그리스도와, 또 그가 어떤 분이시며 자기들의 신과 어떻게 다른지에 대하여 들을 필요가 있었다. 그 시대의 설교자들은 그와 마찬가지로 비기독교 문화 속에서 사는 사람들을 상대로 설교를 해야만 했다.

하지만 후기 기독교 문화 속에서 하는 설교는 엄청난 책임을 설교자들에게 부가한다. 그 책임은 곧 그리스도를 분명하게, 권위 있게, 이해할 수 있도록 설교하는 것이다. 이 시대의 설교자들은 그리스도와 연결된 메시지가 이미 만연한 기독교적 풍토 속에 더 이상 수용되리라고 추정할 수 없게 되었다. 그것은 기독교 예배의 상황 속에서도 마찬가지다. 그래서 더욱더 의도적으로라도 마땅히 예수 그리스도를 모든 사람들이 인식할 수 있도록 설교해야 한다. 존 스토트(John Stott)는 이 시대 설교자들의 목적에 대하여 다음과 같은 말로 집약한다.

> 설교의 주된 목표는 성경을 신실하고도 적절하게 해석하여 예수 그리스도가 그 모든 능력 가운데 모든 인간의 상황에 인식되게 하는 것이다.[28]

윌리엄 홀(William Hull)은 다음과 같이 건전한 조언을 여기에 덧붙였다.

---

27) 요 14:6; 참조. 요 15:5; 17장; 마 11:27; 고후 5:20-21; 딤후 2:5.

28) John R. W. Stott, *Between Two Worlds: The Art of Preaching in the Twentieth Century* (Grand Rapids: Eerdmans, 1982), p. 325.

> 우리부터 강단에 올라가 신변잡기(身邊雜記)의 주제들을 토론하거나 호기심을 자극하는 난해한 것들을 사색하는 그런 말을 하지 않도록 하자 …… 우리는 오직 예수 그리스도의 주되심을 설교하기 위해 그곳에 올라가는 것이다 …… 이것이야말로 굉장히 중대한 사명이다. 말씀만을 전파하라! 그 말씀이 우리의 청중들을 움직이도록! 새 시대는 예수 그리스도 우리 주 안에서 바로 우리(설교자)의 것이다![29]

구약 본문을 가지고 예수 그리스도를 설교해야 할 이유는 많다. 이 명분은 우리로 하여금 그렇게 설교하는 바르고 건전한 해석학적 방법을 개발하도록 독려하고 있다.[30]

---

29) William E. Hull, "Called to Preach," in *Heralds to a New Age*, ed. Don M. Aycock (Elgin, Ill.: Brethren, 1985), pp. 47-48.

30) 필자는 다음의 책 *Preaching Christ from the Old Testament* (Grand Rapids: Eerdmans, 1999)에서 이 도전을 제시하려고 노력하였다.

어떻게 구약성경에서 그리스도를 전할 것인가

에드먼드 피 클라우니

신약성경 전체가 하나님의 약속들의 성취를 설명함

내가 여러분에게 여러분의 성경책을 좀 살펴보라고 요청해도 되겠습니까? 제본된 여러분의 책을 살짝 구부려 각 페이지의 끝 부분이 닳은 흔적을 자세히 살펴보십시오. 만일 여러분의 성경책이 아주 새것이거나 또는 여러분이 유별난 설교자가 아니라면, 여러분이 엄지손가락 끝으로 신약성경이 어디서 시작하는지를 쉽게 찾을 수 있으리라고 예상합니다. 그곳이 바로 성경의 페이지 끝마다 반짝반짝 빛나는 금박이 완전히 닳아 그 앞부분과 확연히 구분되는 곳입니다. 아마도 여러분은 페이지 끝이 닳은 흔적을 보고 시편이나 이사야서도 쉽게 찾아낼 수 있을 것입니다.

여러분들은 설교 노트를 살펴봄으로써 판단을 다른 식으로 내릴 수 있습니다. 구약과 신약 성경 본문 중 어느 부분에서 주로 설교를 하셨습니까?

만일 성경 말씀을 단순히 주머니 속의 성경으로 생각지 않고 실제로 성경 말씀을 전하고자 한다면, 우리는 지금보다 구약성경을 더 많이 사용해야 합니다. 사도 시대에 말씀을 전파하기 위해 사용한 성경은 구약성경이었습니다. 나사렛의 회당에서 말씀을 선포하신 우리 주님(눅 4장), 오순절 때에 말씀을 전파한 베드로(행 2장), 소아시아와 그리스의 회당들에서 복음을 전한 바울, 이들 모두는 한결같이 구약성경으로 복음을 전파하였습니다. 그리스도에 대한 사도들의 증거가 계속 기록되던 시대에는 구약이 바로 교회가 그리스도를 전파하는 데 사용하던 성경이었습니다.

그런데 우리가 설교할 때는 구약성경을 왜 그렇게 적게 사용하는지요? 아마도 일부 설교자들이 구약성경을 전하지 않는 게으른 이유는 그들이 성경 본문을 가지고 준비해서 설교를 하지 않기 때문일 것입니다. 그런 사람들은 어떤 주제들을 가지고 다소 성경적으로 설교하기를 좋아합니다. 그러나 전부터 있었던 하나의 큰 문제점은 구약성경의 본문들이 복음을 명확하게 제시해 주지 못하는 것과 같은 불안한 느낌이 있었다는 것입니다. 기독교 설교자들이 유대인의 회당에서 전파된 내용을 가지고 설교한다거나 또는 그러한 설교를 함으로써 율법주의적이 되거나 도덕주의적이 되지나 않을까 두려워하는 것도 당연하다고 하겠습니다.

그러므로 우리가 성경 전체에서 끌어 낸 설교를 하려고 한다면, 우리는 반드시 성경 전체가 예수 그리스도에 대하여 어떻게 증거하고 있는지를 볼 수 있어야 합니다. 이에 관하여 성경은 하나의 열쇠 곧 신약에 의해 사용된 구약이라는, 비밀을 풀 열쇠를 쥐고 있습니다. 이 열쇠는 누가복음의 마지막 부분(눅 24:13~27, 44~48)에 제시되어 있습니다. 그것은 바로 부활하신 후 예수님께서 하신 말씀에서 찾아볼 수 있습니다. 부활절 아침에 낙심하여 엠마오로 돌아가던 두 제자들을 만나셨을 때, 예수님께서는 즉시 자신을 드러내심으로써 그들의 비애를 그치게 하지 않으셨습니다. 주님께서는 부활의 아침에 "마리아야"라고 부르셨던 것처럼(요 20:16) "글로바야"라고 부르심으로써 주님이심을 깨닫게 하신 것이 아닙니다. 오히려 그분께서는 그들이 어리석게도 슬퍼하고 있는 것에 대하여 그들을 꾸짖으셨습니다. 그들은 무덤이 빈 것을 보고 또 이를 전한 여인들의 이야기를 듣고도 도무지 주님의 부활을 믿을 수 없었습니다. 왜 믿을 수 없었습니까? 그 이유는 그들이 "선지자들의 말한 모든 것을 마음에 더디 믿는 자들"(눅 24:25b)이었기 때문입니다. 그들은 그리스도께서 반드시 고난을 당하시고

난 후에 영광 가운데로 들어가셔야 한다는 사실을 깨닫지 못하였습니다. 그래서 예수님께서는 모세의 책들로부터 시작해서 모든 선지자들의 글들을 꿰뚫으면서 "모든 성경에 쓴바 자기에 관한 것을 자세히 설명"(눅 24:27)하셨습니다. 그들은 모든 성경이 그리스도에 관하여 초점이 어떻게 맞추어져 있는지를 깨닫게 되자 그들의 마음은 뜨거워졌습니다. 성경을 배우는 이러한 체험이 있고 난 후에야 비로소 그들의 눈이 밝아져 주님께서 떡을 떼실 때에 그분을 알아보게 되었습니다.

그후에 부활하신 그리스도께서는 계속 가르치시어 "모세의 율법과 선지자의 글과 시편에 나를 가리켜 기록된 모든 것이 이루어져야 하리라"고 말씀하시면서 "저희의 마음을 열어 성경을 깨닫게" 하셨습니다(눅 24:44b,45).

부활하신 이후로 승천하실 때까지 사십일 동안 예수님이 제자들에게 가르치신 것은 무엇이었습니까? 예수님께서 제자들에게 가르치신 범위(모세, 선지자, 시편 - 이 책들은 히브리 성경을 크게 나눈 세 구분입니다)는 넓었습니다. 예수님의 가르침 속에는 진전 과정도 있었습니다. "모세와 및 모든 선지자의 글로 시작하여"라는 구절과 '디에르메뉴오'(διερμηνεύω, "자세히 설명하다")라는 동사가 사용된 사실은 가르침이 논리 정연하게 고찰된 해설이었음을 나타내고 있습니다. 그러나 예수님께서 "주해"상의 어떤 과정을 제시하신 것은 아니었습니다. 그분께서는 그저 성경이 실제로 말하는 것을 설명하시고 제자들의 마음을 열어 그것을 이해하도록 하셨습니다. 성경에 대한 이해는 그들에게 확신을 불러 일으켰고 마음을 뜨겁게 만들었습니다. 비록 예수님 자신이 그들의 선생이셨지만 그분께서는 오직 자신만이 성경을 그렇게 해석하실 수 있다고 여기지는 않으셨습니다. 오히려 그분께서는 그들이 구약의 단순한 의미조차 깨닫지 못한 것 때문에 그들을 미련하고 마음에 더디 믿는 자라고 꾸짖으셨습니다. 사실 성경의 메시지는 너무도 분명해서 그것을 이해하지 못하는 것은 일종의 정신적 장애(mental block)가 존재한다는 사실, 곧 표현된 진리를 소경처럼 인식하지 못하는 장애가 존재한다는 사실로 설명해야만 합니다.

여러분은 그리스도께서 사십일 동안 개최하신 세미나에 참석할 수 있기를 바라셨습니까? 여러분은 슬프게도 구약에 관한 그리스도의 포괄적이고도 설득력 있는 해설이 무엇이었는지 실마리조차 찾지 못한 것으로 결론을 내리고 있습니까?

잠시 멈추고 생각해 봅시다. 누가는 구약에 관한 이러한 관심사를 예수님께서 부활하시고 승천하시기 전후에 행하시고 가르치셨던 내용에 관하여 기록한 두 권의 책의 중점으로 삼고 있습니다(행 1:1). 그렇다면 과연 누가가 영지주의적인 문체(Gnostic style)로써 은밀한 가르침을 서술하고 있는 것입니까? 아니면 누가가 과연 예수님께서 일부 수제자들에게 은밀한 교훈을 주시는 것으로 묘사하고 있는 것입니까? 물론 그런 것은 결코 아닙니다. 예수님께서 제자들에게 구약에 관하여 설명하신 내용이 바로 그들의 말씀 전파 내용의 열쇠가 되었습니다. 누가는 우리에게 제자들이 성경 전체로부터 그리스도를 전파하는 것에 대한 그들의 새로운 이해를 어떻게 사용하였는지 보고하고 있습니다. 오순절 때에 베드로가 한 설교는 요엘서와 시편 16편, 110편에 나오는 구절들을 해설한 것이었습니다(행 2:17~21, 25,28,34). 후에 베드로는 성전에서 "하나님이 모든 선지자의 입에 의탁하신 것들"의 성취를 선포하였습니다(행 3:18). 그는 신명기에서 인용하면서 이렇게 덧붙였습니다. "또한 사무엘 때부터 …… 모든 선지자도 이때를 가리켜 말하였느니라"(행 3:24).

스데반은 자신을 변호할 때에도 그리스도를 가리키기 위하여 구약의 역사를 개관하였습니다(행 7장). 빌립은 이사야 53:7에서 시작하여 에디오피아의 내시에게 예수를 전파하였습니다(행 8:34). 바울은 다윗의 후손이신 메시야를 가리키기 위하여 출애굽 가운데 나타난 하나님의 구원을 추적하였으며, 또 하나님께서 이스라엘에게 주신 통치자들을 회고하였습니다(행 13:16~41). 베드로와 마찬가지로 바울도 시편에서 인용하였습니다.

우리는 사도행전에 기록된 모든 설교에서도 똑같은 주제들이 반복하여 나타나는 것을 발견하게 됩니다. 분명히 누가는 우리가 구약에 관한 예수님의 해설에 대하여 무지한 채로 남아있게 되리라고 생각하지 않았습니다. 주님께서 제자들에게 가르치신 내용을 제자들은 교회에 선포하였습니다. 신약성경 전체가 하나님의 약속들의 성취를 설명하고 있습니다. 그러므로 구약성경이 없다면 복음의 메시지 자체는 제대로 이해될 수 없습니다. 그렇기에 신약 전체에 걸쳐 구약의 인용문들이 널리 퍼져 있으며, 더욱이 구약에 관한 언급들은 한결 더 풍부한 것입니다. 넷슬(Nestle) 판 헬라어 성경을 잘 검토해 보십시오. 그 성경에는 구약을 언급하는 구절들이 굵은 활자로 표시되어 있는데 그것들이 거의 매 쪽마다 흩어져 있는 것을 볼 수 있습니다.

이처럼 풍부하게 나타나는 설명하는 길잡이가 있는데도 불구하고 왜 우리는 구약을 사용하는 데 있어서 그토록 확신이 없어야 하는 것입니까? 의심할 바 없이, 하나님의 영께서 우리에게 주신 것에 대해 우리가 소홀히 해 왔습니다. 그래서 신약에 나타난 구약 해설의 범위나 대담성이 우리에게는 너무도 감당하기 힘든 것으로 판명되었습니다. 우리는 당황하지 않을 수 없게 되었습니다. 신약성경이 정말로 구약성경을 해설해 주고 있는 것입니까? 아니면 단순히 언어를 사용하여 낡은 가죽 부대에 새 술을 채운 것입니까? 우리는 종종 구약을 해설하기 위하여 신약에서 사용된 원리들을 인지하기는커녕 도리어 주어진 해설들을 신뢰하지 못하는 지경에까지 이르게 됩니다. 우리는 신약성경에서 그리스도를 분명하게 드러내지 못하는 구절들에서는 그분을 찾으려는 엄두도 내지 못하며 또 신약성경에서 그리스도를 드러내는 일부 구절들에서도 어려움에 봉착합니다.

만일 구약에 관한 우리의 설교를 새롭게 하려고 하면 그리스도께서 그의 제자들에게 해주셨던 것처럼 마음을 여는 일이 우리에게 필요하며, 또 그분께서 성경을 풀어 주셨던 열쇠도 사용할 필요가 있습니다. 그 열쇠는 바로 그리스도에 관한 성경의 증거인 것입니다.

1. 하나님께서 형성하신 언약의 뼈대

구약성경 전체의 구조: 하나님의 언약을 증거함

단순히 이제까지 메시야를 가르친 내용으로 인정되는 일부 구절들만이 아닌 구역성경 전체가 우리에게 그리스도를 가리켜 주고 있습니다. 사실 우리는 구역성경의 메시야적 예언을 대단히 친숙하게 잘 알고 있습니다. 빌립이 에디오피아 내시의 병거에 올라가서 이사야 53:7을 읽는 것을 들었을 때, 복음의 전도자 빌립은 그 구절로부터 시작하여 예수님을 전하였습니다(행 8:35). 우리는 빌립이 무슨 말을 하였을 지에 대해 충분히 짐작하고도 남음이 있습니다. 똑같은 방식으로 우리는 예수님께서 십자가상에서 첫 번째로 외치신 부르짖음으로 보아 시편 22편이 메시야적 내용이라는 사실을 알 수 있습니다. 또한 예수님께서는 친히 시편 110편을 언급하셨는데, 주님께서 하나님의 우편에 앉으실 것을 제안하는 그 시편의 첫 구절에서 우리는 그리스도를 찬양하는 예언을 인지할 수 있습니다(시 110:1; 막 12:36; 14:62).

그러나 전체로서 구약성경의 구조에 대해서는 어떠합니까? 우리는 어떻게 해서 기록된 구약성경을 갖게 되었습니까? 또 그토록 오랜 세월에 걸쳐서 씌어지고, 서로 다른 글들을 모은 듯이 보이는 것에 대하여 무엇이라고 설명하겠습니까라는 물음을 던져봄으로써 시작할 수 있을 것입니다.

이에 대하여 구약성경 자체가 분명하게 대답하고 있습니다. 성경은 하나님께서 이스라엘과 맺으신 언약의 역사 내에서 하나님께서 주신 것입니다. 기록된 성경은 구약의 역사 가운데서 하나님께서 시내 산에서 이스라엘과 언약을 약정하시는 문맥에 처음 나타납니다. 여호와께서 산에서 말씀하시는 것이 신적 계시의 본보기를 제공해주는 것과 마찬가지로 두 돌판 위에 쓰신 기록도 신적 명문(銘文)의 본보기를 제공해줍니다.

> 여호와께서 시내산 위에서 이르시기를 마치신 때에 증거판 둘을 모세에게 주시니 이는 돌판이요 하나님께서 친히 쓰신 것이더라(출 31:18. 참조. 24:12; 32:16).

그 돌판들은 "증거판"(출 31:18; 40:20)이라고 하였으며, 그것들을 넣은 궤는 "증거궤"(출 25:16,21,22; 26:33; 39:55)라고 하였습니다. 언약의 약정 형식은 "증거" 혹은 "증언"이라는 용어를 잘 설명하고 있습니다. 하나님께서 이스라엘과 맺으신 언약의 조항들 혹은 약속들은 성문화된 기록에 의해서 입증 또는 증거되고 있습니다. 이러한 이유 때문에 복사된 부본(副本)들이 요청되는 것입니다.[1] 다시 말하면 하나는 하나님의 것이고 다른 하나는 이스라엘의 것인 셈입니다. 그리고 이 둘 모두 언약궤 안에 넣어 보관됩니다. 언약궤의 뚜껑은 바로 속죄소, 즉 자신의 백성 가운데 거하시는 하나님의 보좌의 상징입니다. 그러므로 하나님의 언약의 증거는 그분의 보좌 아래 보관되어 있는 것입니다.

만일 하나님께서 자신의 언약에 신실치 않으시면, 그 백성들은 그분께서 친히 주신 증거에 호소할 수 없게 되었을 것입니다. 그러나 반대로 그 백성들이 그 언약에 신실치 않을 경우를 대비하여, 모세로 말미암아 돌판에 새겨 기록된 하나님의 "증거들"은 언약의 조건 사항들에 대한 증거로서 하나님의 보관 하에 있게 되었습니다.

실제로 오경 전체 – 신명기는 부분적으로 – 를 살펴볼 때에 분명한 사실은 이스라엘이 하나님의 언약을 깨뜨릴 것이며 그에 대하여 제재가 가해질 것이라고 합니다(예를 들면, 신 30:1~3).

그렇다면 성경은 하나님의 언약의 증거로서 제시된 것으로 볼 수 있습니다. 처음 성문화된 하나님의 말씀이 신실하다는 것은 그후에 기록된 말씀도 계속적으로 신실하다는 것을 보여줍니다.

---

1) Meredith Kline, "The Two Tables of the Covenant," *Westminster Theological Journal* 22 (May, 1960): 133-46.

예를 들면, 선지자직의 제정은 모세의 사역을 모범으로 하여 이루어졌습니다(신 18:18). 선지자들은 하나님의 대변자들로서 마치 아론이 모세의 대변자로서 이야기하였듯이(출 3:12,16) 하나님의 말씀을 전달합니다. 더 나아가 선지자들은 백성들에게 모세를 통하여 주신 하나님의 언약을 기억하게 하는 일을 합니다. 그들은 경고의 말씀들과 약속의 말씀들을 한층 더 강화합니다. 또한 그들은 이스라엘의 신실치 못함에 대한 하나님의 "증거"를 강조합니다. 선지자 미가는 하나님께서 이스라엘과 언약 문제를 가지고 따지시는 것으로 선포하는데, 그곳에서 하나님은 자신의 성실하심과 이스라엘의 언약 파기에 대하여 증거하십니다(미 6:1~5).

단호한 재난 예고들은 이스라엘의 언약 파기에 대하여 예언된 결과입니다. 그러나 선지자들은 신적 진노라는 최후의 심판 예언만으로 그치지는 않습니다. 그들은 규칙적으로 진노를 넘어서 나타나는 자비를 지적합니다. 신명기 30:1~10에서 우리는 언약 역사의 개관을 찾아 볼 수 있습니다. 하나님께서 약속하신 복들은 모두 성취될 것입니다. 이스라엘은 그 땅에 들어가서 그들의 원수들을 몰아내고 하나님은 자신의 이름을 자신이 택하신 곳에 그 백성 이스라엘 가운데 두시겠다고 하십니다. 그러나 이스라엘은 계속하여 하나님께 반역할 것이며 또한 그에 따라 언약의 저주도 실현되리라고 하십니다. 그리하여 그 백성들은 그 땅에서 쫓겨나 포로가 될 것이라고 하십니다. 이렇게 복과 저주들이 지나간 후에, 하나님께서 흩어진 자신의 백성들을 모아서 온 마음과 영혼을 다해 여호와를 사랑하도록 그들의 마음에 할례를 행하셔서 그들을 살게 하시겠다는 것입니다.

이러한 구조가 구약성경 전체를 형성하고 있습니다. 약속된 복들은 실현되었습니다. 이스라엘이 그 땅에 들어가고, 여호수아와 사사들 그리고 다윗 왕이 그들을 대적한 민족들을 정복합니다. 각 사람은 자기의 포도나무와 무화과나무 아래에서 안식을 찾습니다(왕상 4:25). 솔로몬은 성전을 봉헌하고 하나님을 찬양하여 하나님께서 하신 모든 약속을 성취시킵니다.

> 여호와를 찬송할지로다 그가 말씀하신 대로 그의 백성 이스라엘에게 태평을 주셨으니 그 종 모세를 통하여 무릇 말씀하신 그 모든 좋은 약속이 하나도 이루어지지 아니함이 없도다(왕상 8:56. 개역개정판).

그러나 이 영광의 절정이 곧 벼랑의 끝과 마찬가지였다는 사실이 입증되고 맙니다. 솔로몬의 지혜는 그가 자신의 이방인 아내들을 위하여 우상을 섬기는 산당들을 지음으로써 어리석은 것이 되고 말았습니다. 그의 아들인 르호보암은 한층 더 어리석어 그의 치세 시에 왕국이 분열되었습니다. 북왕국에 속한 지파들이 먼저 공개적으로 하나님께 배교하였고 그 뒤를 이어 유다도 하나님을 저버렸습니다. 그 결과 두 왕국 모두, 이스라엘은 앗수르로 유다는 바벨론으로, 포로로 잡혀가게 되었습니다.

선지자들은 이러한 슬픈 이야기를 기록하고 또 그들의 애처로운 심판을 선포하고 있습니다. 그러나 신명기 30장에 기록된 기본 계획은 계속 유지됩니다. 그 심판이 완전한 것이거나 최종적인 것은 아니었습니다. 왜냐하면 하나님은 자비의 하나님이시며 무한한 은혜의 하나님이시기 때문입니다. 그분께서는 자기 백성을 모두 멸하시지는 않고 남은 자를 보존하실 것입니다. 하나님께서는 그들을 영원히 멸하지 않으실 것이며 장차 영광스러운 회복을 주실 것입니다. "훗날에", 즉 복과 저주가 다 지나가고 난 후에, 하나님께서 다윗의 무너진 천막을 회복하시고 주권적 은혜로 새 언약을 세우실 것입니다(암 9:11,12: 렘 31:31~34; 32:36~41).

하나님이 친히 구원하심

그러한 영광스러운 종막(終幕)이 어떻게 하나님과 반역하는 백성들 간의 역사에 기록될 수 있겠습니까? 그것은 오직 하나님께서 친히 간섭하셔서 그분께 속한 백성들을 단순히 그들의 원수들만이 아닌 그들 자신들로부터 구원하시는 구세주가 되실 때에만 가능합니다.

이스라엘의 처지가 너무나 절망적이어서 오직 하나님만이 구원하실 수 있으므로 반드시 하나님께서 오셔야만 합니다. 에스겔은 포로로 잡혀가 있는 그 백성의 환상을 보았습니다. 그것은 섬뜩하게 하는 광경이었습니다. 그는 어떤 깊은 골짜기, 곧 죽음의 골짜기 한가운데 있었습니다. 그의 주변 사방에는 뼈들, 사람의 모습을 취한 뼈들조차도 아니고 마구 헝클어져 있는 뼈들이 마치 말리려고 널어놓은 건초들처럼 널려 있었습니다. 오직 하나님의 영만이 이 뼈들에게 생명을 줄 수 있고 이 백성들을 죽음으로부터 소생시키실 수 있었습니다(겔 37:1~4).

하나님께서는 자신의 백성을 그들의 핍박자들로부터 구원할 자가 아무도 없다는 사실을 잘 알고 계시므로 친히 의(義)의 호심경(護心鏡)을 입고 구원의 투구를 쓰십니다(사 59:15b~21). 제사장들과 백성의 지도자들은 양떼를 전혀 돌보지 않는 거짓 목자들입니다. 그러므로 하나님께서 친히 자신의 양떼를 구원하시는 선한 목자가 되시기 위하여 오실 것입니다(겔 34:1~16).

한편 하나님의 약속들은 너무나 위대하기 때문에 오직 하나님만이 그것들을 이루실 수 있습니다. 과연 솔로몬은, 하나님께서 이스라엘에게 소유로 주신 땅에서 평화를 누리게 하심으로 자신의 약속을 계속 지켜 오신 것에 대하여 그분께 찬양드릴 수 있었습니다. 그러나 이스라엘의 죄와 반역에도 불구하고 다른 차원의 신적 약속들이 나타나게 됩니다. 하나님의 진노에 뒤따를 자비는 모든 상상을 초월합니다. 하나님께서는 포로 상태로부터의 회복을 약속하실 뿐 아니라 우주적인 복도 약속하십니다. 하나님께서 땅과 숲을 향해 복을 내리실 때에 자연 위에 내린 저주는 제거될 것입니다(사 43:18~21; 65:17). 창조 질서가 바뀌어 태양은 더욱 밝게 빛나고 피조물들 중 동물들은 서로 평화롭게 지내며 여호와에 대한 지식은 마치 물이 바다에 넘치듯이 온 땅 위에 넘칠 것입니다(사 11:6~9; 60:19~22; 30:23~26). 이스라엘 가운데에서 회복된 자들에게는 열국 가운데에서 남은 자들의 수효가 더하여질 것이며(사 49:6; 19:19~25; 66:19~21), 전 세계로부터 사람들이 여호와의 이름을 찬양하기 위하여 여호와의 산으로 몰려들 것입니다(사 2:2~4; 25:6~8).

그러한 완성된 복들을 주시는 동시에 아담, 아브라함, 모세, 다윗에게 하신 모든 약속들을 성취하시기 위하여 하나님께서는 자신의 백성들을 그들의 죄악들로부터 속량하셔야만 합니다. 그분께서는 이 일을 행하실 것입니다. 왜냐하면 그분께서 오실 때 하나님의 백성의 모든 원수들을 정복하실 뿐 아니라(미 7:14~17), 백성들의 죄악들을 발로 밟으시고 그들의 모든 죄를 깊은 바다에 던지실 것이기 때문입니다(미 7:18~20).

하나님께서 어떤 방식으로 오시어 그러한 놀라운 일을 성취하실 수 있겠습니까? 하나님께서는 가난한 자들과 핍박받는 자들을 구원하시기 위하여 싸우는 용사이시므로(사 59:16,17), 하나님을 적대하는 세력에게 보응하시려고 오시는 것이 틀림없습니다. 또 자신의 백성을 애굽에서 불러내어 광야를 통과하도록 인도하신 출애굽 때에 행하신 것으로 보아 알 수 있듯이 하나님께서는 자신의 백성을 구원하시는 목자이시므로(겔 34:10~16; 사40:3,11), 그분의 오심은 흩어진 양떼를 불러 모아 인도하시려고 자비 가운데 찾아오시리라는 것이 틀림없습니다. 또한 하나님께서 하늘과 땅의 구조를 새로 짓는 새 창조 가운데 오실 것이 분명합니다(사 65:17). 하나님께서는 새로운 생명을 불어넣으시고 만물을 새롭게 만드시는 창조의 영(The Creator Spirit)이시기 때문입니다(겔 37:11~14).

비밀의 경륜

그러나 여전히 비밀스러운 경륜은 더욱더 깊어만 갑니다. 왜냐하면 하나님의 약속들끼리 서로 일치하지 않는 것처럼 보이기 때문입니다. 하나님의 구원은 위대한 여호와의 날에 심판 가운데 임할 것입니다. 그러나 그 날을 사모하며 기다리는 자들은 자신들이 구하는 것이 무엇인지를 알지 못하고 있습니다(말 3:2; 암 5:18~20). 하나님께서는 분명히 오시겠지만 그분께서 나타나실 때에 과연 누가 온전히 설 수 있겠습니까? 하나님께서 자비로써 "에브라임이여 내가 어찌 너를 놓겠느냐"(호 11:8)라고 외치기는 하시지만 동시에 공의로써 죄악에 가득 찬 자신의 백성들에게 임할 심판을 선언하십니다. 그들은 하나님의 백성이 아닙니다('로암미', 호 1:9). 즉 하나님께로부터 긍휼히 여기심을 받을 수 없는 자들('로루하마', 호 1:6)인 것입니다. 만일 생명과 빛과 거룩함의 새로운 질서를 수립하기 위하여 불로써 땅을 새롭게 하는 것이 반드시 필요하다면, 과연 그 어떤 것이 최후 심판의 대학살로부터 살아남을 수 있겠습니까? 여호와의 존전에서 비추는 영광이 모든 타락한 죄인들을 태워버릴 것입니다.

바로 이 역설(paradox)을 광야에서 이스라엘 앞에 제시하시면서, 그와 동시에 하나님께서는 그 해결책을 예시해 주셨습니다. 하나님께서는 너무도 거룩하시기 때문에 죄악에 가득 찬 이스라엘 중에 거하실 수가 없으셨습니다. 그래서 그분께서는 순식간에라도 그들을 진멸시키셔야 했습니다(출 33:5). 그렇다면 결국 하나님께서 이스라엘 가운데 거하시지 말아야 했습니까? 또 그분께서 그들과 거리를 유지하시면서 진 밖에서 모세와 만나셔야만 했습니까?(출 33:7~11). 실제로 그분께서는 그들 가운데 거하시지 않고서도 그들 앞에 하나님의 사자를 보내어 그들이 대적들을 쫓아내고 그 땅을 그들에게 주실 수 있었겠습니다(출 33:1~3). 그러나 모세는 바로 이 시나리오에서 참된 구원이 결여되었다는 사실을 올바르게 간파했습니다. "주께서 친히 가지 아니 하시려거든 우리를 이곳에서 올려 보내지 마옵소서"(출 33:15). 모세는 올바른 기도를 드렸습니다. "원컨대 주의 영광을 내게 보이소서"(출 33:18). 살아 계신 하나님과의 연합이 바로 구원의 참 의미인 것입니다.

구원은 하나님 안에, 그리고 하나님께 속합니다. 그러므로 우리는 여호와를 우리의 기업으로 삼고 또 우리가 하나님의 기업이 되어 하나님께서 우리를 아시는 것처럼 하나님을 알 때에만 비로소 구원을 소유하게 될 것입니다(출 34:9). 하나님께서 우리 가운데 오셔서 우리 중에 거하시며,

거기서 그의 영광의 빛과 그의 거룩하신 이름의 구원하시는 능력을 나타내셔야만 하는 것입니다. 하나님께서는 모세에게 그것을 상징으로 나타내 주셨습니다. 그래서 그분께서는 모세에게 자신의 이름을 주권적 은혜의 하나님으로 선포하셨습니다(출 33:19; 34:6,7). 하나님께서는 친히 하시겠다고 위협하셨던 것을 행하지 않으셨습니다. 그분께서는 진 밖에 있는 회막을 택하시고 진 한 가운데 있는 성막 건물을 취소하는 일을 하시지는 않았습니다. 오히려 하나님께서는 하나의 상징으로 이스라엘 가운데 거하셨습니다. 그래서 여러 가지 장식으로 꾸며진 성막에는 여호와의 임재에 대한 거룩한 위엄을 나타내는 휘장과 짐승의 피를 흘림과 제사장의 중재를 통하여 죄인들이 그분 앞에 나아갈 수 있는 한 방법이 제공되어 있었습니다.

이스라엘의 삶은 바로 그 상징을 중심으로 하여 이루어져 있었습니다. 그러나 상징하고 있는 실체에 대해서는 어떻습니까? 에스겔 선지자는 그곳으로부터 생수의 샘이 스며 나와서 그 물이 강이 되어 새로운 에덴을 이루는 어떤 땅을 적시는 한 성전을 봅니다. 그 성전으로부터 흘러나오는 강물 옆에는 생명나무가 다시 소성하며 그 잎사귀는 열방들을 치료하는 약재가 됩니다(겔 47장). 그러나 하나님께서 오실 때에는 과연 어떤 희생이 바쳐지겠습니까? 그분께서 오실 때에 구름 기둥이라는 상징이 아닌 그것의 성취된 실체로서 과연 어떤 거처가 적절하겠습니까?

또 하나님의 언약의 성취에 대해서는 어떻습니까? 만일 하나님께서 오시면 이스라엘은 그분을 만나기 위하여 어떻게 나아갈 수 있겠습니까? 과연 그 누가 여호와의 존전에 나아갈 만큼 깨끗한 손과 순결한 마음을 가지고 있겠습니까?(시 24편). 하나님께서는 언약의 여호와이시지만 언약의 종에 관해서는 어떠합니까?

하나님의 공의는 명백하므로 그분의 요구들은 타협될 수가 없습니다. 하나님께서 오직 여호와나 심지어 용사로나 목자로나 혹은 창조주로서만 오셔서도 안 될 것입니다. 그분께서 약속하신 구원을 이루시려면 반드시 하나님께서 언약의 여호와로서 여겨질 뿐 아니라 언약의 종의 역할까지도 성취하셔야만 하는 것입니다.

성막은 희생 제단을 통하여 하나님께 나아가는 방법을 그려 보여주었습니다. 그러나 수송아지와 염소의 피가 죄를 속하여 줄 수는 없습니다. 최후의 참된 희생 제사는 단순히 짐승의 어린양이 아니라 하나님의 품속에 계신 아들을 드려야 합니다. 장자에 대한 유월절의 전조는 대표적인 약속의 "씨", 즉 하나님께서 예비하신 이삭에 대해서도 반드시 성취되어야 합니다. 아브라함의 사랑하는 아들이 약속의 씨이기는 하지만 아직 "하나님의 아들"은 아닙니다. 그 약속은 "여호와 이레"이므로 여호와께서 친히 세상 죄를 지고 가는 하나님의 어린양이신 한 아들을 준비하셔야만 합니다(창 22장).

선지자들이 하나님의 오심을 약속할 때에 그들은 하나님의 기름부음 받은 자가 반드시 오셔야만 한다는 사실을 내다보게 합니다. 그러므로 만일 하나님께서 목자이시라면, 황태자라고 할 수 있는 다윗의 후손도 역시 목자이셔야 합니다(겔 34:23). 여호와의 종이 오시면 그가 이스라엘이 감당해야 할 역할을 완성하실 것입니다(사 49:3). 그는 이스라엘의 잃은 양들을 모으실 것이며, 그 백성의 남은 자들을 회복시키실 것이며, 또 이방의 빛이 되시고 땅 끝까지 이르러 하나님의 구원이 되실 것입니다(사 49:6).

메시야라는 이름은 "기묘, 모사, 전능하신 하나님, 영존하시는 아버지, 그리고 평강의 왕"(사 9:6)으로 불릴 것입니다. 다윗의 집은 과연 하나님과 같이 될 것입니다. 왜냐하면 그 비밀이 벗겨질 때에 하나님께서 친히 인간의 몸이라는 장막에 거하실 것이기 때문입니다. 주(the Lord)께서 반드시 오셔야하며 그 종(the Servant)께서도 분명히 오셔야 하는 것입니다. 주이신 동시에 종이신 예수 그리스도께서 오시는 것입니다. 임마누엘, 곧 하나님께서 우리와 함께 하시는 것입니다.

하나님의 구속 계획의 전개

그렇다면 구약성경은 그 자체의 구조상으로 볼 때에 하나님의 약속으로 이루어졌다고 할 수 있습니다. 그 약속은 에덴동산에서 아담과 하와에게 하셨던 약속(창 3:15)이며, 아브라함에게 하셨던 약속(창 12:1~3), 이스라엘에게 하셨던 약속(신 30:6)이며, 다윗에게 하셨던 약속(삼하 7:12~16)입니다. 이 약속들은 단순한 에피소드나 우연한 신탁들이 아닙니다. 이것들은 하나님의 구속 계획의 전개를 나타냅니다. 여자의 후손에 대한 약속과 아브라함의 씨에 대한 약속은 모두 모세 오경 내에 주어졌으며, 이것들은 둘 다 이스라엘을 부르신 데에 대한 배경과 목적을 나타내 보여줍니다. 이 약속들이 없다면 이스라엘을 통하여 열방들에게 복 주신다는 시각은 우리의 관점으로부터 사라져 버렸을지도 모릅니다. 창세기 12장에서 하나님께서 아브라함을 부르시기 전에 이미 창세기 10장에서 이스라엘은 열방의 목록을 읽어야 합니다. 이스라엘은 반드시 자신들의 부르심을 열방을 위한 하나님의 계획이라는 빛과 장차 올 "씨"에 대한 하나님의 약속이라는 빛에 비추어서 받아들여야만 합니다.

바로 이러한 이유 때문에 이스라엘의 남은 자들과 더불어 열방의 남은 자들 위에 임할 복이라는 주제(일례로, 사 19:19~25)는 결코 다른 선지자들보다 더 세계주의적인 선지자들에 의해서 부가된 새로운 어떤 노선이 아닌 것입니다. 그것은 자신의 백성에 대한 하나님의 부르심의 재확인인 동시에 하나님 자신의 오심이라는 기사 가운데 새로이 하나님의 백성을 형성하시고자 하는 비전에 대한 재확인입니다.

구약성경에서 그리스도에게 맞추어진 초점은 단순히 구약성경의 계시가 실제로 그리스도에게로 인도하는 어떤 역사의 구조에서 주어졌다는 사실에서 솟아 나온 것이 아닙니다. 더 분명하게 말한다면 그리스도에게로 인도하는 역사는 닥치는 대로 일어난 사건들의 연속이 아닙니다. 또한 그것은 단순히 하나님의 주권적 목적을 이루어 가는 하나님의 섭리적 통제 하에 놓인 역사만도 아닙니다. 그것은 오히려 역사 안에 들어오신 하나님의 간섭의 역사, 즉 그분의 아들의 위격 속에 임하실 그분 자신의 오심을 준비하시는 그분의 위대한 구원 사역의 역사라고 할 수 있습니다.

하나님의 아들의 현현은 결코 신적인 궁여지책, 즉 선택한 민족의 배교라고 하는 예기치 못하였던 불상사에 대처하기 위하여 전개된 임기응변의 비상 계획이 아닙니다. 마치 이스라엘이 순종하는 백성이었다면 성육신하신 신적 구세주가 필요하지 않았던 것이 아닌 것처럼 그리스도의 오심을 불가피 하게 하는 것은 결코 이스라엘의 실패가 아닙니다.

전혀 그렇지 않습니다. 구약성경의 이야기는 주님의 이야기, 즉 그가 행하신 것과 그가 하시기로 목적하셨던 바에 대한 이야기입니다. 구약성경은 우리에게 자서전들이나 민족의 역사를 전해주지 않습니다. 그것은 하나님께서 행하신 일의 역사이지 인간들이 행한 일의 역사가 아닙니다. 구약성경은 하나님께서 그들과 맺으신 언약이라는 문맥 속에서 인간에 대하여 언급합니다. 구원이 인간들에게 속한 것이 아니고 여호와께 속한 것이기 때문에 문제가 되는 것은 항상 믿음인 것입니다. 히브리서의 저자가 분명하게 말하는 것처럼 구약성경의 영웅들은 믿음의 사람들입니다. 그들은 하나님을 신뢰하고 그 약속들을 믿으면서 하나님께서 계획하시고 지으실 터를 가진 성을 바란 것입니다(히 11:10. 개역개정판 참조).

2. 예표와 성취

그리스도 안에서의 구원

이렇게 하나님 중심적이기 때문에 또한 그리스도 중심적인 구약성경의 이 계시가 신약성경에 나타난 구약성경의 예표론적 해석에 대한 근거와 이유를 제공합니다. 만일 하나님께서 자신의 아들을 세상에 보내시기 전에 구원 사역을 시작하지 않으셨다면 구약성경에 대한 마르시온(Marcion)의 견해가 옳다고 할 수 있을 것입니다. 그렇다면 우리는 이스라엘의 종교

속에서 그저 세상의 거짓 종교들 가운데 또 하나의 실례만 보게 될 것이며, 또 구약성경의 여호와에게서 우리가 그를 섬긴다는 것이 우상숭배에 불과한 한 부족신을 발견하게 될 것입니다. 그러나 반면에 만일 구약성경에 나타난 하나님의 사역이 다만 계속될 뿐이고 그리스도의 오심 속에서 변형되는 것이 아니라면 신약성경은 구약성경에 종속되는 것으로 볼 수 있습니다. 구약성경에 대한 유대교 랍비들의 해석은 그 본문들 당대의 삶에 적용하려고 추구하는 것이었습니다. 그러나 그들은 예수님으로 말미암아 생기게 된 변화를 깨달아 알 수 없었습니다. 왜냐하면 그들은 새 언약의 능력과 영광에 대한 예기(豫期)로 말미암아 옛 언약 속에서 분명하게 나타난 부분적이고 섭리적이며 일시적인 성격을 이해할 수 없었기 때문입니다(참조. 마 22:29; 렘 31:31~34; 히 1:1,2).

예표는 하나님의 계획 속에 기초를 두고 있습니다. 그것은 하나님의 구원 사역 가운데 나타나는 연속성과 차이(불연속성)에서 비롯됩니다. 하나님의 구원 사역에는 연속성이 있습니다. 왜냐하면 자신의 아들을 보내시기 훨씬 이전에 자신의 구원 사역을 시작하신 분이 바로 하나님 자신이시기 때문입니다. 그러나 거기에는 또한 불연속성도 있습니다. 그리스도 안에서의 구원이란 구약성경의 구원에 근거하여 단순히 개선된 정도에 불과한 것이 아니기 때문입니다. 그리스도 안에서의 구원이란 하나님께서 스스로 그 백성을 취급하시는 최종 단계만은 아닙니다. 그것은 오히려 구약성경의 구원의 시초가 되는 근거라고 할 수 있습니다. 이스라엘을 향하신 하나님의 부르심은 예수 그리스도를 보내주실 것을 전제로 하고 있기 때문입니다. 그리스도 안에서의 구원이란 유일한 참 구원, 즉 궁극적이고 영원한 의미를 지닌 유일한 구원입니다. 아브라함이 구원받았다고 할 수 있는 것은 그가 믿음으로 그리스도의 날을 보고 기뻐하였기 때문입니다(요 8:56. 참조. 롬 4:3). 구약을 고찰한다는 것은 우리로 하여금 신약에 대한 필요를 내다보게 해야만 합니다. 실상 이것이 바로 선지서들의 메시지일 뿐 아니라 지혜서의 메시지이기도 합니다.

예기와 믿음

만일 최종적인 참 구원이 오직 그리스도 안에서만 가능하다면, 어떤 의미에서 하나님이 자신의 구원 사역을 그리스도 이전에 시작하실 수 있으셨다는 것입니까? 분명히 그것은 그 최후의 사역을 미리 내다봄으로써 가능하였을 것입니다. 미리 내다본다는 것, 즉 예기란 장차 성취하게 될 그리스도의 사역으로써 인간들을 하나님 자신과 구원을 통한 관계가 있도록 하나님께서 만드실 때에 일어납니다. 하나님께서는 그리스도의 사역을 완성된 것으로 미리 간주하시는데 이것은 바로 하나님 자신이 내리실 결정의 확실성 때문입니다. 그리스도께서는 이 세상 시초부터 죽임 당하신 어린양이십니다(계 13:8 - NIV; 엡 1:4).

그러나 하나님께서는 믿음에 의해서 인간을 자신과의 관계 속으로 이끌어 가시기를 기뻐하십니다. 하나님 자신만이 그들을 구원하실 수 있다는 사실을 그들이 알기를 하나님은 원하십니다. 그래서 그들이 스스로 그분께 완전히 맡기기를 요구하십니다. 믿음을 교훈하시기 위해서 하나님은 하나의 모델, 즉 자신의 최후의 궁극적 구원에 대한 하나의 비유를 제공하십니다. 그러므로 그 모델은 오직 하나님만이 구주이시라는 것을 보여 줄 수 있어야만 합니다. 그것은 또한 믿음의 대상을 하나님 자신보다는 하나님이 아닌 어떤 다른 형상으로 바꾸는 일을 하지 않아야만 합니다.

모델이나 형상들을 사용하는 것은 아직 드러낼 수 없는 어떤 의미의 완성을 예기하기 위한 하나님의 계획의 일환입니다. 수송아지들과 염소들의 피가 죄에 대한 속죄를 이룰 수는 없습니다(히 10:4). 그러나 희생 동물들의 피가 의미를 전달해 줄 수는 있습니다. 그것은 하나의 표적, 즉 그 자체를 넘어서 그리스도의 대속적 희생이라는 실체를 가리키는 하나의 상징으로 이바지할 수 있는 것입니다.

그러나 상징이 행할 수 있는 기능에는 제한이 있습니다. 이러한 사실은 성막의 상징에서 극적으로 묘사됩니다. 광야에서 하나님의 성소는 자기 백성 가운데 거하시는 그분의 임재를 나타내고 있습니다. 그러나 이 상징은 후에 풍성한 건축학적이고도 제사 의식적인 세부 내용에 의해 공들여 만들어진 하나의 세련된 모델로 발전됩니다. 하나님의 보좌는 언약궤를 덮는 정금으로 된 뚜껑인 "속죄소"로 상징됩니다. 그 위에 있는 정금으로 새겨진 스랍들은 보좌를 호위하는 천상의 호위대를 나타냅니다. 그러나 여기 하나님의 거주하심이라는 모델의 핵심은 모델로 형상화될 수는 없었습니다. 즉 궤 위에 위치한 보좌는 비어 있었습니다. 그 어떤 형상도 하나님 자신의 자리에 놓일 수는 없었습니다(신 4:15,24). 그러나 이것은 그 어떠한 하나님의 형상도 존재할 수 없었다는 사실을 말하는 것이 아닙니다. 왜냐하면 하나님께서 인간을 하나님의 형상을 따라 만드셨기 때문입니다(창 1:27). 오히려 이스라엘의 예배의 한 복판에 그 어떤 형상도 없었다는 사실은 이스라엘이 하나님을 대신하는 어떤 것이 아닌 바로 하나님 자신, 곧 하나님의 백성을 구속하시고 그들을 하나님 자신에게로 인도하심으로써(출 19:3), 그들로 하나님 앞에 설 수 있게 하시고(출 19:17; 20:3), 또 하나님께서 친히 그들 가운데 거하시기로 하신(출 34:9. 참조. 33:3,4,5), 살아 계신 참 하나님을 섬긴다는 사실을 나타냅니다.

그리스도라는 실체가 오심

속죄소는 그것이 곧 "그 안에는 신성의 모든 충만이 육체로 거하시므로"(골 2:9) "보이지 아니하시는 하나님의 형상이신"(골 1:15) 예수 그리스도를 위해 예비되면 비로소 하나님의 보좌를 묘사하게 되는 것입니다. 신인(God-man)이신 성육신 하신 주님께서는 단순히 하나님의 임재를 나타내는 상징, 즉 하나님을 대신하는 어떤 형상이 아니십니다. 그분께서는 그분 자신이 주(the Lord), 곧 삼위 가운데 제2위가 되시는 분이십니다. "나를 본 자는 아버지를 보았느니라"(요 14:9).

하나님께서는 스랍들 사이에 비어있는 곳에 이스라엘의 시야로부터 가려진 캄캄한 가운데 나타나셔서 그들 가운데 거하십니다. 상징을 나타내는 순금 날개들은 전혀 상징적이지 않은 하나님의 실제적 임재를 에워싸고 있는 것입니다. 상징과 실체는 아주 밀접하게 연결되어 있지만 동일하지는 않습니다. 그리스도께서 오셨을 때에 그 실체도 온 것입니다. "말씀이 육신이 되어 우리 가운데 거하시매 우리가 그 영광을 보니 아버지의 독생자의 영광이요 은혜와 진리가 충만"(요 1:14) 하였으므로 "우리가 들은 바요 눈으로 본 바요 주목하고 우리 손으로 만진 바 된"(요일 1:1) 자신의 임재의 현현 가운데 하나님께서는 예배를 받으실 수 있게 되었습니다.

왜냐하면 성육신 하신 주님은 단순히 하나님의 임재를 상징하는 어떤 분이 아니라 하나님 자신이 우리와 함께 하시는 것이고, 장막의 모든 상징이 다 그분을 가리키고 또 그분 안에서 성취된 그런 분이시기 때문입니다. 이러한 이유 때문에 예수님께서는 사마리아 여인에게 "여자여 내 말은 믿으라 이 산에서도 말고 예루살렘에서도 말고 너희가 아버지께 예배할 때가 이르리라 …… 아버지께 신령과 진정으로 예배할 때가 오나니 곧 이때라 ……"(요 4:21,23)고 말씀하실 수 있으셨습니다.

사마리아인들이 믿기에는 하나님께서 예배를 받으셔야할 산은 바로 그리심 산, 곧 예수님께서 그 여인과 말씀을 나누실 때에 예수님의 저편 위로 우뚝 솟은 그 산이었습니다. 그러나 예수님께서 "구원이 유대인에게서 남이라"(22절)고 말씀하신 바와 같이 사마리아인들의 믿음은 잘못된 것이었습니다. 하나님께서 자신의 이름을 두신 곳은 예루살렘조차도 예배의 처소로 여기지 않으셨습니다. 예수님께서 그렇게 하신 것은 단순히 하나님의 영성(spirituality)에 근거하여 한 것이 아닙니다. 예수님은 어떤 한 장소에서만 예배를 받으실 수 없다는 사실에 만족하지 않으셨습니다. 왜냐하면 하나님은 영이시므로 어떤 한 장소에 제한되실 수 없기 때문입니다. 만일 예수님의 의도가 여기에 있다면, 다가올 어떤 때 즉 예루살렘에서 예배를 드리지 않게 될 때를 놓고 더 이상 이렇다 저렇다 말씀하실 이유가 없게 되실 것입니다. (하나님은 언제나 영이십니다!) 다가올 그 때는 바로 예수님께서 죽으셨다가 부활하시는 때입니다(요 2:4; 17:1; 16:32. 참조. 5:25,28; 11:25). 최후의 참된 희생 제사가 드려질 때에 이 땅의 희생 제사 처소는 그 의미를 잃게 될 것이 틀림없습니다. 예수님은 참된 성전(true Temple)으로서 오셨습니다(요 1:14). 그래서 그분께서는 "너희가 이 성전을 헐라 내가 사흘 동안에 일으키리라"(요 2:19)고 말씀하셨던 것입니다.

예수님께서는 그 여인에게 "성전 없는"(temple-less) 예배를 명령하신 것이 아니라 진정으로 예배할 것을 명하셨습니다(요 4:24). 왜냐하면 그분이 진리이시고 참 성전이시기 때문이며 또 우리가 신령으로 예배를 드려야하는 영(the Spirit)이 그분께서 주시는 영, 곧 그 속에서 영생하도록 솟아나는 샘물(요 4:14)이기 때문입니다. 그러므로 그 여인은 예수님을 통하여 아버지께로 나아가야 합니다. "네게 말하는 내가 그로라"(요 4:26). 예수님 안에서 아버지께서는 진정으로 예배하는 자를 찾으시는데, 야곱의 우물 곁에 있던 수치로 가득 찬 비천한 사마리아 여인에게서 한 사람을 발견하신 것입니다.

구약의 모든 예표적 상징들은 그리스도 안에서 성취됨

그러므로 자신의 백성 가운데 거하시는 하나님의 거주의 실체와 상징이 모두 예수님 안에서 그 완성을 보게 되는 것입니다. 예표론에 관한 신약성경의 이해의 핵심은 그것이 예수 그리스도 안에서 성취된다는 의미 안에서 찾아볼 수 있습니다. 그래서 레오나르드 고펠트(Leonard Goppelt)는 예표가 신약성경에서 차지하는 독특한 의미를 지적하였습니다.[2] 그 의미는 로마서 5:8에서 분명하게 나타나는데, 바울은 아담을 오시기로 되어있던 그분의 예표로서 언급합니다. 그리스도는 하늘로부터 난 사람(고전 15:47), 즉

---

2) Leonard Goppelt, *Typos: The Typological Interpretation of the Old Testament in the New*, trans. D. H. Madvig (Grand Rapids: Eerdmans, 1982), p. 199. Gerhard Kittel과 Gerhard Friedrich가 편집한 *Theological Dictionary of the New Testament*, vol. 8, trans. Geoffrey W. Bromiley (Grand Rapids: Eerdmans, 1972), pp. 252ff.도 참조하라.

단순히 새로운 인간의 시조일 뿐 아니라 인간 안에 나타난 하나님의 형상의 실현(히 2:6~9)이십니다. 그리스도는 단순히 아담과 같은 존재라는 의미에서 또 하나의 아담이 아닙니다. 또한 비록 첫 번째 아담에게서 시작된 인류와 비교할 만한 또 다른 역사의 흐름이 그분께로부터 존재하도록 의도되기는 하였지만, 그분은 또 다른 인류를 다시 시작한다는 의미에서 두 번째 아담도 아닙니다. 오히려 그리스도께서는 하나님의 형상의 완성이시며, 그분이 바로 피조적인 인간 본성의 의미라는 것입니다. 피조적 인간으로서 아들됨(sonship)의 완성, 곧 그 영광은 신인(God-man) 안에서만 유일하게 나타납니다. 신약성경의 사상에서 예표를 규정하는 것은 단순히 종말론적 차원의 형언할 수 없는 영광아 아니며, 심지어는 옛 언약의 형태들이 새롭게 갱신되는 변형도 아닙니다. 신약성경에서 "예표"를 이해하는 데 핵심이 되는 것은 바로 신약의 기독론에 있습니다. 오직 신적 구세주이신 그리스도 안에서 우리는 아주 새로운 차원을 창조하는 초월적 변화의 완성을 발견하게 됩니다. 요한복음에 나타나는 그 새로운 차원은 거짓과의 대조로서가 아니라 (비록 요한은 그러한 의도로 대조하기도 하지만) 그림자와 같이 희미한 것, 장차 있을 것에 대한 약속, 또는 장래의 일을 내다보는 것 등에 대한 대조로서 "참"인 것입니다. 예수님은 참 포도나무요(요 15:1), 하나님의 참 아들이시고 참 이스라엘이시며(사 49:3; 롬 15:8), 하늘에서 내린 참 떡이십니다(요 6:32,33). 그분 안에서 실체가 나타나며 또 그분 안에서 그 실체가 자기 백성에게 주어집니다.

그러므로 구약성경 역사의 전형적 기능은, 상징이 여실히 드러나는 소수의 사건들, 즉 하나님께서 죽음의 바다를 통해 길을 여시는 애굽에서의 탈출이나 하나님께서 자신의 백성들에게 기업으로 주시는 땅에 들어가는 사건 같은 것들에 제한되지 않습니다. 오히려 그리스도께서 오시기 이전의 전체 구속사가 하나의 상징적 차원을 가지고 있습니다. 하나님께서 자신의 백성을 구속하여 그들을 인도하시고 복 주시며, 또 심판하십니다. 그러나 하나님의 완전한 최후 구원이 아직 이르지 않았기 때문에 자신의 백성을 다루시는 그분의 방법은 항상 예기적(豫期的)입니다. 그래서 그 땅은 하나님의 최종 약속인 새 창조에 의한 땅이 아닙니다. 아말렉 족속이나 가나안 족속들에 대한 승리도 사단과 어둠의 세력에 대한 승리가 아닙니다. 또 포도나무 열매도 성령의 열매는 아닙니다. 하나님께서는 스스로 자신의 백성들과 생명의 관계로 묶으시므로 그들의 구원은 단순히 그림자에 불과한 어떤 것, 즉 벗겨지고 말 어떤 겉껍데기에 불과한 것이 아닙니다. 믿음으로써 아브라함은 주님을 알고, 또 일시적인 축복의 약속들 뒤에 그리고 저 너머에 있는 실체를 인식할 수 있었습니다. 그러나 구약의 성도들이 가졌던 믿음은 이 세상 순례 길이라고 하는 계시된 역사를 이해하고 해석하는 열쇠를 우리에게 제공해 줍니다(히 11:13~16). 그들은 그 약속이 이삭이 아닌 그리스도에게서 청취될 때까지 안식을 찾지 못하였으며, 또 찾을 수도 없었습니다(히 4:8,9).

신약성경은 구약의 모든 예표적 상징들이 그리스도 안에서 성취되었다고 선포합니다. 성취는 항상 예표보다 큰 법입니다. 그래서 솔로몬보다 더 큰 이(마 12:42), 요나보다 더 큰 이(마 12:41), 성전보다 더 큰 이(요 2:19~21)가 오신 것입니다. 다윗의 자손이 다윗보다도 더 위대하십니다. 그렇기에 다윗은 자신의 자손을 가리켜 자기의 주(主)로 찬양합니다(마 22:41~46). 그러나 살펴본 바와 같이 예수님께서는 단순히 상대적인 정도에서 더 위대하신 것이 아니라 초월적 기준을 근거로 해서 더 위대하신 분입니다. 선지자들 중에서 가장 크다고 하는 요한은 물로 세례를 주었지만 예수님께서는 성령으로 세례를 주십니다(마 3:11,12). 사람들이 유월절의 상징이라는 측면에서 어린양을 잡았지만, 예수님께서는 세상 죄를 지고 가는 하나님의 어린양이십니다(요 1:29).

신약 예표론의 근본 원리

우리는 신약성경의 예표론을 구속사의 전개와 예수 그리스도 안에서 나타나는 구속사의 정점에 근거하여 신약 예표론의 근본 원리를 다음과 같이 도표화할 수 있습니다.

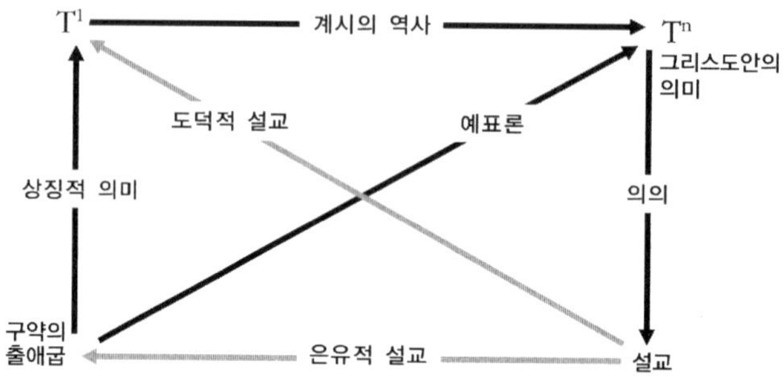

만일 우리가 그 역사를 그리스도에게까지 이르는 수평선으로써 나타낸다면, 하나님의 모든 계시의 진리들은 그리스도 안에서 성취되었다는 사실을 가정하게 될 것입니다. 일부 진리들이 다른 시대보다 구속사의 어느 한 시기에 더 강조될 수는 있겠지만 그렇다고 그 어느 하나라도 제거되거나 망각되는 일은 없습니다. 구약성경의 그 어떤 상징도 그것이 의미하는 바는 상징화된 개념으로 나타나 있습니다. 그 개념은 어떤 서술이 이루어지는 식으로 다른 개념들과 연관을 가지며, 성경의 문맥 안에서 그 개념이 인정되기도 하고 부정되기도 합니다. 이런 식으로 하나의 진리가 표현됩니다. 이에 따라서 하나의 구약의 사건, 하나의 제사 의식, 혹은 하나의 예언자적 제사장적 혹은 왕적 행위가, 구속사의 특별한 한 시점에서 계시된 어떤 진리(진리의 1 제곱: T^1)를 가리키면서, 상징화될 수 있습니다. 우리는 이 진리가 예수 그리스도를 향해 진행되었다는 사실을 확신할 수 있습니다(진리의 "n" 제곱: T^n). 그러므로 우리는 그 사건이나 제사 의식이나 행위가 그리스도 안에서 완전히 표현되기 때문에 그것들을 직접적으로 그 진리에 연결시켜도 무방할 것입니다. 이 선은 그것이 형성하는 직각 삼각형의 빗변이 되며, 동시에 예표론이라는 선이 됩니다. 만일 구약의 어떤 사건이나 인물에 대한 상징의 사용이 인정되거나 존재하지 않는다면 그 어떠한 예표론의 선도 그어질 수 없습니다. 또한 그 사건 역시 그 사건이 구약적 배경에서 상징적 기능을 벗어난 다른 어떤 의미로서는 하나의 예표가 될 수 없습니다.

예를 들면, 출애굽 사건은 상징적 사건이 분명하므로 우리는 그 사건이 위치한 구약의 배경에서 그 상징적 의미를 인지함으로써 그 사건의 예표적 의미를 발견하게 될 것입니다. 그 사건은 하나님의 백성이 하나님을 그들의 주 여호와로서 자유롭게 섬기며 예배하도록 하기 위하여(출 4:22,23), 다른 주인의 세력으로부터 그들을 인도해 내신 구원을 상징합니다. 더욱이 그들의 구원은 어떤 인간적 방법으로도 구원이 불가능한 상황에서 일어난 하나님의 전적인 단독 사역입니다. 그 상징의 사용에 나타난 세부 내용에는 유월절의 의식과 구름 기둥의 동행을 포함한 더 많은 사실들이 들어 있습니다. 그러나 그 구원의 현격한 특징의 하나는 그것이 단순히 죽음으로부터의 구원일 뿐 아니라 죽음을 통한 구원이라는 사실에 있습니다. 홍해 바다의 물은 바로의 병거들이 이스라엘을 뒤에서 죽이려고 그들을 위협한 것만큼이나 이스라엘의 앞에서 그들을 죽음에 직면하게 하였습니다. 더 나아가 구약성경에서 바다의 깊음은 끝없는 심연, 곧 죽음과 같은 의미가 있습니다(참조. 욘 2장). 이스라엘이 바로의 통치로부터 구원 받은 것은 죽음과도 같은 깊음을 통해서 일어난 것입니다.

변화산상에서 일어난 예수님의 변화에 대한 누가의 기사를 통하여 우리는 모세가 예수님과 더불어 예수님께서 예루살렘에서 이루셔야할 "별세"(exodus)에 대하여 이야기한 것을 알고 있습니다(눅 9:31). 사단의 세력으로부터 하나님의 자녀가 누릴 자유에 이르는 구원이라는 진리는 예수 그리스도 안에서 완전한 성취를 발견해야만 합니다. 그리스도께서 행하신 이적들은 사실 표적(sings)입니다. 그러므로 그것들이 모세가 행한 이적들과 다른 것은 그것들 자체가 직접적으로 그것들을 행하신 주님을 가리키며, 또 그렇게 함으로써 모세의 구원이 상징하는 약속들의 실현을 가리키는 표적이 된다는 사실도 있습니다. 모세는 바로에게 대항하였으며, 여호와께로부터 모세에게 주어진 표적들은 바로의 제사장들이 행한 마술을 압도하였습니다(출 7:12). 그러나 예수님께서는 사단을 대적하시고 그 "강한 자"를 이기셨기 때문에 그에게 사로잡힌 자들을 구원하실 수 있습니다(눅 11:19~22; 마 12:27~29). 그분께서는 귀신들을 내어 쫓으시고 사단에게 억눌렸던 자들을 구원하실 뿐 아니라 죄를 사하여 주시고 많은 남녀들을 어둠의 나라에서 빛의 나라로 인도하십니다(막 2:5~11; 골 1:12,13).

죽음과 부활을 통하여 예수님께서는 자신의 "별세"(exodus)를 성취하십니다. 그분께서는 우리를 위하여 죽음의 물결을 통과하시며, 우리로 하여금 그를 믿는 자들에게 이미 부여된 부활이라는 즐거운 체험 속에서 모세의 노래와 어린양의 노래를 부를 수 있게 하십니다(벧전 1:3~5; 계 15:3; 시 118:14; 사 12:1,2).

출애굽 사건을 정치적 해방의 실례로서 전파한다는 것은 분명히 하나님의 언약의 구조 — 바로 그것 때문에 이스라엘을 구원하시는 — 를 올바로 평가하지 못하는 것입니다. 하나님께서는 단순히 이스라엘로 하여금 자유로운 몸이 되도록 하시기 위하여 멍에를 벗기시는 것이 아닙니다(레 26:13). 하나님께서는 이스라엘로 하여금 자신을 섬기도록 하기 위하여 그들을 바로를 섬기는 일로부터 해방시키십니다(출 4:23). 그분께서는 이스라엘을 애굽에서 인도하여 내시고 독수리 날개로 업어 자신에게로 인도하십니다(출 19:4). 그러나 하나님께서 시내산과 시온산으로 부르신 사실을 우리가 알고 있다고 해서 우리가 출애굽의 진정한 의미를 전파할 채비가 되었다는 것은 아닙니다. 그리스도의 구원이 출애굽 사건에서 미리 표상되었으므로 우리는 반드시 그리스도의 구원의 실체를 인식해야 합니다. 오직 그리스도 안에서 나타나는 성취로만 출애굽이 우리에게 의미가 있게 됩니다.

그러므로 우리는 그리스도 안에서 성취되고 계시된 진리의 의미(meaning)로부터 그것이 우리에게 인식되는 진리의 의의(significance)를 향하여 선을 하나 내려 그음으로써 도표를 완성해야 합니다. 이것은 곧 이 도표에서 그을 수 있음직한 다른 두 선이 사실은 불합리하다는 것을 뜻합니다. 분명히 우리는 출애굽에 의하여 상징화된 진리를 고려하지 않은 채 우리의 상황에서 직접 구약성경의 출애굽 사건을 되돌아보아서는 안

됩니다. 때때로 이러한 일은 풍유화함으로써 나타납니다. 설교자들이 구약성경의 사건들을 택하여 그 속에서 발견하는 어떤 의의를 예시하기 위하여 상징들로 만들게 됩니다. (이 잘못된 해석은 도표의 아래쪽에 암영이 드리워진 수평선으로 나타납니다). 그렇게 되면 설교자들은 모세의 이적에 관한 기사를 읽고서, 지팡이가 뱀으로 변한 이적을 권위의 남용에 대한 경고로나 혹은 좋은 일들이 나쁘게 된 경우를 서술하는 것으로 주장하게 됩니다. 그리하여 상상의 날개는 성경의 그 어떠한 제한도 벗어나게 되는 것입니다.

성경을 잘못 해석할 때 그래도 덜 지나친 것은 성경의 교훈을 도덕화하는 것입니다. (이것은 과거로 되돌아가 구약의 한 특별한 시점에서 계시된 진리를 지시하는, 암영이 드리워진 대각선으로 제시됩니다). 도덕화하는 설교자는 자신의 상상력을 사로잡는 어떤 요소를 본문에서 인위적으로 포착하지는 않습니다. 그는 본문의 의미를 그것이 위치한 원래의 배경 속에서 설명합니다. 그리고는 자신의 청중들을 위하여 이 진리가 청중들의 삶과 체험 속에서 그들을 향해 지니고 있는 의의를 해석하여 줍니다. 그러나 그는 어떻게 이 진리가 그리스도 안에서, 아니 오직 그리스도 안에서만 그것의 완전한 의미에 이르게 되는 지를 철저하게 보여주지를 못하고 맙니다.[3)]

도덕주의적 접근은 때때로 더도 아니고 덜도 아닌 오직 본문이 말하는 것만을, 그리고 본문이 말하는 모든 것을 선포하기 때문에 순수하고 꾸밈이 없는 해석을 하는 것으로 옹호되어 왔습니다. 그러나 구약에 나타나는 약속이라는 차원을 무시하는 것은 그것 전부를 잘못 해석하는 것이나 다를 바 없습니다. 그것은 곧 성경의 원저자이신 성령의 메시지를 상실하는 것을 의미합니다. 구약성경의 성령은 인간 저자들로 하여금 그리스도의 고난과 그후에 따르는 영광에 대하여 증거하도록 영감을 불어넣으신 그리스도의 영이십니다(벧전 1:11). (성경 해석에서 의미와 의의에 대한 논의를

3) 필자는 "도덕적 설교"와 "은유적 설교"라는 선들을 도표의 일부로 제시해 준 웨스트민스터 신학교 학생인 Richard Craven 목사께 감사를 표하는 바입니다.

더 살펴보기를 원하는 분들은 헨드릭 크랩벤담[Hendrik Krabbendam]이 쓴 "Hermeneutics and Preaching"이라는 부분을 참조하기 바랍니다).

해방신학은 기껏해야 출애굽 구원 사건을 도덕적으로 해석한 하나의 본보기를 제시할 뿐입니다. 그들의 해석은 구속사 가운데에서 출애굽이 차지하는 의의를 평가하는 데에 실패한 것입니다. 사실 그들은 정통적 해석을 영화(靈化)하는 것, 즉 정치 운동이 곧 세상에서 하나님의 사역이라는 사실을 인식하지 못하는 지나친 개인적 경건주의라는 식으로 정통적 해석을 평가절하하고 있습니다. 경건주의는 개인주의적이라는 잘못과 출애굽의 상징적 의미가 제시하는 하나님의 백성이 가지는 공동체적 개념을 무시하는 잘못을 저지른 것이 사실입니다. 그럼에도 불구하고 경건주의는 복음과 우리 자신의 출애굽이 성취된 예수 그리스도의 중심성을 인정하였습니다.

3. 그리스도에 관한 설교는 구약의 의의를 인정하는 것임

율법서의 한 실례

구약성경을 그 자체가 지니고 있는 약속이라고 하는 구조의 빛에 비추어 해석하고 또 그 약속이 예수 그리스도 안에서 성취된 것으로 본다면, 구약성경의 의의는 신학적으로 깊이 있게 그리고 실제적으로도 힘이 넘치게 설교하게 합니다. 그리스도에 중심이 맞추어지지 않은 설교는 언제나 구약성경의 계시 가운데 나타난 깊은 차원을 놓치고 말 것입니다. 구약 계시의 실제적 의의는 바로 이러한 차원에 있습니다.

그리스도에 관한 언급이 없는 구약의 언약법은 율법주의가 되고 맙니다. 설교자가 십계명을 주제로 하여 시리즈 설교를 할 수 있을 것입니다. 그는 개혁주의의 신조들을 높이 평가하기 때문에, 자신의 생각을 바로 인도받기 위하여 웨스트민스터 대요리문답과 하이델베르크 교리문답을 사용할 수 있습니다. 그런데 그가 십계명의 제7계명에 대하여 설교하고 있다고 해봅시다. 그는 설교를 두 부분, 즉 첫째는 그 계명이 금하고 있는 것과 두 번째는 그 계명이 요구하는 것으로 나누어 설교할 수 있을 것입니다. 그는 성공적으로 인간의 정욕이 표출하는 악행들의 목록을 서술할 것이며 또한 그러한 죄악들을 극복하는 순결이라고 하는 가장 중요한 덕목을 제시할 것입니다. 그리고 결국 그는 경고, 곧 회개할 것과 인생의 궤도를 수정하여 하나님의 법에 순종하는 자들로 변화되라는 촉구로 설교를 끝낼 것입니다.

의심할 것도 없이 그 설교자는 성경(다윗과 밧세바)과 오늘의 생활에서 실례들을 보여줌으로써 자신의 경고를 한층 강화할 것입니다. 적극적인 면에서 그는 빈둥거리는 생활로부터 솟아오르는 정욕의 유혹을 감소시키기 위하여 다른 관심거리들이나 직업을 가지는 것이 유익하다고 제안할 수도 있을 것입니다. 또한 그는 음탕한 테이프나 텔레비전 영화를 피하라는 권고도 할 것입니다.

이것이 단순히 상상에 의한 묘사에 불과하다고 할 수 있겠습니까? 아마도 어느 정도는 그러하다고 할 수 있을 것입니다. 성경에 근거하여 말씀을 전파하는 설교자가 제7계명을 우리 주님의 가르침과 연결시키지 못할 때 그가 부족한 점은 무엇이겠습니까? 그는 틀림없이 간음을 겉으로 드러나는 것만 아니라 마음속의 생각까지도 간음이라고 하신 예수님의 말씀을 강조할 것입니다. 그러나 그 계명이 그리스도의 가르침이라는 문맥 속에서 진행될 때, 그 의의는 곧바로 한층 더 깊어집니다. 만일 그 설교자가 이러한 사실을 인식하고 있다면, 그는 그리스도께서 제시하신 것처럼 율법의 핵심 문제로 이끌리게 될 것입니다. 그런데 문제는 단순히 육체의 정욕을 제어하는 것만이 아닙니다. 사랑의 표현 즉 율법을 완성하는 사랑도 문제가 되는 것입니다. 예수님의 말씀에 따르면 그 사랑은 무엇입니까? 그것은 바로 선한 사마리아 사람이 보여준 사랑, 즉 연민을 베푸는 사랑과 자기를 부정하며 지속적으로 희생적인 자비를 베푸는 사랑인 것입니다. 그 사랑의 본보기는 예수 그리스도 안에서 드러난 하나님의 사랑에 잘 나타나 있습니다.

이웃을 향한 사랑은 하나님의 사랑에서 나오며 하나님을 향한 사랑은 우리를 향한 그분의 사랑에 대한 우리의 반응인 것입니다.

오직 십자가에서만 우리는 사랑의 참된 의미 곧 하나님께서 구속하시는 사랑의 참된 의미를 알게 됩니다. 오직 십자가에서만 우리 육체의 정욕들이 제어될 수 있는 것입니다. 또한 갈보리에서 터진 샘에서만 깨끗케 하는 피와 성령의 생수가 흘러나오는 것입니다. 복음 없이는 율법이 전파될 수 없다는 것은 사실일 뿐 아니라, 더 심오하게는 복음 안에서 나타나는 율법의 성취가 없다면 율법 그 자체도 이해될 수 없는 것입니다. 하나님께서 구속함을 받은 백성에게 자신의 율법을 주시며, 또 하나님의 율법 곧 하나님께 초점이 맞추어진 율법은 우리에게 단순한 정의(正義) 이상의 것을 요구합니다. 그 율법은 우리가 용서함을 받은 것처럼 우리에게 다른 사람들을 용서하기를 요구하며, 우리가 하늘에 계신 우리의 은혜로우신 아버지께 사랑을 받은 것처럼 우리에게 다른 사람들을 사랑하도록 요구합니다.

설교자는 교리문답의 나머지 부분으로부터 그 계명들에 대한 교리문답의 해석을 따로 분리시켜서는 안 됩니다. 그 계명들은 아주 조심스럽게 구속이라는 문맥 속에서 제자리에 위치해 있는 것입니다. 그러므로 우리도 설교자로서 그와 같이 해야 합니다.

더 나아가 하나님께서는 자신의 계명들을 구속받은 자기 백성에게 주시기 때문에 우리는 그 계명들의 이중적 의도를 이해해야만 합니다. 즉 그 계명들이 우리로 그분을 알게 하도록 하려고 그분의 거룩하신 본성을 드러내고 있으며 또 우리로 그분의 영광을 반영토록 하게 하려고 우리의 삶을 형성시켜준다는 것입니다. 하나님께서 의도하신 이 두 가지 면은 모두 그리스도 안에서 실현이 됩니다.

하나님의 질투하시는 사랑

우리는 "왜 하나님께서 자신의 언약 백성에게 간음하지 말라고 금하셨을까"라는 질문을 던질 수 있습니다. 그 대답은 하나님께서 이스라엘의 사회적 행복을 위하여 안정적인 가정생활을 주시기를 원하셨다고 하는 단순한 것이 아닙니다. 거기에는 보다 깊은 이유가 있는데, 그것은 하나님께서 구원하시는 언약의 본질적 성격과 아주 밀접한 관계가 있습니다. 하나님께서는 질투하는 사랑의 실체를 강조하고 구별하려 하셨습니다. 성적 연합으로 나타나는 결혼 서약에 의한 사랑은 그 서약으로 묶이지 않은 다른 사람들과는 함께 나눌 수 없습니다. 결혼 안에서 볼 수 있는 질투하는 사랑의 신실성은 하나님의 백성이 그분의 질투 곧 그들을 향하신 선택적 사랑이라는 질투에 합당한 반응을 보여야만 한다는, 신실한 사랑을 이해하기 위한 하나의 본보기를 이스라엘에게 제공하고 있습니다. 하나님께서는 이스라엘에게 자신이 질투하시는 하나님이심을 드러냅니다. "너는 다른 신에게 절하지 말라 여호와는 질투라 이름하는 질투의 하나님임이니라"(출 34:14).

우상 숭배를 간음에 비교하는 부단한 성경의 비유는 결혼 관계라고 하는 질서로서 하나님께서 지정하신 하나의 유추에 기초를 두고 있습니다. 하나님께서는 단순히 자녀인 이스라엘의 아버지로서 뿐 아니라 신부인 이스라엘의 남편이요 주(Lord)로서도 알려지실 것입니다.

이스라엘의 전적 헌신을 요구하시는 하나님의 질투에 대한 유추가 없다면 우리는 아마도 그 어떤 성적 간음도 사랑으로써 완성된 정당한 것이라고 여기고 말 것입니다. 또 한편 자기의 아내에 대한 남편의 질투하는 사랑에 관한 유추가 없다면, 우리는 아마도 하나님 한 분만이 하나님이시기 때문에 하나님께서는 우리가 그 어떤 신에게든지 드려진 종교적 예배 행위들을 인정하실 것이고 또 받으실 수 있으실 것이라고 상상하게 될 것입니다.

그러나 성경을 꿰뚫고 흐르는 유추는 우리에게 그렇지 않다고 가르쳐 줍니다. 하나님께서는 독점적인 성격을 지니고 있는 순수한 사랑의 강렬함을 우리가 알기를 원하십니다. 만일 어떤 사람이 다른 사람과도 똑같은 정도의 친밀한 관계를 추구하기 위하여 변심한다면 관계를 더럽히는 것이 되고 마는 그러한 마음의 의뢰(a commitment of heart)라는 강렬함을 우리가 알기를 원하십니다. 우상들을 섬기는 것은 이스라엘에게 자신을 계시하신 한 분이신 참 하나님께 경배를 돌리는 간접적 방법이 아닙니다. 그것은 여호와께로부터 등을 돌리는 배교행위이며 또 영적 간음입니다. 솔로몬은 자기의 이방 아내들과 함께 시돈 사람들의 여신인 아스다롯을 비롯하여 암몬 족속들의 "가증한" 밀곰과 모압의 그모스와 암몬의 몰렉을 섬기는 데 동참하였습니다. 그가 이처럼 우상을 숭배할 때에 그의 마음은 여호와에게서 떠나 버렸습니다(왕상 11:1~13. 참조. 출 34:10~17). 그는 이제 자신의 마음과 성품과 힘을 다하여(신 6:5) 여호와를 자기의 하나님으로 사랑하지 않게 되었습니다.

더욱이 이방인들의 희생제사는 한낱 상상에 의한 신화적 존재들에게 바쳐지는 것이 아닙니다. 그것들은 귀신들에게 바쳐지는 것입니다(고전 10:20). 그런 까닭에 바울은 "그러면 우리가 주를 노여워하시게 하겠느냐"(고전 10:22)고 말한 것입니다. 하나님께서는 자신의 거룩한 이름 때문에 질투하시며 열심을 내십니다. 그분께서는 자신에게만 돌려야 할 마땅한 영광을 어둠의 세력들에게 돌리는 신성모독의 행위를 용납하지 못하십니다. 물론 하나님께서 원하시는 것은 우리를 헛된 행각과 속박 그리고 멸망으로부터 구원하시는 일이기도 합니다. 그러나 하나님께서 그 일을 원하시는 것은 단순히 우리만 위해서가 아니라 하나님 자신을 위해서도 그렇게 하셔야 합니다. 하나님께서는 자신에게도 성실하셔야 하기 때문입니다.

자신의 이름과 자기 백성을 향한 하나님의 질투의 성격은 예수 그리스도 안에서 계시되었습니다. 우리가 하나님의 삼위일체적 성품을 알게 되면 우리는 그분의 거룩하신 질투의 의미를 더 잘 이해할 수 있습니다. 하나님의 아들이신 예수님께서는 자신의 아버지의 이름과 영광에 대해 열심히 많으십니다. 그래서 그분께서는 성전으로부터 장사치들을 내어 쫓으셨습니다. "이것을 여기서 가져가라 내 아버지의 집으로 장사하는 집을 만들지 말라"(요 2:16). 그 때에 그분의 제자들은 "주의 전을 사모하는 열심이 나를 삼키리라"(요 2:17; 시 69:9)고 한 성경 말씀을 기억하였습니다. 이처럼 예수님께서는 하늘에 계신 자신의 아버지를 순전하게 경배하는 데 불같은 열심을 가지셨습니다. 그분의 특별한 열심은 하나님의 진실한 종(비느하스와 같은 사람. 민 25:10,11)이 지녔던 열심보다도 더한 것입니다. 그분의 열심은 바로 자신의 아버지의 이름과 영광을 위한 아들의 열심입니다.

그러므로 성부께서도 역시 자신의 아들을 향하신 열심이 크십니다. 하늘로부터 난 그분의 음성으로 예수님께서 자신의 사랑하는 아들이심을 승인하셨습니다. 그리하여 성부께서는 아들을 하늘과 땅의 모든 피조물 위에 높이셨으며, 그에게 모든 이름 위에 뛰어난 이름, 곧 예수님의 이름에 모든 사람의 무릎을 꿇게 하여 경배하고 모든 입들로 예수 그리스도는 주라 시인하게 하는 이름을 주셨습니다(빌 2:9~11).

간음을 금하신 하나님의 명령은 그 문맥, 즉 하나님의 구속사의 전개라고 하는 문맥 속에서 이해되어야 합니다. 꼭 성적 순결만이 아니라 언약적 헌신도 이 계명의 중요한 필요조건입니다. 이런 까닭에 사도 바울은 한 남자가 자기 아내를 향해 일어나는 질투하는 사랑을 서술하면서 하나님께서 예수 그리스도 안에서 자기 백성을 향해 가지신 질투하는 사랑을 깊이 생각하지 않을 수 없었습니다(엡 3:25~33). 바울에게 있어서 그토록 신비하고 놀라웠던 것은 바로 결혼으로 맺어지는 사랑의 신비가 아니라 하나의 창조된 유추를 제공하는 하나님의 사랑이 지닌 신비였습니다. 바울은 이제 더 이상 다메섹 도상에서 예수님을 만났던 율법주의적 바리새인인 사울이 아니었습니다. 그는 계명들을 주신 여호와나 혹은 구속 안에 나타난 그분의 의도로부터 그 계명들을 분리시키지 않습니다. 결혼 생활의 신실함이 곧 여호와를 섬기는 일이 되는 것은 단순히 하나님께서 그것을 명하셨기 때문이 아니라 그것이 하나님의 구속의 사랑으로부터 솟아 나온 사랑을 분명히 나타내기 때문입니다. 결혼 생활의 신실함을 여호와 섬기는 일과 동일한 것으로 보는 시각은 그리스도인들에게 가장 깊은 동기를 부여하는 샘에 이르게 합니다. 다른 사람들을 사랑함으로써 우리는 먼저 우리를 사랑하신 그분을 향한 우리의 사랑을 나타내는 것입니다.

기독론적 견지에서 볼 때에 율법 자체는 율법주의가 아니며, 언약 역사도 도덕주의가 아닙니다. 이제까지 살펴본 바대로 구약성경은 우리가 예를 들고자 하는 목적에 유용한 이야기 모음집을 제공하지 않는다는 것입니다. 오히려 그것은 여자의 후손과 뱀의 후손간의 투쟁 속에 나타나는 계속되는 하나님의 구속사역의 기록을 담고 있습니다. 우리는 본받아야할 용기의 한 예로서, 감히 골리앗과 맞서 싸운 다윗의 싸움을 설교해서는 안 됩니다. 그런 식의 접근은 구약성경의 계시를 하찮은 것으로 만들고 맙니다. 다윗이 소명을 받고 여호와의 기름부음을 받은 것은 하나님의 구속사역을 계시하는 역할에서 그 깊은 의의를 갖게 됩니다. 여호와께서는 우리를 준비시키셔서 사단과 어둠을 이기시는 그리스도의 결정적 승리에 관한 중요한 의의를 이해하게 하십니다. 다윗이 이룬 구원은 그 역사적 실제로부터 분리되는 것이 아니라 오히려 그 속에 기초를 둔 예표적 의의가 있다는 것입니다.

시가서의 실례

또 하나의 간단한 실례로서 구약성경의 시가서는 율법서만큼이나 구속사에 기초를 두고 있습니다. 수많은 시편들이 일인칭 복수로 쓰여 있습니다. 즉 하나님의 백성들이 여호와를 믿는 그들의 신앙을 고백하면서 그분의 이름을 찬양하고 그들의 대적들로부터의 구원을 구하고 있습니다. 시편 저자 개인은 단순히 개인의 감정들을 표현하고 있지 않습니다. 대개의 경우 시편의 저자가 다윗인데, 그는 자신이 하나님의 기름부음을 받은 자라는 사실을 충분히 인식하고서 하나님께 부르짖습니다(삼하 22:51). 다윗이 아닌 사람이 영감을 받아 쓴 시편의 저자인 경우조차도 그 시는 여호와를 섬기도록 부름을 받은 대표자로서 쓴 것입니다.

하나님께서 자신의 백성들을 대하심에 있어서 시편들이 하는 기능은 하나님의 영감으로 모세의 노래가 주어졌을 때에 거기에 최초로 분명히 나타났습니다(신 31:19). 그 노래는 이스라엘에게 선포된 직접적 예언이 아니었으며 또 십계명처럼 언약법의 형태를 띤 것도 아니었습니다. 오히려 그것은 하나님의 계시에 대해 찬양으로 화답하는 형태를 띠고 있었습니다. 그럼에도 불구하고 그것은 이스라엘을 향하신 하나님의 증거 중 일부를 형성합니다. 이스라엘의 유산 중 일부로 암송됨으로써 그 노래는 그들이 자신들의 반석이신 여호와께 신실하지 못함이 입증될 때에 "그들 앞에 증인처럼 될"(신 31:21,22) 것입니다. 후대에 기록된 이스라엘의 영감된 노래들도 그와 똑같은 기능을 보이고 있습니다.

주의 백성들이나 주의 종들이 그분의 이름을 부를 때에, 그들의 노래들은 분명히 연락(宴樂)을 위해 기록된 것이 아니라 경배와 기원을 위하여 쓰인 것입니다. 경배의 표현인 그 노래들은 하나님께서 이스라엘을 구별하여 대하신 것, 즉 구속사로서 인쳐진 것입니다. 하나님의 속성들을 묘사하는 찬양들은 많은 신들을 섬기는 이방인들 사이에 흔한 찬양들이 갖는 동기를 가지고 있지 않습니다. 수많은 여자 친구들을 둔 어떤 바람둥이와 같은 다신론자는 자신이 현재 은총을 구하는 그 신이 적어도 당분간이나마 모든 신들 중에 승리자라는 사실을 그 신에게 틀림없이 확신시켜주어야만 합니다.

그러나 이스라엘의 시편들은 오히려 묘사적 성격뿐 아니라 선포적 찬양의 특징도 지니고 있습니다.[4] 여호와께서는 그가 어떤 분이시라는 것 때문만 아니라 그가 행하신 일 때문에도 경배를 받으십니다. 그분은 출애굽의 하나님이시며(시 80:8; 114편), 이스라엘을 구원하시고 다윗과 더불어 자신의 언약을 세우신 하나님이십니다(시 89편). 하나님의 구속역사는 죄를 고백하게 하는 근거가 있는 동시에 하나님의 구속의 자비를 새로이 베풀어주시기를 구하는 청원의 근거도 갖습니다(시 74편, 80편). 시편들은 또한 여호와께서 친히 자기 백성의 구속자와 심판자와 구원자로서 다시 오실 때에 이루어질 하나님의 약속들의 성취를 선포합니다(시 96:10~13).

---

4) 이러한 특징 및 시편과 고대 근동의 찬가들 간의 대조에 대하여는 Claus Westermann의 *The Praise of God in the Psalms*, trans. Keith Crim (London: Epworth, 1966), pp. 15-51을 참조하라.

그 위대한 날에는 구원의 새 노래를 부를 것입니다(시 96:1; 98:1. 참조. 144:9).[5]

신학적 깊이에서 시편들은 하나님의 언약의 노래들이며 그 언약적 소망의 노래들입니다. 하나님의 위대한 구원사역은 다윗의 자손에 의해서 이루어질 것이므로 그 시편들은 분명히 메시야적인 것들입니다. 예수님께서는 자신을 대적하는 자들에게 시편의 구절들로써 대항하셨습니다. 그들은 예수님께서 다윗의 자손인 동시에 그의 주가 되셔야 한다는 사실을 이해하지 못하였습니다(시 110:1; 마 22:41~45). 하나님께서 집 모퉁이의 머릿돌로 삼으신 것이 바로 건축자들이 버린 돌이라는 사실을 그들은 깨닫지 못하고 있었습니다(시 118:22,23; 마 21:42,43).

그러나 다만 몇 안 되는 "메시야 시편들"에서만 이스라엘의 노래들이 예수 그리스도를 가리키는 것은 아닙니다. 사실 명백히 메시야적임이 드러나는 시편들로부터 우리는 수많은 다른 시편들에 적용되는 해석의 원리들을 알아차릴 수 있습니다.

예를 들면, 시편 22편은 분명히 메시야적입니다. 그 시편에서 처음 시작하는 외침은 바로 그리스도께서 십자가에서 외치셨던 부르짖음이며, 고통 가운데 처한 그 시편 저자가 내뱉은 괴로움의 세세한 내용들은 분명히 구체적으로 갈보리에서 적용된 것들입니다. 히브리서의 저자는 그리스도와 관련하여 시편 22:22을 인용합니다(히 2:11,12). 하나님께로부터 버림을 받아 부르짖는 것뿐 아니라 찬양의 맹세까지도 그리스도 자신의 언급들인 것입니다. 이것이 사실인 것은 예수님께서 세상에서 사역하실 때에 시편들을 노래하시고 그런 방식으로써 그것들을 성취하셨기 때문이기도 합니다. 고통당하는 의인으로서, 여호와의 기름부음 받은 자였기 때문에 핍박을 받았던 다윗은 고통당하시는 진정한 의인, 곧 하나님의 아들이며 거룩하신 그분을 예시합니다. 시편 22편의 첫 구절만이 그리스도의 구절이 아니라

---

5) Geerhardus Vos, "The Eschatology of the Psalter," reprinted in *The Pauline Eschatology* (Grand Rapids: Eerdmans, 1953), pp. 323-65.

이 시편 전체가 그리스도의 시편입니다.

명백하게 메시야적인 시편들에 더하여, 그에 못지않게 분명히 그리스도를 가리키는 시편의 범주들도 있습니다. "왕의 시편들"(royal psalms), 시온의 노래들과 시온의 왕의 노래들은 신약의 성취라는 빛에 비추어 볼 때에 정확하게 메시야적입니다. 그의 모든 적을 정복하고 승리하신 영광의 왕이 시온에 들어가실 때에 대하여 묘사된(시 24편) 장면은 그리스도의 승천에서 성취됩니다. 광야를 통해 진군하여 그의 거룩한 산으로 들어가시면서 사람들과 선물을 주고 받으시는 주님(시 68:18)이 바로 세례 요한이 광야에서 그분이 오실 길을 준비하였던 그 주님이십니다(사 40:3; 마 3:1~3). 오실 심판자(시 96:13; 97:7. 참조. 히 1:6)이신 그분, 그분이 바로 자신의 백성들을 자신과 함께 승리의 행진 대열로 인도하시는 구세주이십니다. 그분의 보좌는 영원히 세워졌으며(시 2편; 110편), 그분은 우주를 통치하십니다(시 2편; 72편; 110편). 그 왕은 자신의 신부와 자신의 권속들을 복된 면류관으로 받으십니다(시 45편). 다윗의 혈통에 속한 왕과 영원하신 왕을 찬양하는 시편들은 모두 예수님 안에서 결합되는 것입니다.

4. 결론

초점이 그리스도에게 맞춰진 것을 인정할 때에만 우리는 구약성경에 나타난 의미의 깊이를 감지하게 됩니다. 우리의 설교가 실천적인 힘을 제공받게 되는 것은 바로 이러한 신학적 깊이를 발견할 때에 비로소 가능합니다. 어떤 이들은 구약성경을 기독론적으로 설교하는 것에 반대하는데, 그 이유는 그들이 기독론적 설교를 가능하게 하는 경우들을 논박할 만한 근거가 있기 때문이 아니라 그저 자신들이 생각하기에 그것이 너무나 복잡하기 때문입니다.

만일 우리가 말씀 안에서 사역하고 말씀 안에서 일꾼이 되려하지 않는다면(딤전 5:17) 그러한 반대가 먹혀 들어갈 것입니다. 그러나 나무와 마른 풀과 지푸라기로 설교를 작성하는 것이 금이나 은 혹은 보석을 사용하는 기술자가 되어 설교를 작성하는 것보다는 훨씬 더 쉬운 법입니다(고전 3:12~15).

기독론적 설교는 성경 구절들을 끈기 있게 비교하고, 성구 사전들을 광범위하게 사용하도록 요구하며, 또 성경연구와 묵상과 기도에 평생을 바치도록 요구합니다. 그러나 기독론적 설교는 발명되는 것이 아니며, 그 윤곽이 성경에 애매하게 그려진 것도 아닙니다. "구원은 여호와께로서 말미암나이다"(욘 2:9)라는 구절은 성경의 위대한 본문입니다. 이 본문은 주님에 관한 우리의 지식과 그의 은혜를 체험하는 주관적 실체를 강조하기 위해서 구원에서 하나님이 행하시는 그 객관적 실체를 희생시키면 결코 안 된다는 사실을 우리에게 상기시켜주고 있습니다. 만일 우리가 잘못 생각하여 우리의 체험에 초점을 맞추는 것이 더욱 실제적이라거나 혹은 사람들이 사는 현장에서 그들을 접근하게 하는 것으로 여긴다면, 우리는 구원이 하나님의 사역이라고 하는 복음의 압도적 사실을 간과하고 말 것입니다. 우리는 믿음이라는 것을 서술함으로써 믿음의 불을 지피는 것이 아니라 그리스도를 서술함으로써 믿음의 불을 지피는 것입니다. 바울은 결코 하나님의 사역을 말하는 일에 지친 적이 없습니다. 왜냐하면 그에게는 하나님께서 행하신 일에 관한 서술이 항상 우리가 해야 할 일에 대한 명령보다 앞서 오기 때문입니다(예, 골 3:1~4).

모든 성경으로부터 그리스도를 강단에서 전한다는 것은 믿음을 은혜에 결합시키는 일입니다. 하나님께서는 그리스도 안에서 구세주가 되십니다. 구약 시대의 신자들은 장차 올 그 구원을 기다리면서 확신하였습니다. 그들은 우리에게 바로 신자들로서의 모범 — 결코 하나님의 구원이라는 객관적 사실과 동떨어진 의미가 아닌 믿음으로 산 자들이라는 의미에서 — 인 것입니다.

사랑의 순종은 바로 그 믿음의 관계에서 흘러나옵니다. 믿음과 마찬가지로 사랑도 내적 분석이 아닌 우리의 믿음의 조성자이시며 완성자이신 예수님을 바라봄으로써 불같이 타오르게 됩니다. 우리는 그분께서 먼저 우리를 사랑하셨기 때문에 사랑하며, 우리의 마음속에 꽉 찬 것이 바로 하나님의 사랑이기 때문에 사랑하게 됩니다.

성경은 도덕적 교훈과 윤리적 가르침들로 가득 차 있습니다. 그러나 그 모든 것들의 근거와 동기는 예수 그리스도의 긍휼 안에서 발견되어야 합니다. 우리는 성경의 모든 풍성한 내용들을 설교해야 하지만 만일 그 책이 우리의 강단 상담(pulpit counseling), 사회적 죄악들에 대한 천둥과 같은 외침, 우리의 적극적이거나 혹은 소극적인 생각들의 모든 부스러기들을 관장하지 않는다면, 모든 것이 주일 아침의 허공 속으로 날아가 버리고 말 것입니다.

바울은 고린도에서 예수 그리스도 곧 십자가에 달리셨던 그분 이외에는 그 어느 것도 알지 않기로 굳게 결심하였습니다. 철따라 지나가는 강단의 유행어들은 다른 사람들이나 개발하라고 내버려둡시다. 예수를 설교하는 일에 전문가가 되시기 바랍니다!

구약본문 설교에서 적용 문제

시드니 그레이다누스[1]

"당면 문제와 연관시키는 설교가 위대한 설교이다." 이것이 『20세기에 걸친 위대한 설교』(*Twenty Centuries of Great Preaching*)의 편집자들이 내린 결론이다. 그들은 다음과 같이 설명한다.

> 수많은 설교자들의 삶을 연구하고, 또 무수한 설교원고들을 읽고 나서 우리가 내린 결론은, 세계적으로 위대한 감화력을 끼친 설교자들이란 그들 당대의 문제점과 필요를 설교한 인물들이었다는 것이다.[2]

당면한 문제점과 필요를 말하는 것이 적용의 핵심이다. 비록 이 용어의 정의에 대한 의견은 각기 다를 수 있어도 골자는 모두 공통적이다. 존 부로두스(John Broadus)가 평판 높은 1870년도 저서에서 내린 정의는 지금까지 정설로서 통한다.

---

1) 존 스텍(John H. Stek)에게 기념논문집을 헌정하는 차제에 나는 공적으로 그의 저술들에 나타난 소중한 통찰력과 나의 *The Modern Preacher and the Ancient Text* (Grand Rapids: Eerdmans, 1988)를 훌륭히 교정해 주신 것과 출판예정으로 있는 나의 *Preaching Christ from the Old Testament*도 교정해 주시겠다고 하신 약속에 감사를 표하는 바이다.

2) Clyde E. Fant, Jr., and William M. Pinson, Jr., *Twenty Centuries of Great Preaching*, Vol. 1 (Waco: Word Books, 1971).

> 엄격히 말해서, 적용이란 우리가 제공하는 주제가 설교를 듣는 사람들에게 어떻게 적용되는가, 어떤 실제적 교훈들을 제시하는가, 어떤 실제적 요구를 하도록 하는가 하는 강화(講話)의 역할들이다.[3]

구약성경 텍스트의 메시지는 구약성경의 이스라엘과 현대 교회간의 엄청난 역사적-문화적 격차를 뛰어넘어 전달되어야 하기 때문에 적용이 힘들기로 이름이 나 있다. 아마도 이 사실로 많은 목회자들이 신약성경을 집중적으로 설교하고 대체적으로 구약성경을 설교하는 것을 포기한 이유일 것이다. 몇몇 교단들에서 받은 보고에 의하면, 추측컨대 평교인이 신약설교를 열 번 들을 경우 구약설교는 많아야 두 번 정도 듣는 듯하다.

하지만, 바울은 구약성경이 교회에게 "유익하다"고 선포했다.

> 모든 성경은 하나님의 감동으로 된 것으로 교훈과 책망과 바르게 함과 의로 교육하기에 유익하니 이는 하나님의 사람으로 온전케 하며 모든 선한 일을 하기에 온전케 하려 함이니라(딤후 3:16~17).

바울은 디모데와 모든 설교자들에게 "말씀을 설교하라"고 명령하였는데, 그 말씀은 구약성경에서 발견되는 하나님의 말씀이다.

구약성경을 설교하는 것은 오늘에도 여전히 "유익하다." 왜냐하면 신약에서 발견되는 것이 아니라 신약성경에서 그렇다고 여기는 진리들을 구약성경이 선포하기 때문이다. 창조기사, 인류의 타락, 하나님과 그의 백성 이스라엘간의 긴 언약 역사, 하나님의 약속들, 언약의 열 계명, 하나님이 요구하시는 제사의식, 사회정의를 위한 하나님의 관심, 시편 등을 생각해 보라. 교인들은 신구약으로 선포하는 건전한 설교를 들을 때에만 균형 잡힌 규정식(diet)을 먹을 수 있다.

이 글은 구약본문 설교에서 적용 문제에 초점을 맞출 것이다. 먼저

---

3) John Broadus, *On the Preparation and Delivery of Sermons*, rev. ed. (New York: Harper, 1944), p. 211.

구약성경 적용을 그렇게도 어렵게 하는 역사적-문화적 격차를 살펴보도록 하겠다. 그 다음으로 그 격차를 메우는 데 종종 사용하는 몇몇 교량들을 점검할 것이다. 그러나 그 교량들은 구약성경 메시지의 중량을 견디기에는 너무나 약한 것으로 드러날 것이다. 그리고 우리는 역사적-문화적 격차를 메울, 유일하게 견고한 교량의 기초들을 검토하고 나서, 건전한 적용을 위해 이 교량을 사용할 수 있는 방법들을 제안할 것이다.

1. 역사적-문화적 격차

구약성경의 메시지를 현대 교회에 적용하려고 노력할 때 설교자들은 반드시 역사적-문화적 격차를 메워야 한다. 렛싱(Lessing)은 이 격차를 "난처한 도랑"(the ugly ditch)이라고 부름으로써 많은 설교자들의 좌절을 대변하였다. 더 도움이 되는 것은 프레드 크래독(Fred Craddock)의 묘사인데, 이 묘사는 그 격차의 여러 다른 측면들을 드러내준다. 그는 다음과 같이 그것을 간취했다.

> 고대 근동과 현대 미국간의 지리적, 언어적, 심리적, 우주적 그리고 연대적 간격은 두려울 정도로 무척 크다.[4)]

이제 간략하게나마 역사적 그리고 문화적이라는 두 개의 주된 측면을 살펴보도록 하자.

문화적 격차

구약성경 저자들은 원래 동양적인 농경사회, 족장사회에 속한 청중들에게 메시지를 전했으나, 오늘의 설교자들은 서양적인 도시, 탈공업화한

4) Fred Craddock, *As One Without Authority* (Nashville: Abingdon, 1971), p. 117.

민주주의적 사회에 속한 청중들에게 전한다. 이런 문화적 차이점이 메시지의 직접 적용에 장애를 일으킨다.

예를 들면, 구약성경은 일부다처제도와 노예제도를 수용하고 규제하였다. 오늘날 일부일처제도를 국법으로 제정하고 노예제도를 폐지한 문화 속에서 설교자들은 일부다처제도와 노예제도에 관한 메시지를 어떻게 적용할 것인가? 그리고 성전(聖戰)에 관한 규정들은 또 어떻게 적용할 것인가? 정하고 부정한 동물들? 안식년과 희년? 많은 문화적 격차들이 현대에 적용하기에는 불가능한 "난처한 도랑"처럼 보일지 모른다.

역사적 격차

직접 적용하기에 더 장애거리가 되는 것은 역사적 격차이다. 우리는 특히 구속적-역사적 격차 즉, 구약성경 저자들은 예수님이 오시기 이전의 이스라엘에게 말씀을 전했으나 오늘의 설교자들은 구약성경과 신약성경을 정경으로 주장하는, 그리스도가 오신 이후의 교회에게 전해야 하는 격차가 있다.

예를 들면, 기독교 설교자들은 성전 예배, 동물 제사 혹은 정결과 불결에 관한 규례들을 어떻게 설교할 것인가? 구속적-역사적 격차는 문화적 격차를 한 층 더 벌어지게 한다.

기독교 설교자들은 역사적-문화적 격차를 현대에 적용하는 것을 불가능하게 하는 "난처한 도랑"으로 보지 않고 긍정적 견지에서 볼 수 있다. 구약성경의 메시지가 과거에 이스라엘에게 적절했던 것처럼 오늘의 교회에게도 적절하도록 설교하는 것이 우리가 받는 도전이다.

역사적-문화적 격차를 어떻게 뛰어넘을 수 있는지를 논하기 전에 구약성경 메시지의 무게를 지탱하지 못하기 때문에 피해야할 몇몇 교량들을 먼저 확인해야 한다.

2. 역사적-문화적 격차를 메우는 데에 부적절한 방법들

직접 옮기기

어떤 설교자들은 격차를 무시하고 구약성경 메시지를 현대 교회에 직접 적용하려고 시도한다. 그러나 윌리먼(William Willimon)은 이렇게 진술한다.

> 우리 시대, 우리 개념 그리고 우리 생활이 성경 시대의 생활과 차이가 없다고 가정하고 옮기는 것은 대개 성경을 잘못 이해하는 것이다.[5)]

직접 옮기기라는 교량은 두 가지 이유로 실패한다. 첫째로, 이 옮기기는 텍스트가 전한 원래의 역사적-문화적 맥락을 무시하는 경향이 있다. 둘째로, 그것은 그리스도께서 오신 이후의 현대 사회에 있는 기독교 교회의 역사적-문화적 맥락을 무시한다. 이안 피트-왓슨(Ian Pitt-Watson)은 다음과 같이 진술한다.

> 모든 설교는 한 편으로 성경의 텍스트를, 다른 한 편으로 인간의 삶 문제를 활시위처럼 잡아 당겨 늘어나게 만든다. 만약 줄이 양쪽에 단단히 묶여있지 않으면 그 활은 쓸모가 없다.[6)]

직접 옮기기는 대개 활 양끝에 줄을 단단히 묶지 못하는 까닭에 원래의 말씀을 오해하여 현대에 잘못 적용하는 경향이 있다.

보편화

---

5) William H. Willimon, *Preaching and Leading Worship* (Philadelphia: Westminster, 1984), p. 70.
6) Ian Pitt-Watson, *Preaching: A Kind of Folly* (Edinburgh: St. Andrews, 1976), p. 57.

역사적-문화적 격차를 뛰어넘는 또 다른 통속적 교량은 보편화이다. 어네스트 베스트(Ernest Best)는 이 보편화를 다음과 같이 묘사한다.

> 본래 한 가지 상황에 한해서 …… 선택한 텍스트를 이제는 광범위한 상황들과 환경들에 적용되도록 해석한다.[7)]

예를 들면, 하나님께서 이스라엘에게 약속의 땅을 주셨다. 그러므로 오늘도 하나님께서 자기 백성에게 "약속의 땅"(미합중국, 남아프리카)을 주신다고 보편화하는 것이다. 하나님께서 다윗에게 적과 싸우라고 명령하셨다. 그러므로 왕, 대통령, 수상 그리고 일반 시민도 지금 적과 싸워야 한다는 것이다.

보편화라는 교량은 텍스트가 전달하는 독특한 역사적-문화적 맥락을 오해하는 것이다. 이 보편화는 윌리몬(Willimon)이 언급한 바와 같이, "성경(본문)이 특정한 상황에서 신앙 공동체의 구체적 필요에 의해 나왔다"[8)]는 사실을 무시한다. 보편화는 구약 텍스트가 전달하는 역사적 상황의 독특성을 간과하는 경향이 있다.

개별화

또 다른 부적절한 교량인 개별화는 개인주의적 문화권에서 일반적으로 이루어진다. 구약성경의 대부분은 이스라엘이 공동으로 받았다. 로이드 베일리(Lloyd Bailey)는 이렇게 진술한다.

> 본래 이스라엘 전체에게 전달된 텍스트를 개별화해서는 안 된다. 텍스트에서 개개인을 위한 의미를 살피기 전에 현재의 공동체를 위해 그 텍스트와 당면문제의 관련성을 찾아라.[9)]

---

7) Ernest Best, *From Text to Sermon: Responsible Use of the New Testament in Preaching* (Atlanta: John Knox, 1978), p. 86.

8) Willimon, *Preaching and Leading Worship*, p. 71.

9) Lloyd R. Bailey, *The Pentateuch* (Nashville: Abingdon, 1981), p. 92.

영해 (Spiritualizing)

영해는 종종 설교자들이 구약성경에 나타난 지상적(地上的), 육적, 역사적 사실을 적용할 수 없다고 느낄 때 사용한다. 예를 들어, 요셉을 웅덩이에 던졌다는 이야기를 어떻게 적용해야 하는가 하는 문제를 생각해 보자. 그 사건을 오늘의 우리와 연관할 설교자는 거의 없을 것이다. *Interpreter's Bible*은 그 격차를 메우려고 노력하는 중에, 요셉을 웅덩이에 던졌다는 내용을 "인간의 영"이 "도덕적으로 그리고 영적으로" 웅덩이에 있는 것으로 끌어갔다. 이런 해석을 영해라고 한다.

불행하게도 영해의 평범한 교량은 구약성경 메시지의 무게를 견딜 수 없다. 텍스트가 육적, 지상적 현실을 언급하고 있는데 현대의 설교자들이 적용을 위해 저자의 의도를 왜곡하여 그것을 영적 사실로 만들어 버릴 권리는 없다. 끊임없이 계속되는 또 다른 영해의 불행한 결과는 창조의 구속 그리고 육체의 부활에 관한 성경적 메시지를 영지주의적 방법으로 손상시킨다. 구약의 지상성 바로 그것이 구원의 성경적 개념을 이 땅과 우리 지상적 존재와 연결한다. 류(M. Reu)가 다음과 같이 옳게 주장한다.

> 설교자가 자신이 택한 텍스트를 왜곡하여 저자가 상상조차 하지 않은 말을 하는 재치를 발휘한 것도 모르는 채 사람들의 칭찬을 받는다는 것은 낯 뜨거운 명성에 지나지 않는다. …… 텍스트에 나타난 주된 사상이 반드시 적용에 있어서도 주된 사상이 되어야 한다. 텍스트에서 부차적인 것은 적용에 있어서도 부차적이어야 한다. 텍스트에서 발견하지 못한 것은 적용에 있어서도 고려의 여지가 없다. 텍스트에서 그 독특한 성격이 나타나는 것은 결코 적용에서 제외해서는 안 된다.[10)]

도덕화

또 설교자들은 텍스트에서 도덕적 교훈을 슬쩍 끄집어내어 역사적-문화

10) M. Reu, *Homiletics: A Manual of the Theory and Practice of Preaching* (Grand Rapids: Baker, 1967), p. 362.

적 격차를 메운다. 도덕화하는 설교자들은 텍스트에서 부차적 요소에 불과한 것을 도덕화하는 바람에 텍스트의 메시지와 그 윤리적 함축성을 놓치곤한다. 예를 들어, 도덕화하는 설교자들은 하나님께서 아브라함에게 아들을 제물로 바치라고 명령하신 텍스트에 관해 설교하면서 재빨리 우리도 가장 귀한 것을 하나님께 바쳐야 한다고 적용하는 쪽으로 기운다. 비록 이 적용이 비성경적인 것은 아니라 할지라도, 그것이 창세기 22장의 요점은 아니다. 도덕화는 종종 "모방설교"의 형식을 취하거나 성경의 인물들을 교인들을 위한 긍정적 혹은 부정적 "모형들"의 예로 제시한다. 예를 들면, 그 중에서도 로이 데 브란드(Roy De Brand)는 텍스트의 적용이 성경 인물들을 모방하는 것을 내포할 경우에 전기적 설교를 할 것을 옹호한다.

> 전기적 설교는 …… 예화라는 자동적 보너스를 가져다준다 …… 우리는 다른 이들에게 배운다. 교훈들이 어떤 경우에는 긍정적이어서 우리가 열심히 모방하게 된다. 또 다른 경우에는 다른 이들의 예로부터 우리가 무엇을 하지 말아야 하는지, 무엇을 생각하게 하는지 그리고 무엇을 말해야 하는지를 배운다. 동일한 성경 인물에게 종종 긍정적 그리고 부정적 교훈을 모두 배울 수 있다.[11]

전기적 모방설교는 적용을 쉽게 하도록 해준다. 룻기를 설교할 때, 설교자들은 다음과 같은 적용들을 할 수 있을 것이다. 룻처럼 우리는 하나님을 믿는 가정과 결합하도록 결정해야 하고, 그렇게 고백해야 하고 거기에 속해야 한다(세 가지 모방 적용을 하는 세 가지 요점 설교). 혹은 나오미처럼 우리는 신실치 못한 오르바를 단념시켜야 한다. 혹은 우리는 오르바처럼 우리의 옛 신들에게로 돌아가서는 안 된다. 다시 말하지만, 이런 적용들이 비성경적인 것은 아니지만 텍스트의 권위에 못 미치는 적용들이다. 그것들은 성경 저자의 묘사(*de*scription)를 오늘의 청중을 위해 처방(*pre*scription)하

---

11) Roy E. De Brand, *Guide to Biographical Preaching* (Nashville: Broadman Press, 1988), p. 23.

는 것이 된다. 모방설교는 저자의 메시지를 실제적으로 하라는 것과 하지 말라는 것으로 곡해하며, 그 과정에서 하나님-중심적인 구약성경 텍스트를 인간-중심적 설교들로 바꾸어 버린다.[12)]

도덕화가 실제적이라고 여겨질지 모른다. 그러나 도덕화 적용이라는 계속되는 규정식은 복음과 교회에게 엄청난 해를 끼친다. 레안더 켁크(Leander Keck)는 단도직입적으로 이렇게 말한다.

> 지금까지 간략하게 설명한 바와 같이, 텍스트에서 오늘을 위한 교훈들을 끌어내는, 널리 행해지는 패턴보다 청중에게 더 치명적이거나 성경 자체에게 더 적대적인 설교 형태를 상상하기란 힘들다.[13)]

직접 옮기기, 보편화, 개별화, 영해, 도덕화는 모두 역사적-문화적 격차를 확실하게 메우기에는 부족하다. 성경적으로 설교하는 이들에게는 더 나은 교량이 필요하다.

3. 역사적-문화적 격차를 메우기 위한 기초들

12) 나의 글 *Sola Scriptura: Problems and Principles in Preaching Historical Texts* (Toronto: Wedge, 1970)를 더 참조하라. 한 예로서 베일리(Bailey)는 이렇게 충고한다. "우리가 발견할 수만 있다면, 우리는 이야기에 등장하는 인물들의 도덕성을 초월하여 공동체가 그 이야기를 보존한 포괄적 이유를 보도록 익혀야 한다. 그 이야기는 아브라함이 영웅이라거나 천민이라는 것보다는 오히려 영웅으로서의 하나님에 관한 이야기이다. 아브라함을 보존하시고 그의 미래를 마련해주시는 분은 하나님이시다." *The Pentateuch*, pp. 91-92.

13) Leander Keck, *The Bible in the Pulpit: The Renewal of Biblical Preaching* (Nashville: Abingdon, 1978), p. 100. 참조. J. Daniel Baumann, *An Introduction to Contemporary Preaching* (Grand Rapids: Baker, 1972), p. 255, "그들은 즉시 거슬리고 유치한 설교에 약간의 '설교조의' 첨가내용들을 덧붙인다." 참조. Willimon, *Peculiar Speech*, p. 72, "도덕주의는 의도적은 아니라 할지라도 불경스럽게 우리를 성경에서 하나님의 위치에 두고, 사람들의 악행들을 하나님의 역사하심보다 더 역설하고 그리고 하나님께서 무엇을 하고 계시는지에 대해서보다는 우리가 무엇을 해야 하는지에 대해 말한다."

역사적-문화적 격차를 메우기 위한 효과적 방편들을 살펴보기 전에, 기초를 먼저 놓아야 한다. 그렇지 않으면 적용을 위한 교량이 무너질 것이다. 건전한 적용을 가능하게 하는 네 가지 불가결한 원리들을 간략하게 거론해보자.

1) 구약성경을 이스라엘의 당면문제와 관련한 선포로 보라

때때로 설교자들은 구약성경을 하나 또는 그 이상의 적용들을 첨가함으로써 반드시 당면문제와 관련되도록 만들어야 하는 객관적 계시 혹은 객관적 역사로 본다. 구약성경 전체는 케리그마, 즉 이스라엘의 당면 문제와 관련이 있기 때문에 현대 설교자들은 선택한 텍스트를 당면 문제와 관련되도록 만들 필요가 없다. 단지 그 텍스트와 과거 당면문제의 관련성을 발견하고, 그 관련성을 오늘 어떻게 적용할 수 있는지를 결정하면 된다. 설교자들이 저자의 목적과 동시에 텍스트의 주제를 찾아보고 발견하는 것이 중요하다. 저자의 목적은 설교자가 구체적 관련성, 즉 메시지에 대하여 기대한 결과인 그 관련성을 인식하도록 도와준다.

2) 텍스트의 하나님-중심적 해석에 초점을 맞추라

설교자들은 종종 성경의 인물들에게 지나치게 매혹되어 인간적 특성이라는 범위를 초월하여 이해하는 데 실패한다. 그러나 성경은 하나님의 자기-계시이다. 구약성경은 하나님과 그의 창조, 하나님과 그의 도래할 왕국, 하나님과 그의 언약백성의 이야기이다.

따라서 만일 우리가 택한 텍스트에서 하나님을 발견하지 못한다면 구약성경이 기록된 바로 그 목적을 놓치고 마는 격이 된다. 그리고 아래에서 분명히 제시하겠지만, 그렇게 하지 못한다면 건전한 적용을 위한 주된 구성요소도 놓치고 마는 격이 된다. 설교자들은 매번 선택한 텍스트가 하나님과 그의 백성에 대해 무엇을 밝혀주는지를 질문할 필요가 있다. 즉 그 텍스트가 하나님의 구속의 사역, 은혜의 언약, 약속들, 섭리, 심판,

자기 백성 이스라엘을 위한 그의 뜻에 대해 무엇이라고 말하는지 등을 질문해야 한다.

3) 텍스트를 구속적-역사적 맥락에서 이해하라

구속적-역사적 이해는 텍스트의 메시지를 구속사 전체 맥락에서 본다. 첫째, 이 이해는 텍스트를 이 구속사의 어느 일정한 단계에 이스라엘에게 선포된 메시지로 본다(역사적 이해). 둘째, 이 이해는 이 역사적 메시지를 여자의 후손(창 3:15)을 통해 이 땅에 왕국이 완전하게 임할 때(계 22장)까지 하나님이 그의 창조를 회복하시며 진행하시는 사역과 연관시킨다. 창조에서 새창조에 이르는 이 구속사적 맥락은 메시지에 성경적 깊이와 범위를 마련해 준다. 더욱이 텍스트를 구속사적 맥락에서 보면 역사적-문화적 격차를 메우는 견고한 교량을 마련해주어 설교자들로 하여금 하나님이 과거에 이스라엘을 위해, 오늘의 교회를 위해 사역하시는 연속성을 발견하도록 해 준다. 즉 과거에 이스라엘에게 하신 약속과 또 오늘의 교회에게 하시는 하나님의 약속들의 연속성, 과거에 이스라엘에게 하셨고 또 오늘의 교회에게 하시는 하나님의 요구사항들의 연속성을 발견하도록 해 준다. "왜냐하면 하나님은 그의 본성상 과거나 현재나 동일하시기 때문이다".[14]

하나님 편의 연속성과 더불어, 구속적-역사적 이해는 인간의 상태와 인간의 필요라는 연속성을 인정한다.

> 인간의 마음은 필요, 희로애락 그리고 어리석음과 죄에 있어서 동일한 상태로 계속되며, 하나님에 대한 불가소멸적 갈망에 있어서도 동일한 상태로 계속된다.[15]

요컨대 구속적-역사적 이해는 설교자들이 하나님께서 과거에 이스라엘에게 선포하신 그 말씀이 하나님 왕국역사의 계속성 때문에 오늘의 교회에게

14) Reu, *Homiletics*, p. 361.
15) *Ibid.*

도 선포된다는 것을 보게 한다. 이스라엘이 구약성경시대에 세상에서 하나님의 백성이요 대행기관이었던 것처럼, 교회도 신약시대에 동일한 왕국역사에서 하나님의 백성이고 대행기관이다.

4) 텍스트를 신약성경에 비추어 이해하라

구속사적 맥락에서 이해하면 설교자들이 연속성뿐 아니라 불연속성도 동시에 발견하게 된다. 구속사는 정체적이 아니다. 그것은 대하와 같아서 물이 끊임없이 이동하는데, 그 물이 앞으로 흐르는 가하면 어떤 때는 급류가 방향을 뒤로 틀기도 한다. 그러나 점차적으로 그 물은 도착지점인 하나님의 완전한 왕국에 이르게 된다.[16] 구속사의 강에서 주요 전환점들 중 하나는 그리스도의 도래이었다. 이 그리스도의 도래는 왕국역사를 "주전"(before Christ)과 "주후"(after Christ)로 나누었다. 구약성경이 그리스도의 도래 이전에 이스라엘에게 선포되었고, 오늘의 설교자들은 그리스도의 도래 이후에 교회에게 말씀을 선포하기 때문에 적용에서는 연속성 못지않게 불연속성도 감안해야 한다.

교회사는 구약시대에서 신약시대에 이르기까지 무엇이 연속되었는지, 무엇이 연속되지 않았는지를 가려내는 것이 복잡함을 보여준다. 하지만 설교자들이 이 힘든 결정을 할 때 결정적 안내서가 있다. 신약성경이 그리스도의 도래 이후에 기록되었기 때문에 메시지의 불연속성은 구약성경 메시지를 신약성경에 비추어 이해할 때 가장 잘 입증될 수 있다. 예를 들면, 이스라엘에게 주신 창세기 17장의 메시지는 사내아이에게 할례를 팔일만에 행하라는 것이었다. 그렇게 하지 않으면 하나님의 언약을 파기하는 것이 되었다. 그렇지만 사도행전 15장은 그리스도의 도래 이후 할례가 더는 요구되지 않고 세례가 점차적으로 하나님의 언약에 들어가는 이 표를 대신하

16) 강에 관한 생생한 비유는 짐멀리(Zimmerli)에 의해 나에게 처음으로 제안되었다. Walther Zimmerli, "Promise and Fulfillment," in *Essays on Old Testament Hermeneutics*, ed. Claus Westermann (Richmond: John Knox, 1964), p. 112.

게 되는 것을 보여준다. 혹은 출애굽기 20:8~11의 예를 들어보자. 하나님은 본문에서 이스라엘에게 일곱째 날에 안식할 것을 요구하셨다. 그렇지만 신약성경은 그 일곱째 날이 점차 주님께서 부활하신 날인 주중의 첫째 날로 옮겨졌음을 분명히 밝히고 있다.

그러므로 구약성경 텍스트를 적용할 때 설교자들은 연속성과 동시에 불연속성도 알아야 한다. 역사적-문화적 격차를 메워서 이 양면을 모두 정당화할 수 있는 교량은 구속사이다. 구속사의 단일성은 하나님께서 이스라엘 그리고 신약교회와 관계를 맺으시는 데에 있어서 연속성을 설명해 준다. 또 다른 면으로 구속사에서 점진성은 불연속성을 설명해 준다. 구속사의 개관은 역사적-문화적 격차를 메우는 유일하고 견고한 교량이다. 그러나 격차를 메울 때 종종 공동으로 사용하는 몇몇 작은 길들이 이 단일 교량에 있다. 아래에서 우리는 권위 있고 완벽하게 격차를 메울 수 있는 이 작은 길들을 살펴볼 것이다.

4. 역사적-문화적 격차를 메우는 타당한 방법들

1) 저자의 목적에 초점을 맞추라

리차드(R. P. Richard)는 아래와 같이 옳게 주장했다.

> 일반적으로 성경의 적용을 찾는 첫 단계는 원래의 청중에게 어떤 적용을 기대하였는지를 결정하는 것이다.[17)]

이 첫 단계가 현재의 적용을 과거의 적용에 단단히 붙들어 맨다. 저자의

17) R. P. Richard, "Methodological Proposals for Scripture Relevance," *Bibliotheca Sacra* 143 (1986): 207.

기록 목적, 저자의 목표 그리고 저가가 이스라엘에게 기대한 반응은 무엇이었는가?[18)]

저자의 목표를 알아보는 것은 중요하다. 왜냐하면 그렇게 하면 텍스트 본래의 관련 문제와 연관성을 드러내고 현실적 적용방법의 길잡이 역할을 하기 때문이다. 예를 들면, 출애굽기 20장을 기록한 저자의 목표는 이스라엘로 하여금 십계명의 말씀을 순종하도록 촉구하는 것이다. 그리고 이사야 40장을 기록한 저자의 목표는 포로가 된 이스라엘 백성을 위로하는 것이다. 그리고 아모스서의 목표는 이스라엘 백성의 불법과 우상숭배를 책망하는 것이다. 오늘의 설교자들은 원 저자가 텍스트를 기록한 목표와 꼭 같은 목표를 자신들의 설교에서도 세울 수는 없을 것이다. 그러나 설교자들의 목표는 적어도 그 원 목표와 조화를 이루어야 한다. 환언하면, 만일 원 저자의 목적이 이스라엘을 위로하는 것이었다면, 우리는 오늘 이 텍스트로 교회를 위로하거나 격려할 수는 있다. 그러나 이 텍스트를 책망하거나 경고하기 위해 사용해서는 안 된다. 만일 그렇게 한다면 영감된 저자와 어긋나는 말을 하게 되기 때문이다.

2) 현대의 삶에서 유사한 상황을 찾아라

구속사에 나타난 연속성 때문에 구약성경시대의 이스라엘과 현대 설교자들이 선포하는 교회 사이에 유사한 상황들이 있다. 그러한 유사성을 찾아보면 설교에 있어서 텍스트와 당면 문제의 연관성을 이끌어낼 수 있다. 그래서 켁크(Keck)가 다음과 같이 진술한 것이다.

18) 리펠드(Walter Liefeld)는 설교자들이 신약성경에서 설교할 때에 다음과 같이 질문한다고 제안한다. "본문은 어떤 목적에 알맞은가? …… 나는 그 교훈이 무엇이다라는 것만 묻는 것이 아니라 또한 왜 그 교훈을 주셨는지도 묻는다. …… 저자는 어떤 직접적 결과를 추구하는가? …… 이제 우리는 의도된 결과를 생각하는 것이다." *New Testament Exposition: From Text to Sermon* (Grand Rapids: Zondervan, 1984), p. 97.

> 설교자는 오늘의 청중이 저자의 원래 청중과 공감대를 이루도록 일치시켜서 그 텍스트를 양쪽 모두에게 확인해야 한다.

그는 계속해서 이렇게 진술한다.

> 이런 연속성들을 인식하는 데에서 비롯된 설교는 그 텍스트를 오늘의 삶에 '적용하지'는 않을 것이다. 오히려 그 설교는 거기에서 발견한 적절한 면을 청중에게 전달할 것이다. 왜냐하면 오늘의 교회에게는 원래의 독자들과 함께 말씀이 이미 선포되었기 때문이다.[19]

해돈 로빈슨(Haddon Robinson)도 동일한 충고를 한다.

> 우리가 본문을 정확하게 적용하려면 본래 그 계시를 받은 상황을 명확히 밝혀야 한다. 그리고 난 다음에 원래의 청중과 더불어 현대의 사람들이 공감하거나 하지 않는 것이 무엇인지를 결정해야 한다. 현대인과 성경시대의 사람들 사이의 관계가 가까울수록 직접적 적용이 가능해진다.[20]

물론 설교자들은 이스라엘과 현세대 사이의 유사성을 무리하게 이끌어내지 않도록 조심해야 한다. 이스라엘의 독특한 상황과 오늘의 교회와의 차이점을 무시하면서까지 유사성을 찾아서는 안 될 것이다.[21]

3) 기본적 원칙을 밝혀내라

---

19) Keck, *The Bible in the Pulpit*, p. 116.

20) Haddon W. Robinson, *Biblical Preaching: The Development and Delivery of Expository Messages* (Grand Rapids: Baker, 1980), p. 90.

21) 베스트(Ernest Best)는 그가 명명한 "역사화 하는 석의"(historicizing exegesis)에 대해 주의할 것을 당부한 바 있다. "고대 이스라엘의 역사에 나타난 이야기들이 우리에게 발생하고 있는 일을 위한 메시지인 것으로 받아드린다. 이러한 석의는 전쟁 시에나 국가적 긴장 혹은 경사가 있을 때에 쉽게 이루어진다." *From Text to Sermon*, p. 70.

때때로 저자의 목표가 너무나 문화적으로 특이하여서 오늘 우리가 그와 유사한 상황을 발견하지 못할 수 있다. 불연속성이 너무나 크기 때문에 그 메시지를 그대로 전해서는 역사적-문화적 격차를 전혀 메울 수 없을 때가 있다. 이런 경우에 설교자들은 기본적 원칙, 즉 그 메시지가 구체적으로 표현된 그 원칙을 찾도록 노력해야 한다. 페리 요더(Perry Yoder)는 다음과 같이 진술한다.

> 본문의 의미에서 적용으로 옮기면서 현실에 적용하는 데에 가장 좋은 길잡이는 본문에 내포된 원칙이다.[22]

그는 계속해서 이렇게 설명한다.

> 더 일반적이고, 상술하는 데 덜 얽매이기 때문에 폭 넓게 적용할 수 있다. 이는 동일한 원칙들이 서로 다른 문화에서 다양한 형태를 취할 수 있음을 의미하므로 우리로 하여금 문화적 관계를 초월하게 해준다.[23]

4) 이스라엘을 성경 인물과 동일시하려는 의도가 저자에게 있었는지를 결정하라

이야기식 설교(narrative preaching)를 지지하는 이들은 성경의 인물들과 교인들을 동일시하는 것이 역사적-문화적 격차를 메우는 방법이라고 주장한다. 만일 설교자들이 교인들로 하여금 성경 인물들 중 한 사람과 자신을 동일시하게 할 수 있다면 그 간격은 메워진 셈이라는 것이다. 크래독(Craddock)은 다음과 같이 진술한다.

---

22) Perry A. Yoder, *From Word to Life: A Guide to the Art of Bible Study* (Scottdale, Penn.: Herald Press, 1982), p. 223.

23) *Ibid.*, p. 40. 참조, Jay E. Adams, *Truth Applied: Application in Preaching* (Grand Rapids: Zondervan, 1990), pp. 47~55.

> 우리의 공통적 운명에 관한 인식이라는 요인이 없으면 설교자는 텍스트와 청중 사이에 충분한 교량들을 놓을 수 없다. 인식이라는 요인이 있으면 그러한 구조들은 불필요하다.[24)]

불행하게도 성경 인물과 교인을 동일시하는 방법은 위험을 내포하고 있다. 명백한 위험은 하나님-중심의 성경적 내러티브가 인간-중심적 설교로 변할 것이라는 점이다. 또 다른 위험은 그것이 성경 이야기가 정경 안에서 하는 기능과 또한 구속사와 분리된 설교를 하게 될 것이라는 점이다. 역시 또 다른 위험은 성경인물과 교인을 동일시한다는 것은 도덕화의 궤변형식으로 변질될 것이라는 점이다. 교인들이 성경인물에게서 "교훈"을 받아들여야 하는데도 우리는 성경인물을 도덕적 본보기로 사용하는 모방설교에서 한 발자국 물러나는 식이 된다.[25)]

여러 다른 질문들도 제기할 수 있을 것이다. 성경적 현장에는 항상 한 인물 이상이 등장하는데 청중을 어느 인물과 동일시해야 할 것인가? 누가 이것을 결정하는가? 묘사된 인물들과 이스라엘을 동일시하는 것이 저자의 의도이었는가? 어네스트 베스트(Ernest Best)는 다음과 같이 단호하게 말한다.

> 성경의 이야기들은 인물을 예증하기 위해 수록된 것이 아니라 청중에게 심판과 하나님의 사랑을 일깨우기 위해 수록된 것이었다. '동일시함'에 집중한 결과로 얻은 도덕적 교훈은 성경이 진정으로 무엇을 기록한 것인지를 놓치게 할 수 있다.[26)]

나는 우리가 습관적으로 동일시하는 그런 방법보다는 다른 차원에서 동일시하기를 시작하자고 제안한다. 설교자들은 통상적으로 교인들이 자기

---

24) Fred Craddock, *Preaching* (Nashville: Abingdon, 1985), pp. 134~135.
25) Sidney Greidanus, *The Modern Preacher and the Ancient Text: Interpreting and Preaching Biblical Literature*, pp. 175~181을 더 참조하라.
26) Best, *From Text to Sermon*, p. 92.

들을 특정한 성경인물과 동일시하게 하려고 노력한다. 그러나 더 나은 방법은 교인들이 자기들을 그 이야기를 처음 들은 이스라엘과 동일시하도록 돕는 것이다. 그 이야기를 이스라엘이 들은 방식으로 들어라. 이것이 그 이야기와 원래 당면문제의 관련성을 듣는 시도이다. 그렇게 되면 이런 질문이 제기될 것이다: 이스라엘이 자기들을 텍스트에 나타난 인물들 중 한 사람과 동일시했는가? 만일 이스라엘이 그렇게 했다면, 교회는 이스라엘을 통해 그 인물과 자기를 동일시할 수 있다. 그러나 만일 저자가 이스라엘을 특정 인물과 동일시하려고 의도하지 않았다면, 우리는 교회를 그 특정 인물과 동일시할 권리가 없다.

예를 들면, 이스라엘이 족장 아브라함, 이삭, 야곱(이스라엘)과 동일시된다는 데에는 추호도 의심이 없다. 폰 라드(Gerhard von Rad)는 아브라함에 관해 다음과 같이 진술한다.

> 이 고대의 이야기를 읽을 때에 이스라엘이 자신들을 아브라함 안에서 신앙 공동체로 (그리고 우선적으로 개인으로서가 아닌) 하나님의 백성으로 인식했다는 것은 의심의 여지가 없다.[27)]

존 스텍(John Stek)이 이스라엘과 동일시하기에는 덜 분명한 몇몇 인물들을 드러내기 위해 빈틈없는 탐색작업을 한 바 있다. 예를 들면, 스텍은 삼손 이야기를 "이스라엘이 자신의 경상(鏡像)으로 직면하게 했다"는 실례로 제시한다.

> 삼손이 여호와의 특별하신 사역으로 (어머니가 임신을 못하는 가운데에서) 태어난 것처럼, 이스라엘 자체도 역사 속에서 여호와의 특별 개입으로 태동되었다(이삭, 야곱 그리고 출애굽을 기억하라). 삼손이 태어날 때부터 여호와께 (나실인으로서) 바쳐진 것처럼, 역시 이스라엘도 여호와께 바쳐졌다(할례). 삼손이 끊임없이 블레셋 여인들의 꾀임

27) Gerhard von Rad, *Biblical Interpretations in Preaching* (Nashville: Abingdon, 1977), p. 27.

> 에 빠져든 것처럼, 역시 이스라엘도 주변 백성들의 꾀임에 빠져들었다(그들은 선지자들이 비난한 것처럼 주변 백성들의 신들과 '음행 했다'). 삼손이 다만 생명의 위협을 받을 때에만 여호와께 부르짖은 것처럼, 역시 이스라엘도 …… 심각한 위기에 처했을 때에만 여호와께 부르짖었다.[28)]

5) 구약성경의 메시지를 신약성경에 비추어 보라

삼십여 년 전, 존 스텍(John Stek)이 구속사에서의 점진성에 있어서는 이전에 주어진 계시에 관한 새로운 경청이 요청된다는 사실을 처음으로 나에게 깨우쳐주었다. 그는 다음과 같이 진술한다.

> 구속사에서의 점진성이라는 사실은 구속사에서 이른 시점에 주신 여호와의 말씀에 관한 줄곧 - 새로운 경청을 요구한다. 그 경청이 반듯이 새로워야만 하는데, 이는 구속사에서 후기 사건들과 상황들의 맥락에서의 경청이요, 그리고 구속사에서 후에 하신 여호와의 말씀에 비추어 보기 때문에 그러하다.[29)]

예를 들어, 스텍은 이렇게 제안한다. 요나서의 메시지가 포로 중에 있는 이스라엘에게 들린 방식이 남은 자들이 귀환했을 때에는 약간 다르게 들렸을 것이고, 안티오쿠스(Antiochus)의 압제 하에 살고 있는 자들에게는 더더욱 다르게 들렸을 것이다. 이와 같은 새로운 경청이 필요한 이유는 이스라엘이 구속사의 후기에 살고 있었고, 그리고 요나서를 후기 사건들과 상황들이라는 맥락에서 읽고 있었기 때문이다. 우리가 그리스도의 도래

---

28) John H. Stek, *The Former Prophets: A Syllabus* (Unpublished. Grand Rapids: Calvin Theological Seminary, 1985), p. 32.

29) John H. Stek, "The Message of the Book of Jonah," *Calvin Theological Journal* 4/1 (1969): 47~48. 역자 주: 역시 존 에이취 스텍의 "요나서의 메시지," 『구약신학논문집』 (제2권), 윤영탁 역편 (수원: 합동신학대학원출판부, 2002), 101~135쪽을 참조하라.

이후에 살고 있기에 구속사에서 오늘 우리의 처지는 구약의 새로운 경청을 촉구하고 있다. 그러므로 우리는 요나서를 이스라엘이 그 책을 읽었던 것처럼 읽을 뿐만 아니라 또한 신약에 계시된 대로 예수 그리스도의 복음의 렌즈를 통해 읽어야 한다. 스텍이 다음과 같이 진술한 바 있다.

> 비록 이스라엘은 불성실하여 전 세계를 향한 구원의 대행기관으로서 역할을 하는 데 실패했으나, 참 이스라엘이요 요나의 대형(對型)이신 예수 그리스도 안에서 하나님은 구원이 모든 민족들에게 가깝게 다가오게 하셨다. 혹 새 시대의 '선택된 자들'이 실패한다 할지라도, 그리스도는 여전히 역사의 주인이시다.[30]

요나서는 오늘도 여전히 교회가 민족들의 구원을 위한 대행기관으로서 세상에서 관여하여 영향을 미쳐야 함을 역설한다. 더군다나 그리스도가 부활하시고 성령을 넘치도록 부어주신 이후에는 더더욱 큰 절박감으로 교회에게 역설한다.

일반적으로 인정하듯이 새로운 경청은 원래의 의미와 적용이라는 안전한 항구를 떠나가는 것이기 때문에 적용에 이르는 데 위험이 도사리고 있는 것이 사실이다. 하지만 새로운 경청이 반드시 독자-반응비평(reader-response criticism)에서처럼 독자 각자가 원 저자의 의도는 아랑곳하지 않고 텍스트에 자신의 해석을 가하는 식의 주관주의와 독단주의의 대양에서 표류한다는 의미는 아니다. 여기에서 우리가 마음에 둔 새로운 경청은 원래의 경청이나 원 저자의 의도(우리가 제시한 적용의 첫 단계인 저자의 목표에 초점을 맞추라)를 무시하는 것이 아니고, 오히려 신약성경에 비추어서 이 원래의 의미와 적용을 왕국역사에서 우리의 현상황으로 확대 해석해 줄 것이기 때문에 그러하다. 이것이 마땅하다. 텍스트는 반드시 문학적 맥락에서 해석해야 한다. 기독교 교회를 위한 구약성경의 맥락은 신약성경이다. 따라서 기독교의 설교자들은 구약성경 텍스트의 메시지를 신약성경에

30) Stek, "The Message of the Book of Jonah," 48-49.

계시된 바와 같이 예수 그리스도의 복음의 시각에서 적용해야 한다.

결어

우리는 구약성경으로 설교할 때 적용의 주된 장애물은 역사적-문화적 격차라는 사실을 살펴보았다. 보편화, 개별화, 영해, 도덕화 등의 설교의 교량들이 그 격차를 메우지 못한다는 사실, 그리고 그것들은 손쉬운 적용을 하려다가 저자가 의도한 의미를 왜곡한다는 사실을 우리는 알게 되었다. 그 격차를 메울 유일하게 확고한 교량은 연속성과 불연속성, 이 두 특징을 지닌 구속사이다. 구속사의 이 두 특징은 설교자들이 새로운 상황에 성경적 원리들을 적용하는 정당한 방법들과 함께 진정한 유사상황과 동일성을 분별하게 해 준다. 구속적-역사적 이해는 원래 이스라엘에게 말씀한 텍스트와 오늘 이 메시지를 듣는 교회라는 달라진 상황을 향해 그 텍스트가 말씀하는 양쪽 모두에 적용하는 것을 정당하게 하는 뉘앙스를 고려한 접근을 제공해 준다.

모세율법과 오경의 신학

존 에이취 세일하머

I. 서론

이 논문의 목적은 오경의 신학에 있어서 모세율법의 역할이란 문제를 제기하려는 데 있다. "오경의 신학"이라고 할 때에 오경의 최종구성 배후에 깔린 주요 주제들과 목적들이라는 뜻에서 사용한 것이다.

1. 오경의 최종구성

오경의 최종 구성에 대해 많은 저술활동이 있었다.[1] 필자가 수년 전에 쓴 글에서 선지자적 소망과 종말론이 오경의 구성에 영향을 끼쳤다는 사실을 논증하려고 시도한 바 있다.[2] 오경은 후기 선지자들처럼 동일한 소망

---

1) Erhard Blum, *Studien zur Komposition des Pentateuch* (Berlin: Walter de Gruyter, 1990); Rolf P. Knierim, "The Composition of the Pentateuch," in SBLSP 1985, 395-415; Erhard Blum, *Die Komposition der Vätergeschichte* (Neukirchen-Vluyn: Neukirchener Verlag, 1984); Rolf Rendtorff, *Das Überlieferungs-geschichte Problem des Pentateuch* (BZAW 147; Berlin: Walter de Gruyter, 1977).

2) J. H. Sailhamer, "The Canonical Approach to the Old Testament: Its Effect on

곧 새 언약을 지향하려는 시도를 나타낸다고 필자는 그 글에서 주장했다.[3] "과거 사건들의 내러티브 텍스트들은 아직도 미래에 속한 사건들에 대한 시침(pointer)으로서 제시되었다."[4] 비록 아주 다른 가정에서 시도를 했지만 이와 유사한 선상에서 한스-크리스토프 슈미트(Hans-Christoph Schmitt)는 오경이 신앙을 크게 강조한 통일된 구성 전략의 산물이라고 주장했다.[5] 슈미트에 의하면 동일한 주제가 이사야서와 같은 선지서들의 구성에서도 발견되고, 궁극적으로는 신약성경의 히브리서와 같은 책에서도 확인할 수 있다고 한다.

슈미트의 접근방법은 마치 누구나 흔히 후기 역사서들을 의도적인 신학적 편집이나 구성의 산물로 다루듯이 그가 오경을 다룬다는 점에서 많은 비평적 접근방법들과 다르다. 즉 그 책의 최종형태를 출발로 해서 전체의 각 부분이 그것의 신학적 의도에 어떤 공헌을 하고 있는지 물어야 한다는 점에서 다르다. 슈미트는 오경에 있는 내러티브의 각각 주된 단위[6]가 동질성이 있는 신학적 편집의 표시를 드러내 보인다고 주장한다. 이 편집의 특징적 요점은 "신앙"(예를 들면, '헤에민 베')이라는 용어라고 한다.[7] 슈미트는 오경 전체를 통해 아주 중대한 편집적 이음새(seams)에서 "신앙주제" 곧 "신앙"('헤에민 베') 법칙의 견지에서 내러티브 사건들에 대한 변함없는

Understanding Prophecy," *JETS* 30 (1987) 307-15.

3) 이것은 오경의 최종 구성이 선지서들보다 후기에 이루어졌다는 것을 의미하지는 않는다. 그와는 반대로, 만일 오경의 구성시기가 선지서들보다 앞선다면 선지서들의 메시지의 기원을 설명하는 데 도움을 줄 것이다. 토론을 해 나가는 가운데 오경의 최종 구성이 모세시대에 이루어졌다는 우리의 입장이 드러날 것이다.

4) Sailhamer, "The Canonical Approach," 311.

5) Hans-Christopher Schmitt, "Redaktion des Pentateuch im Geiste der Prophetie," *VT* 32 (1982) 170-89.

6) 슈미트에 의하면, 오경의 최종 편찬과정과 관련이 있는 문학적 통일성을 이루는 가장 큰 덩어리 단위들은 태고 시대, 족장 내러티브들, 출애굽 내러티브들, 시내산 내리디브들과 광야 내러티브들이다. 참조. Rolf Rendtorff, *Das Überlieferungsgeschichte Problem*, 19ff.

7) 슈미트에 의하면, "신앙"('헤에민 베' הֶאֱמִין בְּ,)이라는 용어가 편찬적 이음새들에서만 나타난다는 사실에 유념하는 것이 중요하다. 참조. 각주 8).

평가라는 주제가 설득력 있게 증거되는 것을 발견할 수 있었다.[8] 슈미트에 의하면, 이 편집은 오경 구성에 있어서 최종단계를 뜻하는데, 소위 제사장적 편집이라고 불리는 그것보다도 후기라고 한다. 슈미트에 따르면, 그 요점은 제사장법전(즉 모세율법) 준수를 강조한다기보다는 하나님을 신뢰하는 지각과 미래에 그가 역사하시기를 계속 기대한다는 것을 반영한다는 것이다. 그 편집이 "신앙"을 크게 강조한 것은 하나님께서 미래에 역사하시리라는 이 종말론적 기대라는 견지에서 그러하다는 것이다.[9]

슈미트의 연구는 내러티브 텍스트로서 오경의 신학적 의도와 방침이라는 중요한 부분을 논증하기에 긴 노력을 기울인다. 쉽게 말해서, 슈미트는 오경이 하나님을 믿는 "신앙"을 가르치려는 의도가 있는 것으로 보여준다.[10]

---

8) 그 편찬의 관건 텍스트들은 다음과 같다고 한다. 창 15:6 "아브라함이 여호와를 믿으니('헤에민 베') 이를 그의 의로 여기시고"; 출 4:5 "이는 그들에게 그들의 조상의 하나님 곧 아브라함의 하나님 이삭의 하나님 야곱의 하나님 여호와가 네게 나타난 줄을 믿게('야아미누') 하려 함이라 하시고"(개역개정판); 출 14:31 "이스라엘이 여호와께서 애굽 사람들에게 베푸신 큰 일을 보았으므로 백성이 여호와를 경외하며 여호와와 그 종 모세를 믿었더라('헤에민 베'); 민 14:11 "여호와께서 모세에게 이르시되 이 백성이 어느 때까지 나를 멸시하겠느냐 내가 그들 중에 모든 이적을 행한 것도 생각하지 아니하고 어느 때까지 나를 믿지('헤에민 베') 않겠느냐"; 민 20:12 "여호와께서 모세와 아론에게 이르시되 너희가 나를 믿지('헤에민 베') 아니하고 이스라엘 자손의 목전에 나의 거룩함을 나타내지 아니한 고로 너희는 이 총회를 내가 그들에게 준 땅으로 인도하여 들이지 못하리라 하시니라." 역시 신 1:32; 9:23을 참조하라. 슈미트는 그가 말하는 편찬의 이음새들 이외에 유일하게 "신앙"에 대한 용어가 나타나는 창 45:26을 거론하지 않았다. 그것은 "신앙 테마"(Glaubens-Thematik)에 속하는 별다른 표가 나타나지 않기 때문이었다.

9) "따라서 모세오경의 형성 말기에 신정론적인 성격을 지닌 법규 이념이 종결된 것이 아니다. 오히려 여기에서 중요한 것은, 선지자적인 정신으로 하나님의 새로운 행위를 위한 공개성을 보존하는 것이며, 선지자적인 전승에서 얻어낸 '신앙'이라는 개념과 연계하여 한 입장을 부각시키는 것이다. 그런데 그 입장에 의하면 후에 신약성경도 하나님과의 관계를 위해 그것이 중심적인 것으로 여겨진다"(Schmitt, "Redaktion des Pentateuch," 188-89).

10) 교훈으로서 오경의 그러한 해석은 그 이후의 성경책들에서 찾아볼 수 있다는 사실에 유념하는 것이 중요하다. 오경 전체의 의의를 고찰하는 두 시편인 시 78편과 106편 모두 오경에 수록된 사건들은 이스라엘이 신앙적이었느냐 불신앙적이었느냐

슈미트의 연구에서 제기된 중요한 질문은 오경에 나타난 "신앙" 개념이 모세율법과 대립하는 것인지 혹은 이 신앙이 단순히 "율법을 지키는 것"으로 이해해야 하는지 하는 점이다.[11] 환언하면 우리는 오경 구성에서 저자가 신앙 대 율법의 행위라는 질문에 관심이 있다는 증거를 발견할 수 있는가?

이 문제가 구약의 다른 텍스트들에서 여러 번 표면화된 것은 주지의 사실이다. 예를 들어, 시편 51:16~17(원문은 18~19절)에서 다윗은 이렇게 말한다.

> (이는) 주께서는 제사를 기뻐하지 아니하시나니 그렇지 아니하면 내가 드렸을 것이라 주는 번제를 기뻐하지 아니하시나이다 하나님께서 구하시는 제사는 상한 심령이라 하나님이여 상하고 통회하는 마음을 주께서 멸시하지 아니하시리이다(개역개정판).

그리고 미가 선지자는 다음과 같이 말한다(미 6:6~8).

> 내가 무엇을 가지고 여호와 앞에 나아가며 높으신 하나님께 경배할까 내가 번제물로 일 년 된 송아지를 가지고 그 앞에 나아갈까 …… 사람아 주께서 선한 것이 무엇임을 네게 보이셨나니 여호와께서 구하시는 것은 오직 정의를 행하며 인자를 사랑하며 겸손하게 네 하나님과 함께 행하는 것이 아니냐(개역개정판).

이러한 텍스트들이 구약성경 안에 존재하므로 우리가 오경의 신학적 큰 구조 속에서 유사한 개념을 찾아보는 것이 어느 정도 정당성을 갖는다고

에 대한 증거로 해석하고 있다(시 78:22,32,37; 106:12,24). 유사한 해석이 느 9장에서 발견되는데, 거기에서는 현 상황(느 9:8 참조)에서 오경 내러티브를 재열거하고 있다. 히브리서 11장의 예는 이미 지적하였다.

11) 슈미트의 연구에는 오경에 있어서 신앙개념이 "율법에 순종함"이라는 개념과 정반대라는 암시들이 있다. 예를 들자면, 슈미트는 "신앙"이 율법에 순종한다는 것을 강조하는 내러티브들을 압도하고 재해석하는 듯하다고 주장했다(아래의 민 20:12에 대한 논평을 참조하라).

본다.

본 논문에서 우리는 “신앙 대 율법의 행위”라는 문제가 과연 오경의 신학적 목적의 중심이었다는 것을 보여주도록 시도할 것이다. 특히 우리는 무엇보다도 오경은 아브라함과 모세라는 두 개별 인물들의 생애를 대조하려고 시도한 책이라고 주장할 것이다. 율법 이전(*ante legem*)에서 살던 아브라함은 율법을 지킨 사람으로 묘사되었는가 하면, 율법 아래(*sub lege*)에서 살던 모세는 광야에서 죽었는데 그가 믿지 않았기 때문에 그렇게 된 사람으로 묘사되었다. 만일 신앙과 행위라는 그런 대조가 실제로 오경의 구성적 전략이라면, 우리는 그 책의 목적의 일부가 단순히 신앙의 도(道)뿐 아니라 율법의 연약성을 보여주려는 데 있었다고 옳게 결론을 내릴 수 있을 것이다.

2. 오경의 장르

니림(Rolf Knierim)은 자신의 최근 논문에서 오경 전체의 장르 문제에 관심을 집중시켰다.[12] 니림은 오경이 창세기와 출애굽기-신명기라는 두 개의 주요 총칭 부분들로 구성되었다고 주장해 왔다. 그에 의하면 창세기는 오경 전체의 서론으로 간주해야 한다는 것이다. 오경의 중심부인 출애굽기-신명기의 장르는 구약학계에서 일반적으로 가정된 바와 같은 그런 이스라엘의 내러티브 역사가 아니라 오히려 그 장르는 자서전, 특히 모세의 자서전이라는 것이다.

여기에서는 니림이 오경의 장르에 관해 서술한 바를 심도 있게 다룰 처지가 못 된다. 하지만 오경에 대한 그의 일반적 관찰은 설득력이 있다는 정도로 해두자. 오경은 이스라엘 백성보다는 모세라는 개인에게 더 관심을 쏟는다. 따라서 오경의 종합적 목적은 아마도 민족의 역사라기보다는 본질적

---

12) Knierim, "The Composition of the Pentateuch," 395-415.

으로 모세의 생애와 연관하여 이해해야 할 것이다. 따라서 오경은 분명히 자서전으로 씌어졌고 의도되었다는 결론을 내리는 것이 타당할 것이다.

자서전의 목적은 한 개인의 행적이나 생애를 제시하거나 개념화하는 데 있으므로 오경은 일반적으로 모세의 행적을 제시(개념화)하는 것으로 보아도 될 것이다. 모세의 생애(*Vita Mosis*)에 일어난 사적들은 전적으로 그것들 자체를 위해 소개된 것이 아니라 하나님의 부르심과 시내 산에서 체결한 언약이라는 맥락 속에서 살던 생애의 성격에 관한 내러티브식 설명으로서 의도된 것이다. 오경은 모세가 자신이 받은 소명 곧 시내 산 언약하에서 받은 그의 사역을 얼마나 잘 이행했는가 하는 질문에 대한 답을 찾으려 한다. 즉 그가 그 일을 얼마나 잘 이행했는지에 대한 해답을 찾으려 한다는 것이다.

하지만 니림(Knierim)이 오경 전체를 모세의 자서전으로 묘사한 것이 전적으로 적절한가 하는 데에는 의문의 여기가 있다. 첫째로, 오경의 최종 구성의 주요 부분을 차지하는 수집된 율법들 전체가 자서전이라는 협의적 제한으로는 타당하지 않다. 그러나 니림의 이해에 의하면 이 율법들 곧 시내 산과 관련된 부분과 신명기가 오경 전체 텍스트의 68.5%를 차지하고 있다고 한다. 비록 니림이 이 율법이 들어있는 부분들을 모세 텍스트들의 일부로 간주하나, 그것들은 분명히 본질적으로 모세 내러티브의 일부가 아니다. 그 내러티브들의 흐름은 율법이 이 방대한 수집 내용이 끝날 때까지 뚜렷하게 가로막히고 정지된다. 그래서 그 구성의 최종 단계에서 법률제정자인 모세 개인에게 맞추었던 초점이 그 율법 자체를 포함시키기 위해 의도적으로 확장된 듯이 보인다. 이 사실은 오경의 장르라는 견지에서 볼 때, 이 율법들이 왜 자서전 속에 들어 있게 되었는가 하는 의문이 제기된다.

이 질문에 대한 전통적 답은, 그것들이 단순히 법규, 즉 지켜져야 할 법들로서 거기 두었다는 것이다. 따라서 "율법의 책"("Book of the law")이라는 말로 오경의 평판이 나 있다고 한다. 이 견해에 따르면 오경은 마치 독자들의 일상생활을 지도하기 위해 의도된 율법들의 수집서로 읽혀지는 셈이 된다. 오경에 나타난 율법들의 목적에 관한 이 견해는 너무나 널리 퍼져 있기 때문에, 항상은 아니라 할지라도 자주 단순히 율법의 문제를 다루는 글들에서 그렇게 가정되곤 한다.

하지만 오경이 선별한 율법들을 이렇게 의도적으로 포함시킨 데에는 다른 목적이 있을 가능성이 있다. 즉 그 목적은 독자에게 모세 율법의 본질과 그것을 이스라엘에게 주신 하나님의 목적에 관한 이해를 제공하기 위해서일 가능성이 있다. 따라서 오경에 있는 율법들은 독자에게 그들이 어떻게 살아야 하는지를 알려주기보다는 독자에게 모세가 법 아래에서 어떻게 살아야 하는지를 알려주기 위해 거기 있었다고 주장하는 것이 가능하다. 오경 자체에서 한 예를 든다면, 창세기 6장에 나타난 방주 건조에 관한 세밀한 지시들은 남자나 여자로 하여금 방주를 건조하여 거기에 동물들을 채우게 하려고 독자에게 내린 것이 아니다. 그토록 세밀한 지시들은 노아가 하나님의 명령에 따라 무엇을 해야 하는지를 보여주기 위해 내려졌다고 하는 것은 어느 누구에게든 분명하다. 오경을 해독할 수 있는 독자라면 내러티브에 진술된 노아에게 내린 하나님의 지시들이 독자가 아닌 오직 노아를 대상으로 내린 것임을 쉽게 이해할 것이다. 이 지시들은 독자를 위한(*for*) 내러티브식 정보로서 거기에 포함된 것이다. 환언하면 오경의 메시지는 독자가 노아처럼 방주를 건조해야한다는 것이 아니다.

모세 율법에 나타난 법적 지시들에 대해서도 그와 마찬가지일 것이다. 비록 노아와 모세(예를 들면, 출 25장 이하에 있는 성막 건립)에게 내린 지시들의 성격은 형식과 내러티브식 기능에서는 유사하나, 우리는 그것들을 완전히 다르게 읽는다. 우리는 노아에게 내린 지시들이 독자를 위한(*for*) 것이고, 모세에게 내린 지시들은 독자에게(*to*) 내린 것으로 이해한다.[13)]

13) 기독교 역사의 초기부터 크리스천들은 구약성경에 수록된 명령들에 대해 그것들이 우리에게 적용되는가라고 질문해왔다. 하지만 그 질문 자체가 모호하다. 그것이 권위에 관한 문제이거나 법규적 주장에 관한 문제일 수도 있다. 우리가 법규적이라고 말한다면, 그것은 어떤 이에게 어떤 것을 하라든지 하지 말라고 지시하는 것이 된다. 우리는 그때그때 누가 지시를 받았으며 누가 지시하는가를 질문할 수 있다.

하지만 오경 안에 있는 이 두 유형의 지시들은 같은 방식으로 읽히도록 의도되었을 가능성도 있다. 달리 말해서 멘덴홀(Mendenhall)에 의해 구약 연구에 소개된 바대로 말하자면, 오경에 법률들(즉 모세율법)을 선별적으로 포함시킨 것은 법적 행위(테크닉)의 자료로서 의도했다기보다는 법적 정책의 진술을 위해 의도한 것이었다.[14)]

오경에 나타난 율법들의 목적에 관한 이러한 이해는 오경에 나타난 율법들의 수집이 불충분하고 선별적인 듯이 보인다는 관찰에 의해 뒷받침된다. 그러한 오경은 법적 행위로서 의도된 것이 아니다. 오경에 나타난 율법들이 불충분하다는 것은 일상적 공동체 생활의 많은 면들이 이 법들에서 다루어지고 있지 않다는 사실에 의해 암시된다. 더욱이 오경에는 적어도 "여호와께서 모세에게 명하신 법률"이 언급된 한 가지 예가 있기는 하나 그것이 오경에 실제로 기록되지는 않았다.[15)] 오경에 포함된 법들의 선별적

만일 내가 길거리를 거닐고 있는데 푸른 코트를 입은 누군가가 "멈춰!"라고 네게 말한다고 하자. 그러면 나는 먼저 "그가 내게 말하고 있는가?"(이것은 주장에 관한 질문이다). 그러고 나서 "그는 경찰인가?"(이것은 권위에 관한 질문이다)라는 질문을 해야 한다. 따라서 구약성경의 명령들과 관련해서, 우리는 "그것들이 우리 같은 사람들을 포함시킬 취지로 주어졌는가?"(이것은 권위에 관한 질문이다)라고 질문해야 한다. 특히 말시온 주의자들의 형태를 띤 노스틱 사상의 유혹을 물리친 이후의 교부시대에는 권위에 관한 질문은 공개적 토론의 대상이 되지 못했다. 구약성경의 명령들은 전적으로 그 자체의 주장이라는 점에서 평가되었다. 그와는 반대로, 우리시대에는 너무나도 권위에 관한 문제에 의해 지배되어 권위적 주장이라는 문제는 모호해지고 망각되어버렸다(O. M. T. O'Donovan, "Towards an Interpretation of Biblical Ethics, *TynBul* 27 [1976] 58-59).

14) "공동체 내의 정의감이라고 불릴 수 있는 그 공통적 주요부를 우리는 '정책'이라고 부르도록 하자. 하지만 법정에서 실제로 발생하는 것은 특수화된 법률적 행동들 및 전통의 전문적 집성과 더 직접적으로 연관되어 있다. 이것들은 '테크닉들'이다"(George E. Mendenhall, "Ancient Oriental and Biblical Law," *The Biblical Archaeologist Reader* 3 [ed. E. F. Campbell and D. N. Freedman; N. Y.: Anchor, 1958] 3).

15) 엘르아살에 의해 민 31:21에 언급된 "여호와께서 모세에게 명하신 법률"이라는 표현은 비록 민 19장에서 엘르아살이 명령한 (물로 씻음) 그 일부이기는 하나 오경의 다른 곳에는 나타나지 않는다. 이것은 오경에 포함된 율법들이 선별적임을 즉, 모세에게 주신 모든 율법들이 포함된 것이 아니거나 혹은 제사장에 의해 주어진

성격은 율법들의 수(611)가 "토라"(תורה), 즉 오경의 히브리 표제의 숫자적 대응과 동일하다[16]는 사실과, 그리고 그 법들의 수집의 구조 속에서 일곱이라는 수와 일곱의 배수가 지배적이라는 사실 양쪽 모두에 의해 한층 더 분명하게 설명된다. 예를 들어 언약법전(출 21:1~23:12)에 나타난 42(7x6)개의 법들의 열거는 "(율례는) 이러하니라"("And these" [are the judgments], '웨엘레')라는 부분의 주제의 숫자적 가치와 대등하다. 이것은 비밀스런 숫자적 암호가 이 텍스트들 속에 신비함을 감추어둘 의도였음을 시사하기 위한 것은 아니다. 표제들과 표어들의 숫자적 가치의 사용은 성경 구성 시기에 있었던 공통된 문학적 방책이었다. 역시 잠언서 안에서도 유사한 숫자적 선별성의 월리를 발견할 수 있는데, 잠언 10:1~22:16(375)의 전체 수가 "솔로몬"(שלמו)이란 이름의 숫자적 가치와 대등하다.[17] 이것은 마치 고대근동 세계에서 일반적으로 법을 공포할 경우와 마찬가지로[18] 오경의 법들은 집행될 법들의 수집으로서 법무시행에 사용되도록 의도된 것이 아니었다.

크라우스(F. R. Kraus)는 고대 세계의 법전들에 관한 연구[19]에서 오경의 최종 구성에 포함된 법들의 성격과 목적에 대한 유익한 유추를 제공해

어떤 율법이든 "여호와께서 모세에게 명하신 법률"로 불릴 수 있었을 것임을 보여준다 (참조. 신 33:10). 텍스트가 분명히 "여호와께서 (그것을) 모세에게 주셨다"라고 말하고 있기 때문에 전자가 더 옳은 듯하다. 사마리아 오경에 "모세에게"가 생략된 것은 초기에 이미 오경의 율법들이 완성되었다고 이해하는 경향이 있었다는 증거이다.

16) 오경에 있는 것으로 알려진 전통적 숫자(613)는 신 6:4('쉐마')와 출 20:2("나는 너의 하나님 여호와로라") 두 곳 모두를 "율법들"로 간주하여 얻어졌다.

17) Barry J. Beitzel, "Exodus 3:14 and the Divine Name: A Case of Biblical Paronomasia," *Trinity Journal* 1 NS (1980) 6. 역시 J. M. Sasson, "Wordplay in the OT," *IDBSup*, 968-70을 참조하라.

18) "그 왕의 위대한 입법서는 단지 표본으로 남고 말았을 뿐이지 결코 법으로 실현되지는 않았다"(W. Eilers, *Rechtsvergleichende Studien zur Gesetzgebung Hammurapis* [1917] 8, R. F. Kraus, "Ein zentrales Problem des altmesopotamischen Rechtes: Was Ist der Codex Hammu-rabi?" *Geneva* 8 [1960] 283-96).

19) Kraus, "Ein zentrales Problem."

주었다. 크라우스에 의하면 하무라비 법전(Code of Hammurapi)과 같은 문학 작품들은 실제로 법 시행에 사용되도록 의도된 것이 아니었다고 한다. 사실 그것들은 고대 세계의 사법제도와 관련이 있지 않았다. 크라우스에 의하면, 그것들은 오히려 우리에게 그 입법자 즉 하무라비와 같은 중요한 인물이 어떤 사람인지를 알려주려는 의도가 있었다고 한다.[20] 예를 들자면 중요하면서도 종종 간과된 하무라비 법전의 서문을 포함한 문서의 현 형태 전체를 고려할 때, 하무라비 법전과 같은 그런 텍스트는 지혜롭고 공의로운 왕으로서 하무라비의 이미지를 빛내려는 의도가 있었다.[21] 크라우스가 하무라비 법전에 대해 주장한 바는 오경에 있는 법의 현상에 주목할 만하게 들어맞는다. 그것은 오경 도처에 모세의 생애를 다룬 오경 내러티브들에 꽤 상당 분량의 법들의 수집이 존재한다는 것을 설명하고 있다. 하무라비 법전의 유추를 적용할 때에, 오경에 있는 선별된 법들이 법들의 집행 자격으로서(*qua lex*) 거기에 있는 것이 아니라 기관 자격으로서(*qua institutio*) 계시된 신적 지혜와 공의의 성격을 묘사하기 위해 의도되었다는 판단을 확언하는 데 도움을 준다.

이러한 성경적 예가 잠언서 곧 서언 및 솔로몬의 지혜로운 잠언들을 수집한 그 잠언서에서 발견된다. 잠언서는 옳은 행위를 위한 지침을 남김없이 기록한 책으로 읽혀지도록 의도된 것이 아니라 신적 지혜의 선별적

---

20) "자기 묘사에 있어서 의와 지혜는 일상적인 상투어와 달리 그가 항상 자신에게 귀속시키는 특징들이다. …… emqum 즉 '지혜'는 그 저자를 위한 전형적인 술어이다. …… 오직 하무라비만 의로운 심판자이며 동시에 학문이 많은 저자로서 자신의 판결문을 기록했고 세상이 사용하도록 허락했는데, 이것은 마치 내장(內臟)을 설명하는 편람을 지은 저자들이 그들의 작품 속에 세상을 위해 자신들의 경험과 지식을 기록했던 것과 같다. 하무라비도 세상을 위해 자신의 법전을 저술하여 공개했다"(Kraus, "Ein zentrales Problem," 290-91).

21) "이렇게 아주 분명하게 표현된 사고방식은 오늘날 우리의 입법자들이나 법의 효력에 관한 현대적인 개념과 큰 차이가 난다. 하무라비가 자신의 법전에 기대했던 효력은 우리의 법전과는 근본적으로 다른 성격을 지니고 있다. 그의 기대는 현대 법전이 요구하는 효력과는 다른 전제에 근거한다. 소위 그가 원했던 법은 모범적인 판결, 즉 선한 재판의 모범이었다"(*ibid.*, 291).

예로서 의도된 것이었다.

그렇다면 출애굽기-신명기의 내러티브들에서 우리는 모세의 인물상뿐 아니라 그가 그 법 아래에서 생활했던 그 법의 성격과 하나님께서 그것을 주신 목적을 엿볼 수 있다. 모세에 관한 내러티브 인물상과 곁들여서 우리는 그의 법의 선별적 견본을 보게 된다. 오경 장르에 관한 니림(Knierim)의 논제로 되돌아가서, 현 상태에 있어서 오경 장르 분석으로부터 부각되는 것은 비록 약간 손질을 했음에도 불구하고 그것은 모세의 자서전이다. 그것은 모세의 자서전인데, 그가 시내 산에서 주신 율법 하에서 생활한 사람의 자서전이다. 그것은 율법 아래(*sub lege*)에 있는 모세의 자서전이다.

오경의 장르에 관한 니림의 평가에서 두 번째 난제는 비록 니림이 창세기를 모세의 생애에 대한 서론으로 다루고는 있으나, 모세의 자서전 속에서 오경의 이 부분을 그렇게 간주하기에는 중대한 문제들이 있다는 사실이다. 니림에 의하면, 창세기는 모세의 자서전에 "인간 역사 전체" 규모를 더하고 있다고 한다. 그러나 창세기 전체가 "인간 역사 전체"에 관한 것이 아님은 너무나 자명하다. 그 책에서 다만 열한 장(창 1~11장)만이 특별히 인류 전체를 고려하고 있다. 비록 창세기의 나머지는 사실 아브라함의 씨 안에서 "땅의 모든 족속이 복을 얻을 것이다"라는 반복된 약속을 통해 "온 인류"라는 범위가 포함되었으나, 창세기 12~50장의 내러티브들은 특별히 아브라함의 가정에 초점을 맞추고 있다. 사실 창세기 12~50장의 주요 세 부분들은 아브라함(12~26장), 야곱(27~36장), 요셉(37~50장)의 자서전들이라는 오경 전체에 관한 니림의 견해와 거의 일치하는 장르들로 구성된 듯이 보인다.

책 전체가 약 2000년을 다루는 창세기가 오경의 전체 텍스트의 약 25%를 차지하는 반면에 나머지 75%에 해당하는 출애굽기-신명기는 모세의 수명만 다루고 있다는 사실을 니림이 중시한 것은 옳았다. "각각 두 기간에 할당된 자료의 범위는 극히 불균형적인데 그것은 프로그램에 따른 요인으로 고려되어야 한다."[22] 하지만 율법들(신명기와 시내 산 부분)을 제외한 모세 내러티브들(출 1~18장과 민 10:11~36:13)만 계산할 때에 그것들은 오경 전체의 다만 약 20%를 차지할 뿐이다. 족장들(창 12~50장)에게 집중한 창세기에 있는 자료도 약 20%인데, 모세에 관한 내러티브들과 족장들에 관한 내러티브들이 최종 텍스트에서 동등한 중요성을 지닌 것으로 보인다.

따라서 족장들의 내러티브들을 창세기 1~11장과 함께 묶어 양쪽 모두 모세의 자서전으로 여기는 것은 만족스럽지 못하다. 오경 전체의 구조 안에서는, 창세기에 있는 족장 자료를 모세 내러티브들 안에 들어있는 자료와 독자적으로 균형을 맞추게 하려는 의도에 따른 것이었다고 보는 것이 더 나을 듯하다. 족장들의 자서전들은 모세의 자서전과 대비되었다.

창세기의 처음 장들(1~11장)은 족장 내러티브들과 모세의 내러티브들 양쪽 모두에 필요한 "온 인류"라는 맥락을 강조하면서 오경 전체에 서론을 제공하는 자체의 몫을 하고 있다. 모세에 관한 자료 자체는 독자에게 모세가 법 아래서 생활한 그 법의 성격을 보여주기 위해 시내 산에서 받은 법들로부터 수많이 선별함으로써 확정되었다.

이것이 오경에 관한 적절한 묘사라고 하자, 그렇다면 그것의 장르는 단순히 모세의 자서전에 관한 것이 아니라 오히려 아마도 일예로 사울의 생애가 다윗의 생애와 균형을 이루는 열왕기서나 사무엘서에 나타난 것들과 같은 일련의 자서전들인 것이다. 오경에 있는 이 일련의 자서전들에는 본문 전략(textual strategy)을 한층 더했다는 것이 명확히 드러난다.

창세기의 연대기적 구조(시대별 분류)와 출애굽기-신명기(다만 단일 기간, 즉 모세의 수명)에서 시간의 실질적 동결은 율법이 주어지기 이전(*ante legem*)과 그때까지의 시기와 율법 아래(*sub lege*) 있는 모세의 시기를 대비하려는 의식적 노력이 있었음을 암시한다.[23] 아브라함은 율법이 주어지

---

22) Knierim, "The Composition of the Pentateuch," 395.

23) 비록 이것이 우리의 당면 관심사는 아니라 할지라도, 오경의 최종 형태에서 "율법 이후"(*post legem*)라는 시기적 암시들을 역시 목격할 수 있다. 예를 들어, 신 30장은 모세 당시보다 별도의 미래시기를 내다보고 있다. 본 장과 새 언약(예를 들면, 렘 31:31ff.; 겔 36:22ff.)의 시기를 내다보는 선지서들의 성구들 간에는 밀접한 유사성들이 있다.

기 전에 살았고 모세는 율법이 주어진 이후에 살았다.

오경 최종 형태의 구성적 전략에 대한 이러한 배경을 염두에 두고 우리는 이제 그것이 어떻게 아브라함과 모세를 다루는지에 관심을 돌릴 수 있게 되었다. 특별히, 우리는 신앙이란 무엇이며 또 모세 율법을 지킨다는 것이 무엇인지에 관한 우리의 이해에 공헌을 한 이 두 위대한 인물의 생애를 놓고 오경이 의도한 바가 무엇이었는가 하는 질문을 제기하고자 한다.

본 논문의 범위 안에서 이 질문에 대한 완벽한 답은 주어질 수 없을 것이다. 우리는 오경의 최종 구성이라는 견지에서 전략적으로 중요한 두 개의 오경 텍스트인 창세기 26:5과 민수기 20:12에 국한해서 논할 것이다. 두 텍스트 모두 아브라함과 모세 생애에 대한 상호 연관적 관찰을 제공하고, 오경 구성의 최종단계로부터 기인하는 평가를 제시한다는 점에서 유사하다. 더욱이 두 텍스트 모두 이 두 위대한 인물의 생애를 신명기 신학의 견지에서 평가한다. 창세기 26:5에서는 아브라함이 "율법을 지킨" 사람으로 묘사되는 반면 민수기 20:12에서는 모세가 "믿지 않은" 사람으로 묘사된 것을 우리는 알게 될 것이다.

II. 아브라함과 모세율법(창 26:5)

창세기 26:5에서 하나님은 "이는 아브라함이 내 말을 순종하고('샤마 베콜리') 내 명령('미슈모르티')과 내 계명('미쯔워타이')과 내 율례('후코타이')와 내 법도('토라타이')를 지켰음이니라"('와이슈모르')라고 말씀하신다. 비록 표면상으로 이 절의 의미는 너무나 분명해 보이나 이 절의 큰 문맥 속에서 본다면 질문들이 제기된다. 어떻게 아브라함이 명령과 율례와 법도를 그것들이 주어지기 전에 지킨다는 것이 가능한가? 이보다 앞의 내러티브들에서는 아브라함을 믿음으로 산 인물로 나타내려고 애썼는데(일례로, 창 15:6) 왜 여기에서는 그가 율법을 지킨 것으로 간주되었는지?

이 절 이전에는 아브라함이 율법을 받았다든지 또는 율법을 지켰다는 언급이 없었다. 그런데 왜 지금 갑작스럽게 본문은 아브라함이 율법을 지켜왔다고 말하는가?

본문은 거의 모든 성경학자들 곧 비평학자[24]와 보수주의 학자 양쪽 모두에게 "신명기적"으로 여겨진다.[25] 초기의 성경학자들은 본문에 내재한 역사적 그리고 신학적 난제를 풀어보려고 장황하게 벌려놓았다. 본문을 아브라함이 율법에 충실했다는 묘사로 보는 이들에게는 어떻게 아브라함이 모세율법을 접할 수 있었겠는가 하는 것이 주된 문제였다. 초기 랍비들의 접근방법을 예로 들자면, 족장 내러티브들 안에서 여기에 사용된 각 용어들을 아브라함의 특정 순종행위와 동일시하려고 시도했다는 것이다. 그런 방식으로 그들은 아브라함이 모세율법을 알았고 또 그것을 지켰다고 논증할 수 있었다.[26] 하지만 이 접근방법은 폭 넓은 지지를 받지 못했다. 왜냐하면

---

24) 비판적 견해들에 관해서는 Erhard Blum, *Die Komposition der Vätergeschichte* (Neukirchen-Vluyn: Neukirchener Verlag, 1984) 363을 참조하라.

25) 예를 들면, 델리취(F. Delitzsch)는 다음과 같이 말한다. "의심의 여지없이 이 5절은 신명기적 자료(the hand of the Deuteronomist)에서 비롯되었다"(*A New Commentary on Genesis* [Edinburgh: T. & T. Clark, 1888] 137ff.). 카일(C. F. Keil)도 이 동일한 용어들이 나중에 모세율법을 묘사하기 위해 사용된 것으로 인지했다. "아브라함의 경건성은 하나님의 모든 명령들을 완벽하게 순종한 것을 암시하는 말로 묘사되었다. 따라서 후대의 법률적 표현들 중에 그 사실이 자주 되풀이되어 나타난다"(*Biblical Commentary on the Old Testament* [Grand Rapids: Eerdmans, 1971] 270). 야콥(Benno Jacob)이 다음과 같이 한 말을 참조하라. "그러나 이 말이 의미하는 바는, 그가 다양한 영역에서 신의 특별한 지시에 따라 마지막 법규들을 작성하는 데 자신의 삶을 바쳤다는 것이다. 그는 마치 그 법규들을 자신에게 위탁한 것처럼 생각했고, 그 법규들이 자신에게 설명되기를 원했다"(*Das erste Buch der Tora Genesis* [Berlin: Schocken, 1934] 548). 오경과 특히 신명기서에 이 용어들이 모세율법을 두루 나타내므로(예를 들어, 신 11:1; 26:17) 본문은 분명하게 아브라함이 모세율법을 지켰다고 말한다.

26) 예를 들어, "내 명령"('미슈마르티')과 "네 계명"('미쯔워타이')이라는 용어들은 아브라함이 할례를 행함으로 순종한 점과 연관되었다. 창 17:9에 따르면 아브라함은 할례를 행해야 하나님의 언약을 "지킨다"('티슈모르')고 할 수 있다는 것이었다. 그리고 21:4은 아브라함이 "하나님이 (그에게) 명하신('찌와')대로 이삭에게 할례를 행했다고 기록하고 있다.

그것이 먼 옛날의 할례와 연관성이 있다는 사실 말고는 창세기 26:5에 나타난 그 어느 용어도 성경 내러티브들에서 아브라함의 사건들이나 행위들과 관련지어 생각할 수 없기 때문이다.[27)]

그보다 더 흔한 26:5에 관한 또 다른 랍비적 해석은 "노아율법들(Noahic laws)"의 탈무드 교훈을 활용했다.[28)] 이 접근방법도 초기 개신교 학자들 안에 수용되었다.[29)] 따라서 창세기 26:5에 있는 율법에 관한 신명기적 용어들을 어떤 이들은 노아시대 이래 모든 인간에게 주어진 일반적 율법들과 동일시하였다.[30)] 하지만 이 특수 용어들은 사실 나중에 오경에서 모세율법 전체를 나타내는 데 사용되었기 때문에 그것들을 노아의 율법들이라는 개념만으로 제한하기 어렵다는 것이 입증되었다. 따라서 탈무드 자체가

---

27) 예를 들어, 족장 내러티브들에서 "내 율례"('후코타이')와 "내 법도"('토로타이')라는 용어들은 아브라함의 경건성과 그렇게 연관될 수밖에 없다. 그리고 그것들을 아브라함의 사건들이나 행위들과 관련을 지으려는 미드라쉬적 시도들이 아무리 많다 해도 실패했음이 증명되었다. 아브라함이 모세의 율법을 소유하고 있었다는 것을 논증하려는 또 다른 유사 시도가 월터 카이저(Walter Kaiser)에 의해 이루어졌다. "놀라운 간결성, 말의 절약 그리고 포괄적 비전에도 불구하고, 십계명이 시내 산에서 최초로 태동되고 공포되었다고 생각해서는 안 된다. 십계명 전체가 돌비가 아닌 마음 비에 이미 새겨진 하나님의 법의 일부이었다. 왜냐하면 열 계명 모두 어떤 식으로든지 창세기에 나타나기 때문이다. 그것들은 첫 계명인 창 35:2 '이방 신상을 버리라.' 둘째 계명인 창 31:30에서 라반이 야곱에게 '네가 …… 어찌 내 신을 도적질 하였느냐?' 셋째 계명인 창 24:3 '내가 너로 …… 여호와를 가리켜 맹세하게 하노니' 등이다"(*Toward Old Testament Ethics* [Grand Rapids: Zondervan, 1983] 81-82.

28) 탈무드는 우상숭배 행위를 하지 않은 노아의 모든 후손들에게 일곱 개의 신적 율법들이 주어졌다고 가르친다. 참조. *Der babylonische Talmud* (ed. L. Godschmidt; Berlin: Jüdischer Verlag, 1930) 2.373.

29) "…… 안식일과 할례의 준수, 피를 먹는 일, 유일한 하나님께 드리는 제사의식 그리고 이런 방식의 다양한 것들"(Münster Sebastian [1489-1552], *Critici sacri: annotata doctissimorum virorum in Vetus ac Novum Testamentum* [ed. J. Pearson et al.; Amsterdam, 1698] 1.616. 뮌스터는 본 절에 대한 이븐 에즈라(Ibn Ezra)의 주석을 남김없이 인용한다.).

30) 예를 들면, Seforno, xxxn ynb !wjcX (*Torat Chaim Chumash* [Jerusalem: Mossad Harav Kook, 1987] 13).

이 구절(창 26:5)에 한해서는 노아율법들의 개념을 거부하고 아브라함이 생전에 모세율법 전체를 받았다는 입장을 취했다.[31]

아브라함이 어떻게 그 율법을 알 수 있었는지에 대해서는, 하나님께서 그것을 그에게 계시하셨다는 가정이 그 해답이었다.[32] 역시 아브라함이 모세의 율법들을 알게 된 것은 자신의 관찰[33]에 의한 것이라거나 심지어는 기록된 전승에서 기인한 것이라고 많은 이들이 주장해 왔는데, 이는 에녹서로 소급해 올라갈 수 있다[34]. 예를 들자면, 희년서 21:10에서 제사를 위해 다양한 율법들을 설명하면서 아브라함이 "이는 내가 그것이 내 선조들, 에녹의 말들, 그리고 노아의 말들에 기록된 것을 발견했기 때문이다"라고 말했다.[35] 네다림(tractate *Nedarim* 32a)에 진술하기를 아브라함이 처음으로 율법을 순종하기 시작한 것은 그가 세 살 때이었다고 한다. 암호표기법

31) *Yoma* 28b (*Die babylonische Talmud* 3.75). 예들을 제시한 Str-B 3.204-5를 참조하라. 야콥(Jacob)은 이 탈무드적 해석이 갈 3:17ff.에 제시된 바울의 논증을 반대하기 위한 시도에서 비롯되었다고 제안한다("polemisch gegen Paulus," *Das erste Buch*, 549). 안드레아스 리베투스(Andreas Rivetus)는 이 견해가 "그릇되었다"고 꼬집어 거부했다(*Opera theologica* [Rotterdam, 1651] 1.457). 카발라(Kabbalah)에 따르면, 본 절에 언급된 율법들은 십계명에 속한 것들이라고 한다. 왜냐하면 본 절이 열 글자이며 십계명은 창 26:5의 히브리어 '에케브'("이는") 와 동일한 숫자인 172 글자로 되어 있기 때문이라고 한다. 참조. Baal Hatturim, *Chumash* (New York: Philipp Feldheim, 1967) 81.

32) "하나님께서는 친히 천상의 아카데미에서 매일 상세히 설명하시던 그 새로운 가르침들을 그에게 밝히 보여주셨다"(Louis Ginzberg, *The Legends of the Jews* [Philadelphia: Jewish Publication Society of America, 1968] 1.292). 리베투스(Rivetus)는 "자연법 외에 특별히 하나님의 특별계시로부터 온 신적 제사의식과 정결한 동물들을 드리는 제사들과 할례 외에 그와 같은 것들 그리고 지켜야 할 다른 예식들에 대한 준수 사항이 조상들에게 많이 있었다"고 주장했다(*Opera theologica* 1.457). 랍비들의 가르침에 따르면, 하나님이 세상을 창조하실 때 하나님 자신에게는 토라가 안내서가 되었다. 그러나 하나님은 그 토라를 아브라함의 때까지만 사람들로 볼 수 없게 감추어두셨다고 한다. **נברא שלא העולם צפן הקבה את התרה אברהם שנאמר עקב אשר שמע אברהם בקלי** (*Yalkut Shemoni* [Jerusalem, 1960] 972).

33) Str-B 3.205.

34) Ibid., 205-6.

35) *APOT* 2.44.

(*gematria*)을 통해 창세기 26:5의 첫 자 '에케브'(bq[, "이는")라는 단어의 자음들의 수적 가치에서 중요성을 이끌어내는 허용규칙에 의해 그 수를 172(년)로 읽은 것이다.[36] 따라서 26:5은 마치 "이는 172(bq[)년 동안 아브라함이 나를 순종했다"라고 말씀하신 것처럼 읽혔다. 아브라함이 175년을 살았기 때문에 그가 하나님의 율법을 순종하기를 처음 시작한 것은 세 살이었을 것이라고 한다.[37]

초기 랍비들의 이러한 시도들에서 창세기 본문의 설득력 있는 설명을 찾기는 힘들다. 그것들은 단지 조화시키려는 시도들일 뿐이다. 만일 실제로 "명령, 계명, 율례와 법도"가 랍비들이 신명기에 있는 이 용어들로 이해한 것처럼 모세율법을 지킨 것을 의미했다면 또 다른 어떤 설명이 더 필요하겠는가? 아브라함이 모세율법을 알고 있었을 수밖에 없다.

텍스트를 읽을 때에 항상 그런 것처럼, 전체 의미들을 그들이 이해함으로써 그들은 이 부분의 해석을 결정하게 되었던 것이다. 이 주석가들에게 분명하게 눈에 뜨이지 않았던 점은 분문이 율법보다는 다른 관점에서 아브라함의 생애에 관한 해석으로 의도되었다는 가능성이라는 사실이었다.[38]

---

36) 172라는 수자는 ע=70; ק=100; ב=2에서 유래되었다. 참조. Wilhelm Bacher, *Die exegetische Terminologie der jüdischen Traditionsliteratur* (Hildesheim: Georg Olms, 1965) 127.

37) *Midrash Rabbah* (New York: KTAV, n.d.) 135. 이 설명의 목적은 분명히 데라 가족의 우상숭배 문제를 다루려는 데 있었다(수 24:2). 만일 아브라함이 이미 세 살 때에 모세율법을 받았다고 한다면, 그는 아버지의 우상숭배의 영향을 받았을 리가 없다.

38) 비록 칼빈이 본 절에 대해 가한 논평이 명확하지 않다고 하더라도, 그는 랍비들에게서 나타나는 것과 동일한 선상의 해석을 따르는 것으로 보인다. 그는 다음과 같이 기록한다. "그리고 비록 율법들, 법규들, 계율들 그리고 제사의식들이 아직 기록되지는 않았어도, 모세는 이 용어들을 아브라함이 얼마나 자신의 삶을 용의주도하게 오직 하나님의 뜻에 따라 조정해왔고 - 그가 얼마나 정성을 들여 이방의 불결함을 멀리해 왔는지를 더욱 분명하게 보여주려고 사용했다"(*Commentaries on the First Book of Moses Called Genesis* [trans. John King; Grand Rapids: Baker, 1979] 60). 헨리 아인스워스(Henry Ainsworth)도 이 해석과 맥을 같이 하는 것으로 보인다. " ...... 언급된 전체 고발이나 억류가 이 세 개의 명세(계명, 율례, 법도 - 역자

다른 한편 후기 중세 유대 주석들의 견해는, 이 "율법들"이 단순히 도덕적 그리고 윤리적 계율에 관한 일반계시 형식일 뿐이었다는 것이다.[39] 많은 기독교 주석가들에게도 유사한 해석이 발견된다.[40] 그러한 해석의

주) 하에 내포되었다. 마치 후에 하나님께서 모세를 통해 열 계명들 혹은 도덕적 계율(출 20장), 재판법들 혹은 범법자들을 벌한 법들(출 21장) 등 그리고 하나님께 예배하기 위한 법규들, 그리고 법령들(레 3:17과 6:18,22. 출 12:24 그리고 21:31; 그리고 29:9. 그리고 30:21)을 주신 것과 같다. 이 모두를 아브라함이 지켰고 그로 인해 하나님의 칭찬을 받았다"(*Annotation upon the Five Bookes of Moses, The Booke of the Psalmes, and the Song of Songs, or, Canticles* [London: M. Parson, 1639] 99).

39) Jacob, *Das erste Buch*, 549. 예를 들면, 라쉬(Rashi)는 다음과 같이 말한다. "'내 명령'이란 비록 그것들이 (율법 안에) 기록되지는 않았다 하더라도, 그것들이 곧 도둑질과 살인 행위와 같은 것들로 명령된 것이 분명하다"(*Torat Chaim Chumash*, 13). 하지만 마지막 두 용어인 "율례"와 "법도"에 관해 라쉬는 그것들을 이성만으로는 받을 수 없고 하나님이 명령으로 주신 것이라고 주장했다.

40) 예를 들어, 벨직신앙고백서(1561)에는 본문의 "계명"('미쯔워트')을 도덕법으로, "법도"('토로트')를 믿어야할 필요가 있는 교리(*leges*)로, 그리고 "율례"('미슈파팀')를 정치적 법으로 간주한다. 토마스 칼트라이트(Thomas Cartwright, 1535-1603)는 "리라는 바른 이성의 명령에 대한 것들과 마치 어떤 법이 있을 필요가 없는 것처럼 지켜야 할 것들이 있다고 하였다"(*Critici sacri*, 632)라고 말한 라쉬의 견해를 따르는 리라(Nicholas of Lyra, 1270-1340)의 견해를 수용한다. 하지만 리라는 칼트라이트가 크게 놀랄 정도로 라쉬의 마지막 두 용어들에는 동의하지 않았다. 리라는 이 두 용어들을 다음과 같이 이해했다. "'후코트'는 제사의식이나 규례, 하나님을 경배하는 방식에 관련된 것들이지만; '토로트'는 하나님이나 인간에 의해서 제정된 것들이나 계명들이라는 이유가 아니라면, 의무가 되지 않는 그런 법들이다"(*ibid*). 결국 그가 라쉬에 의존하고 또 쇄신하는 것(위의 설명을 참조하라)은 "내 제사의식들 혹은 내 규례들과 내 율법들"이라고 말한 리라와 벌겟역("내 계명들과 내 명령들과 제사의식들과 율법들")에서 비롯되었다. 요한네스 드루시우스(Johannes Drusius, 1550-1616)는 이 용어들을 아래와 같이 정의했다. "'[미슈마르티'] 그가 지키도록 내가 명한 모든 것들 …… ['미쯔워타이'] 십계명 뒤에 포함될 수 없는 도덕적 계명들 …… ['토로타이'] 법적인 것들 혹은 법정에 관계된 것들"(*Critici sacri*, 622). 요한네스 메르케루스(Johannes Mercerus)는 이 다섯 용어들 하나하나를 엄격하게 구분한다. (1) 첫째 용어는 일반적으로 갈대아 우르를 떠나라든지 아니면 이삭을 묶으라는 명령에 아브라함이 순종한 것을 언급한다. (2) 둘째 용어는 아브라함이 하나님께서 지시하신 대로 열심히 실행할 일반적인 종교적 실천을 언급한다. (3) 셋째 용어는 십계명과 같이 자연 심성에 담긴 일반적인 도덕적 원리들을 언급한다. (4) 넷째 용어는 하나님을 예배하기 위한 의식들과 역시 붉은 황소와 같이 그 근본적 이유가

난제는 오경 다른 곳에 이 용어들 하나하나가 모세율법의 일면을 구체적으로 묘사하기 위해 사용되었을 뿐만 아니라, 더욱 중요한 것은 오경의 다른 곳에서 동일한 용어들의 목록이 모세율법 전체를 나타낸다는 데 있다.[41] 따라서 본문이 모세율법을 가리키고 있다는 점에는 의심의 여지가 추호도 없어 보인다.

다른 한편 문학 비평가들은 이 구절을 "신명기적 편집"으로 배정하는 데에 사실상 의의가 없다.[42] 궁켈(Gunkel)은 비록 그 용어들이 "신명기적"(*deuteronomistisch*)이기는 하나 후기(더 법률적)로 배정한다.[43] 베스터만(Westermann)은 이 구절을 율법 순종(*Gesetzesgehorsam*)이라는 점에서 하나님과 이스라엘의 관계에 관한 "후기-신명기적" 해석과 연관시킨다.[44]

비록 그런 반응들이 비평적 방법론에서 있을 것으로 예측하지만, 그것들

분명하지 않은 율례들을 언급한다. 그리고 (5) 다섯째 용어는 교리 내에서 지시된 문서들을 언급한다. "후에 내려온 율법 안에 나누어진 대로, 이 구절에서 모세는 그렇게 하나님의 뜻을 나누고 있다(그러나 아브라함이 모세율법 전체를 소유했다는 유대인의 견해는 배척해야 된다). …… 흠 없는 동물들로 제사 드리고 먹는 일들과 같은 후에 율법 안에 개정된 많은 것들과 다른 것들을 그들이 지켰다는 것은 사실 의심이 되지 않는다. 그러나 그들은 어떤 조그마한 것들에 매일 수 없다. …… 그러나 후에 모세 아래 제사장들의 확고한 족속이 있는 곳에 그리고 확실한 의식들에 의해서 제정된 대로, 이들이 어떤 율법 안에 결코 폐지되지 않는다. …… 그러므로 여기에서 모세가 아브라함 안에서 그 율법을 그 부분들로 나누어 이렇게 배당하였을 때, 그가 절대적으로 하나님의 뜻에 순종하고 주께서 그때 행하거나 지키도록 명하셨던 것들 중에 어떤 것도 무시하지 않도록, 모든 것들에 의해서 훈계 받았다는 뜻이다"(*In Genesin Primum Mosis Librum, sic a Graecis Appellatum, Commentarius* [Genevae, 1598] 458).

41) 예를 들면, 신 11:1.

42) H. Holzinger, *Einleitung in den Hexateuch* (Freiburg: J. C. B. Mohr [Paul Siebeck], 1893) 3, Tabellen über die Quellenscheidung; Otto Procksch, *Die Genesis übersetzt und erklärt* (Leipzig: A. Deichert, 1913) 151.

43) "아브라함이 그렇게 많은 명령들을 실천에 옮겼다는 사상은 고대 내러티브들의 정신에 부합하지 않으며 후기(법률적) 경건성에도 위배된다"(Hermann Gunkel, *Genesis* [Göttingen: Vandenhoeck & Ruprecht, 1977] 300).

44) Claus Westermann, *Genesis* (BKAT 2; Neukirchen-Vluyn: Neukirchener Verlag, 1981) 518.

은 문제를 해결하기보다는 그 성격을 예해(例解)하는 도움을 주는 정도로 그친다. 비평적 학문이 확언하는 일치점은 아브라함의 경건에 대한 진술이 그가 모세율법을 지켰다는 것을 보여줄 목적으로 오경 구성의 어느 시점에서 삽입되었다는 것이다. 비평적 학문도 이 구절이 오경에 신명기를 첨가하는 결과를 빚은 동일 구성과정에서 기인했다고 확언했다.[45)]

궁극적으로, 우리는 이 구절의 뜻을 오경의 더 큰 전략과 목적에서 찾을 시도를 해야 한다.[46)] 오경의 저자가 아브라함을 신앙의 모델로 묘사할 의도였는가 아니면 율법에 순종한 모델로 묘사하려고 의도했는가? 묘하게도 성경학자들의 압도적 다수가 마치 이 구절이 율법에 순종한(*Gesetz-esgehorsam*) 모범으로서 아브라함의 생애를 보여주려는 것이 그 의도였다고 이해했다.

하지만 몇 가지 사항들로 인해 이 가정은 그럴 법하게 보이지 않는다. 첫째로, 아브라함 내러티브들의 최종형태가 오경의 더 큰 구조를 형성하는 신앙주제와 밀접하게 일치한다는 사실 때문에 그러하다. 이 동일한 신앙주제도 창세기 26:5의 "신명기적 구성"의 한 부분과 한 덩어리를 이루고 있다. 따라서 동일 저자가 오경의 구성에 있어서 한 시점에서는 율법에 손색을 끼치면서 "신앙"을 강조하고 다른 시점에서는 "신앙"에 손색을 끼치면서 율법을 강조할 리는 없다.

족장들 내러티브들의 연대기적 배경은 본문(창 26:5)이 아브라함의 신앙을 교훈하려는 의도였지 그가 율법을 지켰다는 것을 교훈할 의도가 아니라는 추가적 증거를 제공해 준다. 오경의 처음 장들이 포괄적인 연대기적 계획에

---

45) "오경의 신명기적 편찬"에 관해서는 Rolf Rendtorff, *Das überlieferungsgeschichtliche Problem*, 164; Erhahrd Blum, *Die Komposition der Vätergeschichte*, 362ff.; C. Brekelmans, "Die sogenannten deuteronomischen Elemente in Gen.-Num. Ein Beitrag zur Vorgeschichte des Deuteronomiums," in *Volunme du Congrès. Genève* 1965 (VTSupp 15; Leiden: Brill, 1966) 90-96을 참조하라.

46) 그러한 접근방법은 본 절이 오경의 최종형태를 이룩한 저자의 작업에 속한다는 대체적 판단에 의한 관찰을 따라 이루어졌다.

의해 통제된다는 것은 잘 알려져 있다. 이 계획은 족장 내러티브들 전체에 걸쳐 나타나는데 시내 산에서 율법을 주실 때까지 이어진다. 그 시점에서 일직선적 연대가 문학적 현재(literary present)로 확대된다. 따라서 오경의 사건들은 율법이 주어지기 이전 사건들과 주어진 기간의 사건들로 나뉜다. 그렇다면 이 계획 속에서는, 족장들이 필연적으로 율법 이전에(*ante legem*) 산 사람들로 묘사될 수밖에 없다. 그들은 율법 아래서(*sub lege*) 산 사람들과 연대기적으로 구별되었다.[47] 따라서 아브라함에 관한 그 어떤 진술도 율법 아래서 산 사람과 대비하려 했을 법하다. 더욱이 랍비들과 기독교 주해에서 그토록 흔한 아브라함이 "율법 아래서(*sub lege*) 산" 것에 관한 "설명들"이 그렇게 광범하게 존재한다는 바로 그것이 창세기 26:5을 아브라함이 모세율법에 순종한 진술로 읽는다는 점에 난제들이 있음을 증거한다.[48]

그러므로 창세기 26:5의 중요성은 본문이 사용하는 신명기적 용어들의 의미를 우리에게 말해주는 데 있다고 결론짓는 것이 합리적일 것이다. 그것은 마치 오경의 저자가 "율법을 지킨다"는 그의 개념을 설명할 하나의 방법으로 아브라함 내러티브들을 포착했다는 것과 같다. 저자는 모세가 아니라 아브라함의 생애를 사용하여 율법의 의로운 요구조건을 성취할 수 있다는 것을 예증하려 한다. 모세가 아니라 아브라함을 택함으로써 저자는 "율법을 지킨다"는 것은 "하나님을 믿는다"는 것임을 보여준다. 마치 아브라함이 하나님을 믿으니 하나님께서 이를 그의 의로 여기심(창 15:6)과 같이 결국 오경의 저자는 다음과 같이 말한다. "아브라함처럼

---

47) "시대의 변천"이 내러티브에서 구분표식으로 작용한다는 데에 관해서는 Elisabeth Gulich와 Wolfgang Raible, "Überlegungen zu einer makrostrukturellen Textanalyse: J. Thurber, The Lover and His Lass," in *Untersuchungen in Texttheorie* (Göttingen: Vandenhoeck & Ruprecht, 1977) 132-75를 참조하라.

48) 더욱이 아브라함 내러티브에서 중추적인 "신앙-테마"는 역시 모세의 생의 평가와도 연관된다. 오경은 모세의 생의 마지막에 그가 하나님을 "믿지 아니하였다"(민 20:12)는 것 때문에 광야에서 죽고 가나안 복지에 들어가지 못했다고 우리에게 알려준다. 그 시점에서 오경의 저자는 모세의 행동을 "불신"으로 불렀다. 그러한 도식 안에서는 오경도 아브라함의 "신앙"을 율법에 대한 순종으로 간주하는 것이 당연할 것이다.

되어라 신앙의 생활을 하라 그러면 네가 율법을 지키고 있다고 말할 수 있다."

이제 우리는 모세에 관한 오경의 묘사를 생각해 보도록 하자. 우리는 모세의 전 생애를 개관하지 않고 다만 구성의 이음자리들에 있는 모세에 관한 평가를 살필 것이다.

III. 모세와 아브라함의 신앙(민 20:1~13)

슈미트(Schmidt)에 의하면 민수기 20장은 이차적으로 재작업하여 신앙 주제로 끌어들인 모세와 아론의 반역에 관한 원래 기사를 내포한다고 한다. 그는 민수기 20:1~13의 내러티브는 12절을 제외하면 원래 전체가 일관된 자체적으로 완벽한 단위였다고 주장한다. 하지만 12절은 이 본래의 내러티브에 삽입되어 거기에 특별한 신학적 해석("신앙-테마")을 제공한다. 본문의 원래 주제는 백성들의 반역이었다. 하지만 이 주제는 12절에서 이제까지 이 내러티브에서 역할을 하지 못한 신앙이라는 그 개념에 초점을 두는 것으로 대치되었다.[49] 20장은 이스라엘 백성이 가데스에 진을 친 것으로 시작한다(20:1). 그러나 그들은 식량과 물이 부족하여 모세와 다투기 시작했다('와야레브', 3절). 여호와께서 모세에게 지팡이를 가지고 반석에게 명령하여 물을 내라고 말씀하셨을 때 모세는 "(여호와께서) 그에게 명령하신

49) 신 1:37; 3:26 그리고 4:21에서 모세는 백성들의 반역 때문에 그 땅에 들어 갈 수 없었다고 말하는데, 이 것은 민 20:10~11,13의 생각과 일치한다. 이 구절에 기반을 두는 반역 주제의 등장은 백성들의 반역 내러티브(예를 들면, וירב, המרים, רבו)와 지역명인 므리바(מריבה) 간에 나타나는 몇 개의 언어유희를 드러낸다. 또한 므리바 사건(민 20:24; 27:14; 신 32:51)을 후에 언급하는 것은 그곳에서 이 백성들의 반역을 말하며 "모세와 아론의 불신앙"을 말하지 않는다는 사실이, 본래 그것이 이 이야기의 중심 주제였다는 슈미트(Schmidt)의 주장을 뒷받침한다. 아래를 참조하라.

대로" 했다(20:9). 이 진술은 모세와 아론이 여호와의 명령에 순종하고 따랐다는 최초의 인상을 준다. 적어도 지금까지는 그렇다. 그 때 모세가 이스라엘 백성을 향해 "패역한 너희여"(20:10, '하모림')라고 말하고 반석을 두 번 치자 백성들과 그들의 가축들에게 필요한 물이 솟아나왔다(20:11).

대중적 주해를 보면 모세의 죄의 성격이 강조되기는 하지만, 사실 본문에서 왜 여호와께서 모세(와 아론)가 "믿지 아니하고"(20:12)라고 하셨는지 당장에는 분명하지 않다. 다만 그 사건들의 개괄[50] 그대로 만 내러티브에서 간직되어 있다.[51] 그럼에도 불구하고 모세와 아론의 실수를 발견하고, 그것을 그들의 신앙 결핍과 연관시키려는 시도는 다양하다.[52] 모세의 죄는 일반적으로 그 내러티브의 세 측면과 연관되었다. (1) 그가 지팡이로 반석을 친 것(20:11), (2) 그가 백성에게 한 (거친) 말들(20:10), (3) 내러티브 자체 내의 탈락 부분들.

(1) 모세의 신앙 결핍은 그가 단지 반석에게 명하는 것보다는 그것을 쳤다는 데에서 드러난다고 주장하는 이들이 있다. 하지만 내러티브 자체가 제시하는 바와 같이, 여호와께서는 확실히 모세가 어떤 방법으로든 지팡이를 쓰도록 의도하셨다. 왜냐하면 여호와께서 모세에게 지팡이를 마련하라고 말씀하셨고, 그 내러티브에 의하면 모세는 "그 명대로"(20:9) 행한 것으로 칭찬을 받았다. 하지만 그 내러티브는 왜 또는 어떻게 모세가 그 지팡이를

---

50) 내러티브의 간결성 때문에 모세의 죄의 본질을 결정하기가 어렵다는 사실은 이미 초기 성경학자들에 의해 인지되었다. 이 문제에 관해 뮌스터(Münster)는 다음과 같이 말했다. "그리고 아마도 모세의 말은 참으로 쉽사리 돌이킬 수 없을 정도로 죄를 지었다"(*Critici sacri* 2.323).

51) 이야기의 결론에서 물이 나온 장소가 므리바(מריבה)로 불리는데 그것은 20:3에 나타난 이스라엘의 반역(רבו)에 대한 언어유희 방편에 의해 연관되었다. 20:13b의 마지막 말씀인 "그가(여호와께서) 그들 중에서 그 거룩함을 나타내셨더라"(ויקדש)는 내러티브 이야기의 초두에 백성들의 위치를 가데스(קדש)와 연결시키고, 그 다음 동작(20:14)과 연결시키는데 그 장소가 또 다시 가데스이다.

52) Drusius, "모세의 죄에 대해서 모든 것들을 열거하기에 너무 긴 해석의 다양한 견해들이 있다"(*Critici sacri* 2.328).

사용해야 할지에 관한 여호와의 지시는 자세히 말해주지 않는다. 따라서 카일(Keil)은 많은 사람들이 그러하듯이, "반석에게 명하여"라는 여호와의 지시는 모세가 그 반석에게 명하는 동안 그 지팡이를 단지 그의 손에 잡고 있으라는 뜻이었다고 가정한다.[53] 이런 방식으로 모세가 그 반석을 친 것이 실수였다고 그 내러티브로부터 추론한 것이다.[54]

이러한 의미가 저자의 의도의 일부였을 리가 없다는 사실은, 모세가 그의 지팡이로 하나님의 능력을 나타내는 이적을 행하기 위해 목표물을 치라는 명백한 명령을 받았다는 다른 곳의 내러티브를 통해 분명히 알 수 있다. 예를 들자면, 출애굽기 17:6에서 여호와께서는 모세에게 다음과 같이 일러주셨다. "내가 거기서 호렙산 반석 위에 너를 대하여 서리니 너는 반석을 치라('웨히키타') 그것에서 물이나리니 백성이 마시리라 ……." 더욱이 이러한 설명은 만약 하나님께서 모세와 아론에게 지팡이를 취하도록 일러주셨다고 한다면 그것을 사용해서 돌을 치는 것 이외에 무엇이 기대되었겠는가 하는 추가적 논쟁에 자주 부딪쳤다.[55] 어떤 이들은 여기에 답하기를, 그 지팡이는 아론의 싹난 지팡이이기 때문에 치는 데 사용하면 안 될 것이었다고 주장한다.[56] 이것은 예를 들어, 재미슨(Jamieson)의 견해인데 그는 모세의 실수가 그 반석을 칠 때에 "두 번 격렬하게 [침으로] 그 지팡이의 싹을 위태롭게 했다"는 데 있다고 주장했다([] 안은 역자의 것임).[57] 어떤

---

53) Keil, *Biblical Commentary* 3.130.

54) 예를 들면, 이것이 라쉬가 본문에 대해 해석한 내용이다. "하나님은 그에게 반석을 치라고 명하시지 않고 그것에게 말하라고 하셨다"라고 라쉬는 진술한다.

55) "치는 목적 외에 지팡이가 취해질 목적이 무엇이겠는가?"(T. Malvenda, *Commentaria in sacram Scripturam una cum nova de verbo ad verbum ex hebraeo translatione, variisque lectionibus*, 1650, M. Pol, *Synopsis criticorum* [Utrecht: Leusden, 1684] 1.689에 인용됨).

56) Franziscus Junius, 1587, Pol. *Synopsis* 1.689에 아래와 같이 인용됨. "그러나 아론의 그 아름다운 지팡이는 치기 위함이나 명령들 혹은 특권들을 위한 것이 아니다." 역시 Johannes Drusius(1550-1616)도 다음과 같이 말한다. "그러나 말씀으로 물을 마실 수 있다면, 왜 지팡이를 취하라고 명하시겠는가? 이는 말로 일이 이루어져야 한다면, 그것이 결코 필요로 하지 않기 때문이다"(*Critici sacri* 2.328).

이들은 모세가 그 반석을 두 번 쳤다는 사실에만 역점을 두었다.[58]

(2) 민수기 20:7~13에 나타난 모세의 불신앙을 설명하는 또 다른 계열은, 모세가 그 반석을 칠 때에 그가 말한 것에 초점을 맞춘다. 분명히 칠십인경 역자들은 모세가 백성들에게 한 말들(10절)을 "들어라, 너희 믿음 없는 자들아('오이 아페데이스')"로 번역함으로써 그 문제를 해결하려고 했다.[59] 이것은 헬라어로 된 구절에 대한 편리한 해결책이다. 왜냐하면 오경의 다른 곳에서 "반역하다"(hrm)라는 히브리어를 번역하기 위해 사용한 헬라어 '아페이데인'의 어의론적 범위라는 이점을 이용했기 때문이다.[60] 헬라어 '아페이데스'는 "불순종하는"이나 "믿지 않는"이라는 뜻이 될 수 있다.[61]

(3) 어떤 이들에게 있어서 모세의 죄는 다만 그가 바위에게보다는 백성들에

57) Robert Jamieson, A. R. Fausset, and David Brown, *A Commentary Critical, Experimental and Practical on the Old and New Testaments* (Grand Rapids: Eerdmans, 1945) 564.

58) 또한 아인스워스(Ainsworth)도 "그가 두 번 친 것 역시 그의 분노의 열기를 드러냈다" 고 말한다(*Annotations*, 127). 재미슨(Jamieson)은 다음과 같이 서술한다. "따라서 어떤 저술가들은 그가 반석을 성급히 두 번 친 것이 그러한 반역적 오합지졸들이 이적에 의해 안도감을 얻으리라는 의혹에 찬 행동이었다고 간주한다. 그리고 물이 곧바로 솟아나오지 않자 그의 의혹이 불신으로 치솟게 되었는데, 그것은 그들이 물을 전혀 얻지 못하리라는 예견된 신념이었다"(*Commentary*, 564). 카일(Keil)은 반석을 치는 것은 하나님을 신뢰하기보다는 인간 사역의 발휘라고 암시함으로써 모세가 반석을 친 것이 신앙 결핍의 증거인 것으로 돌렸다. "그러나 '마치 하나님의 능력만으로 되는 것이 아니라 인간의 수고에 달렸다는 듯이' 혹은 하나님의 약속이 '그의 편에서 전적으로 치는 작업 없이는 성취되지 않는다는 듯이' 그는 지팡이로 반석을 두 번 쳤다"(*Biblical Commentary*, 131). 라쉬는 모세가 처음으로 반석을 쳤을 때에는 물이 몇 방울(טפין)만 나왔는데, 이는 하나님께서 그것에게 말하라고 그에게 말씀하셨기 때문이라고 제안했다.

59) 벌겟역은 칠십인경을 따르지만 "너희 패역하고 믿음 없는 자들아"라는 두 단어를 합성했다.

60) 신 1:26; 9:7,23,24.

61) LSJ 182. '마라'(מרה)라는 단어를 '싸라'(סרה) 혹은 '싸라르'(סרר)와 연결시키려는 시도를 한 가능성도 있다. 그래서 '마라'가 신 21:18에서는 "믿음 없음"('아페이데스')으로 번역되었다. 또한 칠십인역의 원본에 의도하지 않은 이문(異文)이 있었을 수도 있으나, 이 경우에는 그 가능성이 희박하다. 본 절에서 번역상의 어려움을 겪은 과거역사를 보아 그렇게 의도하지 않은 이문이 있었다는 주장을 반증해 준다.

게 말한 데 있었다.[62] 어떤 이들은 모세가 실수한 주된 원인이 그가 백성들에게 한 거친 말들이었다고 주장한다. 여호와께서 명령하신 대로 모세가 그 바위에게 말하기보다는 백성들에게 거칠게 말했다는 것이다.[63] 어떤 이들은 히브리어 '모레'('모림', 민 20:10)를 헬라어 '모로스'로 읽는다.[64] 따라서 모세의 죄는 하나님의 백성들을 바보들이라고 부른 데 있다고 주장했다.[65] 재미슨(Jamieson)에 의하면 "그의 말은 이적이 행해진 것이 어떤 능력이나 자기 자신 고유의 미덕 또는 그 지팡이 때문이었다는 인상을 준다"고 한다.[66] 재미슨은 분명히 모세와 아론의 죄가 "우리가 ……. 물을 내랴?"(10절)라는 말에 있다고 이해한 세바스티안 카스텔리오(Sebastian Castellio, 1515~1563)에게 의존하고 있다. 카스텔리오에 의하면, 그런 말들은 오직 하나님께서만 하실 수 있는 것인데 그들이 그렇게 함으로써 그들 자신의 공으로 돌렸음을 보여준다는 것이다.[67] 다른 이들은 모세가 맨 처음에 그 반석을 쳤을 때에는 물이 솟아나지 않았다고 한다. 그 때에 백성들은 불평하며 하나님께서 그들에게 물을 주실지 의심하기 시작했다는 것이다. 따라서 모세는 백성들을 "너희 반역하는 자들아"라고 부르며 그 반석을 두 번째로 쳤다고 한다.[68] 몇몇 초기 성경학자들[69]은 '하민 하쎌라'("이 반석에서")의

---

62) Paul Fagius, *Critici sacri* 2.324. 화기우스에 따르면 이것은 "이단들 사이에"(*inter Heraeos*)로 알려진 견해이다.

63) 하나님께서 그에게 지시하신 대로 그의 손에 들린 하나님의 지팡이로 반석에게 말하는 대신 그는 회중에게 말했다. 그리고 그들이 여호와께서 도우실 것이라는 것을 의심하지는 않았다 해도 이런 경솔한 말로는 백성들의 믿음 없음을 강화하는 데에 확실히 안성맞춤이었을 것이다. 그러므로 시 106:33에 "그 입술로 망령되이 말하였음이로라"라고 서술했다(Keil, *Biblical Commentary*, 130-31).

64) 히브리어 '모레'(מורה)라는 철자들과 헬라어의 찰자를 일치시켜 מ=μ, ו=ω, 그리고 ר=ρ 남성 어미인 ος를 붙여 '모로스'를 만들었다.

65) *Critici sacri* 2.323.

66) Jamieson, *Commentary*, 564.

67) "그들이 말하였던 죄는 하나님께 속한 것을 자신에게 속한 것으로 끌어 들였다는 데 있다"(*Critici sacri* 2.326).

68) 참조. Drusius, *Critici sacri* 2.328. 드루시우스 자신이 이 견해가 *antiquissimi Ebraei*에서 유래했다고 말한 것은 아마도 그가 라쉬에 대해 언급한 것인 듯하다.

의문사 '하'를 "~일지 어떨지"(*num*)로 읽었다.[70] 그래서 그들은 모세의 말을 "우리가 참으로 너희를 위해 물이 나오게 할 수 있겠느냐?"로 번역했다. 그렇게 함으로써 그들은 모세의 말이 의심을 표하는 표현임을 보여줄 수 있었다. 드루시우스(Drusius)에 의해 언급된 이와 맞먹는 교묘한 해결책은, 비록 거의 불가능하기는 하나 8절의 "너희는 (반석에게) 명하라"는 말씀에서 동사 '디바르템'은 명사 '데베르'("전염병, 재앙")에서 유래된 것으로 보아 "너희는 (반석을) 파괴하라"로 번역해야 한다는 것이다.[71]

(4) 마지막으로, 내러티브 자체의 빈곤, 즉 탈락 부분은 모세의 실수를 다양하게 설명하는 계기를 제공해 주었다. 예를 들어, 재미슨은 거기에는 아마도 "약속의 땅에 들어가지 못하게까지 하는 그런 가혹한 징계를 받도록 한 기록되지 않은" 상황들이 있었을 것이라고 제안했다.[72] 뮌스터(Münster)의 제안에 의하면 백성들은 물을 특정한 반석에서 얻기를 원했으나 모세는 다른 반석에서 그들에게 물을 주기를 원해서 "우리가 저 반석에서 물을 줄 수 없지 않느냐?"라고 말했다는 것이다. 따라서 뮌스터는 주장하기를 모세는 백성으로 하여금 하나님께서는 어떤 바위들에서는 그들에게 물을 주실 수 있으나 그밖의 반석들에서는 주실 수 없다는 것으로 생각하게 만들었다고 했다.[73] 라이트푸트(Lightfoot)는 주장하기를 반석에서 물이 나오는 이적은 이미 광야 방황생활 시초에 발생했기에 모세에게는 광야에서 아직 긴 세월 더 기다려야 한다는 뜻이 되었다고 했다. 그렇다면 모세의 죄는 "백성들을 가나안으로 이끌고 들어가라는 하나님의 약속에 누를 끼쳤다"는 점에 있다.[74]

---

69) Fagius, Vatablus, Drusius, Grotius (*Critici sacri* 2.324ff., 그리고 Conrelius a Lapide(1567-1637). 참조. Pol, *Synopsis* 1.689.

70) 칠십인경을 따름.

71) *Critici sacri* 2.328. 드루시우스는 동사가 '에트'(את)를 동반하는 직접목적어가 아니고 '엘'(אל)을 동반하는 목적어이기 때문에 이 견해를 거부한다.

72) Jamieson, *Commentary*, 565.

73) *Critici sacri* 2.323.

74) 참조. Jamieson, *Commentary*, 565.

그 내러티브에서 불확실성의 또 다른 주된 요소는 아론의 죄의 성격이다. 그 내러티브 자체가 아론의 처신에 대해 침묵하고 있기 때문에 그럴듯하지는 않지만 흔히 있는 설명은 그가 침묵을 지키면서 모세의 잘못을 바로 잡아 주지 않은 것이라고 한다.[75)]

12절을 설명하려는 시도들이 이렇게 많고 다양함이, 본문 자체에서 이미 명백하게 드러난다는 사실, 곧 본문이 모세(혹은 아론)의 신앙 결핍에 관한 성격을 우리에게 분명하게 알려주고 있지 않다는 사실을 예증한다.[76)] 본문 자체를 가지고 판단한다면 모세의 믿음 없음이 그가 반석을 쳤다거나 그가 거친 말을 했다는 것으로 보이지 않고 오히려 우리가 미치지 못하는 그 내러티브의 무수한 "공백들"(gaps)[77)] 어딘가에 있을 것으로 보인다. 우리가 강조할 점은 이것이 그 내러티브 안에 있는 결함의 결과가 아니라는 것이다.[78)] 그것은 오히려 그 내러티브의 계획의 일부라고 보인다. 그들의

---

75) Pol, *Synopsis* 1.689.

76) 그레이(Gray)의 다음과 같은 논평은 주목할 만한 가치가 있다. "모세와 아론이 가나안 진입에서 제외된 죄가 12절에는 믿음 없음으로, 24절 (그리고) 27:14에는 반역으로 묘사되었다. 그러나 8-11절 그대로의 상태에서는 모세나 아론의 믿음 없음이나 반역이 기록되지 않고 있다. 이 구절들 중에 믿음 없음이나 반역 그 어느 하나가 있는 것으로 종종 해석되나 거기에는 그 어느 하나도 없다(George Buchanan Gray, *A Critical and Exegetical Commentary on Numbers* [ICC; Edinburgh: T. & T. Clark, 1903] 261.

77) "어법에서 직접 제시된 관점으로 말하자면, 문학적 작업이 읽는 과정에서 연결되어 끼어 맞추어져야 할 조각들로 이루어졌다. 그것은 반드시 채워져야 할 공백들의 구조를 이룬다. 공백-채우기의 범위는 독자가 자동적으로 하는 요소들의 단순한 연결로부터 시작하여 의식적으로, 힘들여서, 망설이며, 그리고 후기의 기록에 들어난 추가적 정보에 비추어 부단한 조절에 의해 얻어진 복잡한 망세(網細) 조직에 이른다"(Meir Sternberg, *The Poetics of Biblical Narrative* [Bloomington: Indiana University Press, 1985] 186).

78) 비평학계는 현재의 이야기 자체에 대해 인내 부재를 드러낸다. "진실은, 그 이야기가 훼손되어 불완전하다는 것이다"(Gray, *Numbers*, 262). 민 20:1-13에 대한 전형적인 비평적 연구는 휴고 그레쓰만(Hugo Gressmann)에 의해 이루어졌다(*Mose und seine Zeit. Ein Kommentar zu den Mose-Sagen* (Göttingen: Vandenhoeck & Ruprecht, 1913) 150-54. 그레쓰만은 이 기사를 두 개의 다른 이야기들로 구분한다. 하나는, 엘로히스트에 속하는 것으로서 가데스에 있는 물이 풍부한 오아시스를

죄의 성격을 상술할 바로 그 시점에서 저자는 그 내러티브를 단축시키고 하나님께서 말씀하시는 내용으로 옮겨간다(민 20:12). 더욱이 바로 하나님의 이 말씀이 신앙에 관한 말씀으로 "공백을 메운다." 그래서 그 이야기에 자체적 당면 관심사보다 더욱 광의적 의미를 부여한다. 따라서 슈미트(Schmidt)는 결론짓기를 본문에서 모세의 잘못의 정확한 성격이 당장 분명해지지 않은 이유는 저자가 모세의 신앙 결핍에 관한 신적 선언을 강조하기 위해 그것을 고의적으로 억제한 것 때문이라고 했다.[79] 비록 슈미트의 주장을

설명하는 "장소설화"(Ortssage)라는 것이다. 또 다른 하나는, 후기 제사장법전으로서 다만 일부분만 보존되었는데 어찌해서 모세와 아론이 가나안 땅에 들어가지 못했는가를 설명할 시도였다는 것이다. 코닐(Cornill)은 민 20:1-13을 본래의 단위로 간주했다. 그러나 그는 그것이 후기 편찬자에 의해 대부분 "훼손되어 불완전하다(mutilated)"고 보았다(참조. H. Holzinger, *Einleitung in den Hexateuch* [Freiburgh: J. C. B. Mohr, 1893] app. 1, Quellenscheidung von Genesis bis Josua, 9).

79) 민 20:12에서 모세의 신앙 결핍에 대해 하신 하나님의 말씀의 중요성은 주로 이스라엘의 반역과 관련된 듯이 보이는 내러티브로 돌연 전개되는 사실에서 더욱더 드러난다. 내러티브에서 반역개념의 구심성은 이 장의 끝 부분(20:24)에서 아론의 죽음이 재 언급될 때에 모세와 아론의 초기 실수를 재론하는 사실에서 드러난다. 놀랍게도 20:24의 내러티브에 따르면 20:12에서처럼 그들이 그 땅에 들어가는 데 실격 사유는 그들의 신앙 결핍이 아니라 그들의 반역(מריתם)이었다. 더욱이 20:24에 나타난 그들의 반역(מריתם)에 대한 언급이 "므리바(מריבה) 물"이라는 이름에 관한 언어유희의 근거를 제공한다. 그리고 다시 본서 후반부에서, 모세의 죽음이 임박해 옴에 따라 그가 백성들과 함께 그 땅에 들어가지 못할 것을 그에게 상기시켜 주었는데(민 27:14), 민 20:1-13에 대한 재언급이 또 있다. 모세가 그 땅에 들어갈 수 없었던 것은 여호와께서 "이는 …… 너희가 내 명을 거역하고(מריתם) 그 물가에서 나의 거룩함을 그들의 목전에 나타내지(להקדישני) 아니 하였음이니라 이 물은 신 광야 가데스 므리바(מריבה) 물이니라"(27:40)고 말씀하셨기 때문이라고 상기시켰다. 역시 신 35:51에서도 여호와께서 모세 (그리고 아론)에게 "……신 광야 가데스의 므리바(מריבה) 물가에서 이스라엘 자손 중 내게 범죄하여() 나의 거룩함을 이스라엘 자손 중에서 나타내지 아니한(לא קדשתם) 연고라"고 말씀하셨다. 매번 민 20장의 성구는 모세와 아론의 신앙 결핍에 관한 참조문 없이 읽혀진다(20:12). 시 59편의 기록도 므리바에서 그들의 "신앙 결핍"을 언급하지 않는다는 점을 여기 언급할 필요가 있다. 하지만 이것은 아마도 시 95편을 위한 주된 텍스트가 민 20장보다는 출 17장에 있는 성구와 유사했기 때문인 듯하다. 슈미트는 주장하기를 민 20장의 므리바 구절을 현 형태로 있는 그 텍스트와 비교해보면 반역에 대한 용어들(예를 들면, '메리템', 27:14; '메알템'. 신 32:51)이 민 20:12에서는 "신앙"(לא האמנתם)이라는 용어로 해석된 사실을

전적으로 따르기 원하지 않더라도[80] 우리는 그의 분석이 그 내러티브의 핵심 메시지에 접근할 길을 가리켜 준 것으로 믿는다. 어느 시점에서는 그 내러티브의 중요한 면이었던 것으로 보였던 모세와 아론의 반역('메리템', 20:24))은 그들의 믿음 없음('로-헤예만템', 20:12)에 관한 초점으로 대치되었다. 그러한 해석은 그 내러티브에 나타난 모세와 아론의 행동을 신학적 숙고 곧 신앙 대 율법에 대한 순종의 높은 차원으로 올려놓았다.[81] 그들의 행동은 신앙의 메시지에 관한 부정적 측면을 집약한다. 율법 아래에서 높은 위치를 차지했던 모세와 아론은 하나님의 선물인 그 땅의 혜택을 누리지 못했다. 그들은 믿지 않았기 때문에 광야에서 죽었다.[82]

쉽게 알아차릴 수 있다. 슈미트에 의하면, 신앙의 주제가 오경의 완성본의 모티브를 형성하기 때문에 므리바 물에서 모세와 아론의 반역은 오경 전체를 통해 발견되는 신앙 주제의 예가 되었다는 것이다. 그러한 해석의 유사한 형식이 시 95편의 기록을 해석한 히 3:7-18에서 발견된다. 이 시편을 광범위하게 인용한 후에 모세의 믿음 없음을 언급하지 않으면서 히브리서 기자는 그 시편을 신앙 주제의 견지에서 해석해 나간다. 시 95편에서 결정적 진술은 "…… 저희는 마음이 미혹된 백성이라(They always go astray in their hearts. תעי לבב הם)"는 10절의 말씀이다. 바로 이 진술을 히브리서 기자가 그때에 "형제들아 너희가 삼가 혹 너희 중에 누가 믿지 아니하는 악심을 품고 살아 계신 하나님에게서 떨어질까 염려할 것이요"(12절)라고 해석한 것이다.

80) 하지만 슈미트의 전제에 따라 우리가 제사장법전적 자료에 관해 작업을 하거나 또는 이 편찬 시기에 관해 동일한 결론을 내릴 필요는 없다. 사실 12절이 "하나님의 거룩함을 나타낸다"(20:12, להקדישני)와 "여호와께서 그 거룩함을 나타내셨더라"(20:13, ויקדש)는 개념 반복이라는 방편에 의해 다른 내러티브와 연결되었다(참조. D. A. Carson, "Redaction Criticism: On the Legitimacy and Illegitimacy of a Literary Tool," in *Scripture and Truth* (ed. D. A. Carson and J. D. Woodbridge; Grand Rapids: Zondervan, 1983) 119-42.

81) 슈미트는 주장하기를 이 "신앙-테마"에서 신명기의 영향을 추적해 올라갈 수 있다고 했다. 이것은 오경의 모세 저작설을 견지하는 이들에게는 매우 중요하다. 신명기에서 모세가 화자라는 사실을 인정할 때 적어도 내러티브적으로 슈미트의 "신앙-테마"는 모세의 원저작설을 뒷받침해 준다. 예를 들어, 신 9:23에서 모세는 이스라엘 사람들에게 다음과 같이 전해준다. "여호와께서 너희를 가데스 바네아에서 떠나게 하실 때에 …… 너희가 너희 하나님 여호와의 명령을 거역하여(ותמרו) 믿지 아니하고(ולא המנתם) 그 말씀을 듣지 아니하였나니(ולא שמעתם)." 모세가 신명기의 여기에서 표시한 견해가 바로 그 "신앙-테마"이다.

결론

오경의 내러티브 작전은 율법을 지킨 아브라함과 율법 아래에서 신앙이 약해진 모세를 대조한다. 이것은 오경의 저자 편에서 율법 이전(*ante legem*)의 신앙적 삶과 율법 아래(*sub lege*)에서의 신앙 결핍 사이를 구별하려는 의식적인 노력을 암시한다. 이것은 율법이 주어지기 이전의 하나님의 백성은 하나님을 믿고 신뢰하는 것에 의해 특징지어졌으나 율법이 주어진 이후의 그들의 삶들은 믿음 없음과 실패로 특징지어졌다. 아브라함은 믿음으로 살았고(창 15:6), 애굽에서 이스라엘 백성은 믿음으로 살았으며(출 4장), 그들은 믿음으로 애굽에서 나왔고(출 14:31), 그들은 시내 산을 믿음으로 접근했다(출 19:19). 하지만 율법을 주신 후에는 하나님의 백성의 삶이 더 이상 믿음으로 특징지어지지 않았다.[83] 그들의 지도자들이었던 모세와 아론마저 율법이 주어진 이후에 하나님을 믿지 못했다.

만약 우리가 오경의 구성적 전략에 관한 이러한 측면을 정확하게 묘사했다면, 그렇다면 우리는 오경이 모세율법에 대하여 지닌 맨 처음 관점의 분명한 암시를 밝혀냈다고 본다. 사실 이 견해는 예레미야 31:31 이하의

---

82) 동일한 해석을 민 14:11에서 찾아볼 수 있는데, 여호와께서 백성들의 반역(9절, מרר)에 대해 11절에서 아래와 같이 말씀하신다. "이 백성이 어느 때까지 나를 멸시하겠느냐? …… 어느 때까지 나를 믿지 않겠느냐?(לא יאמינו)"

83) 오경 저자의 작전은 그가 오경에서 사용하는 신앙 용어(האמן)에서 분명하게 발견될 수 있다. 예를 들면, 오경 전체를 통해 시내 산에서 율법이 주어지기 이전의 "신앙-테마"의 일부로서 "신앙"이라는 용어를 매번 사용할 때마다 그것은 긍정적이다. 즉 아브라함이 믿었다. 이스라엘이 믿었다 등등이다. 하지만 율법이 주어진 이후로는 신앙의 긍정적 진술들이 사라진다. 이스라엘의 신앙에 대한 진술들은 모두 부정적이다. 즉 시내 산 이후로는 이스라엘(민 14:11)과 모세 그리고 아론(민 20:12)이 "믿지 아니 하였느니라"이다. 하나님 백성의 신앙을 강조하는 내러티브와 그들의 신앙 결핍을 강조하는 내러티브 중간에 시내 산에서 율법을 주셨다는 것이 자리하고 있다. 오경에서 신앙에 관한 마지막 긍정적 진술은 율법을 주시겠다는 서두인 출 19:9a이다. 히 11:29에서 기자가 오경에서 신앙의 예를 들어 재론하면서 오경으로부터의 예들을 홍해를 건너감에서 즉시 여호수아서로 옮겨서 끝낸다는 점이 의미심장하다. 그는 분명이 오경에서의 "신앙-테마"의 논법을 따르고 있다.

견해와 현저하게 유사하다. 마치 예레미야가 시내 산 언약의 실패와 이스라엘 백성이 지키지 못한 모세율법을 되돌아 봤던 것처럼 오경의 저자도 이미 율법 아래(*sub lege*)에서의 축복에 대해 소망을 갖지 않았다. 예레미야는 율법이 돌비에 쓰이지 않고(참조. 겔 36:26) 그들의 마음에 기록되어(렘 31:31) 내면화될 때를 내다 봤다. 동일한 방법으로 오경은 신앙의 모델인 아브라함의 예를 들어 보여주는데, 그는 석판들을 소유하고 있지 않았음에도 불구하고 신앙을 생활화함으로써 율법을 지켰다는 것이다. 동시에 오경은 모세의 삶에 관해 경고를 주는데, 모세는 믿음이 부족해서 광야에서 죽었다는 것이다. 이런 점에서 오경에서 발견된 모세율법의 견해는 본질적으로 선지서들에 나타난 새 언약 구절들의 견해라고 결론을 내리는 것이 정당하다고 여겨진다.[84)]

---

84) 오경의 본질에 관한 견해와 율법에 관한 견해는 아이히로트(Walther Eichrodt)의 견해와 유사하다. 그는 다음과 같이 주장했다. 오경에서는 율법이 "마음과 양심에 각인되었다. 개별적이고 구체적 경우에서의 적용은 많은 경우에 정의(正義)에 대한 건전한 감수성에 맡겨졌다"라고 할 만큼 제시되었다(*Theology of the Old Testament* [2 vols.; Philadelphia: Westminster, 1961] 1.77).

하나님과 동행한 인물 에녹

티모시 제이 콜

아담의 제7대 손 에녹의 기사는 창세기 셋째 부분에 위치하며,[1] 일반적으로 "……의 계보가 이러하니라"('엘레 톨레도트')로 표현되는 '톨레도트' 책의 주요 구조에 의해 알려졌다. 하지만 와우드스트라(Woudstra)가 논증한 바와 같이[2] '톨레도트' 구조는 언급된 선조로부터 발전된 역사를 알리므로 "이것은 (인명)……가 어떻게 되었다" 혹은 "이것은 (인명)~의 계보에 발생한 일이다"를 의미하는 것으로 이해되어야 한다. 그렇다면 창세기 5:1은 "이것은 아담의 족보에 발생한 일에 관한 책이다"라고 읽을 수 있다.

과연 아담의 족보에 무슨 일이 발생했는가? 인류에게는 어떤 일이 벌어졌는가? 하나님께서 아담에 관해 하신 약속(2:16,17)이 실현되었는가? 저주(3:19)에 관해서는 어떤 일이 발생했는가? 인간은 그의 반역 때문에 결국 죽게 되는가? 창세기 5:1 이전에는 아무도 죽지 않았다. (비록 아벨이 그의 형에게 살해되고 라멕은 창상으로 말미암아 사람을 죽였고 상함으로 말미암아 소년을 죽였지만 말이다. 4:23).

---

1) 첫 부분은 1:1-2:3이고 둘째 부분은 2:4-4:26이다.

2) M. H. Woudstra, "The Toledot of the Book of Genesis and Their Redemptive-Historical Significance," *Concordia Theological Journal* 5 (1970): 185.

창세기 5장의 주제는 생의 종말이다. 그래서 클라인즈(Clines)는 이렇게 진술한다.

> 창세기 5장을 읽는 사람은 누구나 …… '그리고 그가 죽었더라'로 되풀이되는 어구에 깊은 인상을 받지 않을 수 없는데, 그 어구는 홍수 이전 인물들의 등장을 노골적이고도 강력하게 끝맺는다. 이러한 통보들이 규칙적인 형식으로 움직이는 그 전체가 죽음을 향한 것이다.[3]

환언하면 아담의 족보에 어떤 일이 벌어졌는가 혹은 인류에게 어떤 일이 벌어졌는가라는 질문들에 대한 답은 그들 모두 죽었다는 것이다. 하나님께서 죽음에 관해 하신 약속("네가 먹는 날에는 정녕 죽으리라", 2:17)이 실현되었는가? 그렇다, 아담의 계열이 연달아 죽었다. 저주에 관해서는 어떤 일이 벌어졌는가? "그 답은 인간의 성취(4장에 나타난 성취)에도 불구하고 아담의 때로부터 시작하여 여러 세대를 통해 죽음에 관한 저주가 왕으로 군림했다는 것이다".[4]

그렇다면 하나님과 동행한 에녹의 기사는 죽음이 통치하는 한복판에 자리하고 있는 것이다. 이 죽음의 주제는 창세기 1~11장에서 죄의 확산과 은혜의 확산이라는 저자의 종합적 주제와 잘 조화를 이룬다.[5] "따라서 창세기 5장은 다소 과도기와 같은 점을 묘사하고 있는데 그 기간에는 죄로 말미암은 죽음이 원시적 인간성의 강력한 육체적 저항을 천천히 파괴할 뿐이다."[6] 환언하면 인간의 발전, 문명과 번영에도 불구하고, 인류의 열망에도 불구하고 그는 죽었다.[7] 그래서 하나님과 동행한 에녹의 배경은 죄의

---

3) David J. A. Clines, *The Theme of the Pentateuch* (Sheffield: Sheffield University Press, 1978), p. 66.

4) Allen P. Ross, *Creation and Blessing* (Grand Rapids: Baker, 1988), p. 171.

5) Clines, *The Theme of Pentateuch*, pp. 64-73.

6) Gerhard von Rad, *Genesis: A Commentary*, rev. ed., trans. John H. Marks (Philadelphia: Westminster Press, 1973), pp. 69-70.

7) Allen P. Ross, "The Exegetical Exposition of the Pentateuch: Genesis" (class notes in 117 Exegesis in the Pentateuch, Dallas Theological Seminary, Fall 1983),

확산이요 죽음으로 종지부를 찍는 것이었다.

이야기의 두 주요 구성요소는 등장인물들과 사건들이다.[8] 사건들은 구상을 이루고 등장인물들은 그 구상을 전개하는 배우들이다. 창세기 5장의 구상, 곧 그 구조는 "그리고 그가 죽었더라"(여러 차례 반복됨)는 단조롭게 반복되는 어구로 이어지며, 그 배우들이 아담의 족보(열 명)를 구성하는 그 구상은 주목할 만한 문장 곧 "에녹이 하나님과 동행하였다"라는 기록에 대한 뛰어난 배경 막이 된다. 조종(弔鐘)이 연이어 애도의 저음을 울릴 때마다 그런 구상에서는 소망의 빛이 단절되는 법인데, 이것은 또 하나의 죄-의-확산, 은혜-의-확산의 예가 된다. 그 구상은 아래와 같이 펼쳐진다.

이 "죽음의 계보"의 서문(5:1~2)은 아담의 창조를 상기시켜 준다. 모세는 남자와 여자로 하나님의 형상대로 창조된 사람이 하나님에 의해 복을 받고 그들은 "사람"으로 불리었다고 기록했다(여기 이 이름은 창세기에서 처음으로 언급되었다). 아담 역시 자기 모양대로 한 아들의 아버지가 되었는데(창세기에 처음으로 언급됨), 아담의 형상과 같은 아들 곧 아담이 셋이라고 부른 아들이다(3절).

세일하머(Sailhamer)가 지적한 바와 같이, 이 서문의 취지는 하나님으로 하여금 아버지의 배역을 맞게 하는 데 있다.[9] 하나님은 자신의 형상대로 아들을 만드셨다. 그는 자신의 아들의 이름을 지어주셨다. 그는 그의 아들에게 복을 주셨다. 그는 창세기의 족장들과 같으시다. 그들은 자기 자녀들에게 그렇게 했다. 이 동일한 방침이 아담에 의해 반복되었다. 창세기 5장에 있는 계보 명단에 한 중요한 점이 부각되는데, 그것은 곧 하나님이 온 인류의 아버지로 나타났다는 것이다.

이 구상이 긴 계보 명단에 계속되고 9:28~29에서 (홍수 기사가 아담에서

---

p. 18.

8) Shimon Bar-Efrat, "Some Observations on the Analysis of Structure in Biblical Narrative," *Vetus Testamentum* 30 (1980): 155-73.

9) John Sailhamer, *Genesis*, 2 vols., The Expositor's Bible Commentary (Grand Rapids: Zondervan Publishing House, 1990), 2:70.

노아까지의 기록에 겹침으로) 끝을 맺는다. 창세기 5장의 명단은 다음과 같은 방침을 따른다.

구성요소 1: A는 X세에 B를 낳았다.

구성요소 2: A는 B를 낳은 후 Y세를 지내며 자녀를 낳았다.

구성요소 3: A는 X와 Y세를 향수하고 죽었다.

동일한 패턴은 셈(노아의 아들)으로 시작하며 11:10~26에서 다시 이어진다. 하지만 에녹의 기록에는 셋째 구성요소가 빠졌다. 죽음에 관한 언급이 없다. 그러나 5장에 다른 족장들에게는 죽었다는 사실이 강조된다. 예를 들면, 죽는다는 것이 기정사실인데 왜 "그리고 그는 죽었다"라는 말을 첨가하는가? 만일 한 사람의 일생이 X세를 산 것으로 되어있다면 (논리상) 그는 죽은 것으로 가정된다. 그런데도 저자는 각 사람의 죽음을 "그리고 그는 죽었다"('와야모트')라는 말을 반복 사용하여 강조한다. 그 목적은 에녹의 기사를 대조시켜 돋보이게 하는 데 있다. 아담의 계열에서 일곱 번째인 에녹은 구조적 패턴을 깬다. 그는 산 것(구성요소 1)이 아니라 하나님과 동행하였다. 그는 죽은 것(구성요소 3)이 아니라 하나님과 동행하였고, 그리고 하나님께서 그를 데려가셨다. 그 반대 현상이 강하게 나타나고 신학적 진리로 넘쳐흐른다. 명백하게 저자는 신학적 주석을 가하기 위해 계보에 이런 식으로 재치를 발휘했다.[10] 생과 (저주 아래의) 사에 관한 신학적 진리는 이 반복적인 문학 패턴과 뒤이어 그것을 깨는 방법에 의해 교훈을 준다. 그 패턴은 저자의 가치체계를 나타내 보인다.[11]

죽음에 관한 단조로운 계보 목록으로 이어지는 서문(1~2절)은 두 개의 대조적 주제들을 나란히 놓는다. 창조주 하나님의 아들들과 딸들, 하나님이

10) Meir Sternberg, *The Poetics of Biblical Narrative* (Bloomington, IN: Indiana University Press, 1985), p. 120.

11) Robert Alter, *The Art of Biblical Narrative* (New York: Basic Books, 1981), p. 95.

형상대로 지음 받은 자녀들, 아버지가 사랑하고 돌보는 자녀들을 축복하듯 복을 받기로 의도된 자녀들이 그와는 반대로 저주받은 자들로 전락했다. 한때 복을 받은 자들이 이제는 저주를 받았다. 하나님의 형상대로 지음 받은 자들, 살도록 지음 받은 자들이 이제는 죽을 운명에 처하여 흙으로 돌아감으로 흙을 먹을 뱀(창 3:14)의 희생물이 된 것이다. 하나님 아버지의 모든 자녀들이 죽게 된 것이다.

죄의 확산 동기(spread-of-sin motif)가 명백하다. 그러나 그와 동반하는 은혜의 확산 동기(spread-of-grace motif)는 어디에 있는가? 이렇게 모두 죽는 판에 소망에 관한 관념은 어디에 있는가?

1. 아담의 일곱째 후손 에녹의 기사

에녹의 기사(창 5:21~24)는 창세기 5장의 패턴에 한 예외적 특징을 나타낸다. 나머지 계보는 이변이 없이 차례대로 반복되는 흐름을 보이지만 이와는 대조적으로 창세기 5:22에서 뜻밖의 이접(disjunction)이 등장한다. "그리고 에녹은 ……을 살았다"(이 시점까지의 통상적 패턴이었다)라고 하는 대신에 모세는 "(에녹은) 삼백 년을 하나님과 동행하며"라고 기록했다. 역시 24절에서도 저자는 통상적 문구인 "그리고 그가 죽었다"를 깨고 "그리고 에녹이 하나님과 동행하더니 하나님이 그를 데려가시므로 세상에 있지 아니하였더라"로 대치시켰다.

22절과 24절에 나타난 이 뜻밖의 변동의 취지는 에녹의 생애를 본 장의 통상적 연속을 벗어나게 하는 데 있다. "창세기에 나타난 저자의 스타일에 관한 연구는 그가 이전 주제보다 더 좁은 특별한 제목을 시작하고 싶을 때 그러한 이접적 기교를 사용하는 것으로 제시한다."[12] 구조상의

12) John Sailhamer, "Exegetical Notes: Genesis 1:1-2:4a", *Trinity Journal* n.s. 5 (1984): 76.

변동은 다른 이들의 기사와는 달리 예외적 면이 있음을 나타낸다. 다른 이들이 살다가 죽었다는 형식과는 대조적으로 에녹은 하나님과 동행하였다. 이는 하나님과의 동행이 단순한 삶이 아닌 한 단계 높다는 사실을 암시한다.[13] 더욱이 에녹은 죽지 않았다. 그는 하나님과 동행하였다(두 번째 언급되었다). 그리고 하나님께서 그를 데려 가셨다.

'할라크'(הלך) 동사의 '히트파엘' 형('와우'+'히트파엘'의 과거형)은 하나님께서 동산에서 거니신 창세기 3:8을 연상케 한다('히트파엘'의 분사형).[14] 그리고 어느 면에서는 그 일과 일치한다.[15] 창세기(와 오경)의 저자가 '할라크'의 '히트파엘' 어근을 사용할 때마다 이야기의 주어들 중의 하나는 하나님이시다(유일한 예외는 출애굽기 21:19이다). 에녹처럼 노아도 하나님과 동행하였다(창 6:9). 아브라함이 "그 땅"에 이르렀을 때에, 저자는 "너는 일어나 그 땅을 종과 횡으로 행하여 보라(walk about)"고 함으로써 걷는다는 사고를 다시 한 번 들고 나온다(17:1; 참조. 24:40; 48:15). 하나님과의 동행은 계속성 혹은 삶의 습관 생활양식이라는 개념을 내포하며, 이 모든 예들에 '히트파엘' 어근이 사용되었다(참조. 신 23:14).

에녹의 동행 기간이 300년임을 언급한 것은 그 동사에 힘을 실어준다. 따라서 "하나님과 동행하였다"라는 표현은 에녹의 생애에 관한 저자의 요약이다. 불린저(Bullinger)는 "걷는다"라는 용어가 한 인간의 "행동과 삶의 계속된 노정 즉 습관적 관습과 삶의 방식에 관해 사용되었다"라고 언급했다.[16] 오늘 우리는, 하나님과 동행한다는 것이 에녹의 생활양식이었

---

13) Ross, *Creation and Blessing*, p. 175.

14) Gordon J. Wenham, *Genesis 1-15*, Word Biblical Commentary (Waco, TX: Word Books Publishers, 1987), p. 127.

15) A. Dillmann, *Genesis*, trans. William B. Stevenson, 2 vols. (Edinburgh: T. & T. Clark, 1897), 1:224-25.

16) E. W. Bullinger, *Figures of Speech Used in the Bible* (London: Eyre and Spottiswoode, 1989; reprint, Grand Rapids: Baker Book House, 1968), p. 832. 역시 E. A. Speiser, "The Durative Hithpael: A Tan-Form," *Journal of the American Oriental Society* 75 (1955): 118-21을 보라.

다고 말할 수 있을 것이다.

왜 모세는 에녹이 하나님과 동행하였다고 두 번이나 진술했는가? 왜 그는 전후 족장들의 죽음을 명시했는가? 세일하머(Sailhamer)가 이 질문들에 대하여 설득력 있는 답을 했다.

> 왜 저자는 에녹을 하나의 예외로서 그렇게 특별하게 지적하기를 원했는가? 그것은 단지 그가 죽지 않았기 때문이 아니다. 물론 그 자체로도 특별한 주목을 끌만한 이유가 충분하다. 그러나 이 경우에는 그것이 저자의 목적을 충족하게 설명해주지 못한다. 저자의 의도는 반복을 통해 에녹이 "하나님과 동행하였다"(22,24절)라고 강조한 방식에서 더 잘 이해할 수 있다. "하나님과 동행하였다"라는 문구는 …… 저자에게 무언가 의미하는 바가 있는 것이 분명하다. 왜냐하면 그가 동일한 표현을 사용하여 노아를 "의인이요 당세에 완전한 자라", 그리고 아브라함과 이삭을 하나님의 충성된 종들(17:1; 24:40; 48:15. 역자 주: 이 구절들에 '할라크'의 '히트파엘'형이 사용됨)로 묘사하기 때문이다. 여기에 사용된 그 용례에 에녹이 죽지 않았다는 저자의 이유가 있다. 에녹은 아담의 운명("너는 죽으리라")에 처하지 않은 사람으로 묘사되었는데, 그 이유는 그가 다른 이들과는 달리 "하나님과 동행하였다"는데 있기 때문이다.[17]

그러면 여기에서 죄(죽음은 죄의 결과)의 확산의 한복판에 은혜의 면모가 있다는 것을 엿볼 수 있다. 여기서는 조종이 더 이상 울리지 않는다. 한 사람이 하나님과 동행하였고 하나님께서는 그를 데려가셨다.[18] 그는 죽음의 손아귀에서 벗어났다. 분명히 삶으로의 통로, 사람이 사망의 쏘는 것을 피하기 위해 걸어야 할 길은 그가 하나님과 동행하는 순례자의 길이다.

이 시점에서 모세는 하나님과 동행하는 것이 무슨 뜻인지 설명하지 않고 있다. 그는 그 어떤 방법이나 형식을 밝히지 않았다. 비록 그가 에녹을

---

17) Sailhamer, *Genesis*, p. 74.

18) "하나님이 그를 데려가셨다"라는 동일한 용어가 엘리야가 죽음을 면하고 영광으로 옮겨진 사건에도 사용되었다(왕하 2:1,5,9-10).

타인들이 따를 모범으로 옹호하나, 그는 이 "걸음"에 관한 서술적 설명을 남기지 않았다. 모세는 에녹 기사의 마지막까지 그 설명을 억제했다. "과거에 하나님의 백성에게 발생한 일들은 미래에 나타날 사건들의 전조가 된다."[19] 그렇다면 에녹의 걸음은 비록 신학적으로는 설명되지 않았으나 저자가 뒷날 어느 때에 제시할 교훈 곧 (과거로부터) 하나님의 백성의 미래 세대들이 배워야 할 의도된 교훈인바, 이는 그들 역시 저주 아래에서 살 것이기 때문이다.

따라서 하나님과의 동행은 몇몇 신학적 개념들을 포함하고 있다. (1) 하나님과 동행하는 사람은 하나님의 형상대로 지음을 받은 피조물로서 창조주에게 아버지와 아들의 관계(Father-son relationship) 안에서 창조주와 연결되어 있다. (2) 하나님과의 동행은 죽음이 통치할 때에 이루어졌다. 그러므로 그 동행은 생과 사의 통상적 패턴에서 예외가 되었다. 따라서 단순히 살고 죽는다는 것은 질적으로 기준 이하로 묘사되었다. 그리고 그와 반대로 하나님과의 동행은 단순한 삶보다 한 단계 높다. 그것은 저주를 극복하는 길이다. (3) 그 동행은 계속성과 지속성이 있는 생활양식, 삶의 패턴을 묘사한 것이다. (4) 이 동행 혹은 생활방식은 미래에 속한 하나님의 백성을 위한 교훈으로 의도되었다.

에녹의 생애를 기록함에서 모세의 목적은 희망을 전달하려는 데 있었다. 죽음이 최종적 해답은 아니다. 왜냐하면 에녹을 위해 하나님께서는 죽음을 무효화하셨기 때문이다. 인류 위에 드리운 죽음의 검은 구름, 하나님 자신에 의해 약속된 구름, 저주의 본질을 표현하는 그 검은 구름이 에녹의 생애에 찬란한 광선으로 틈이 벌어졌다. 죽음으로부터 구출의 길이 열린 것이다. 저주의 효력으로부터 구출의 길이 열린 것이다. 동산으로 돌아가는 길이 생긴 것이다. 동산을 지키는 그룹들과 두루 도는 화염검을 우회하는 방법이

---

19) John H. Sailhamer, "The Canonical Approach to the OT: Its Effect on Understanding Prophecy," *Journal of the Evangelical Theological Society* 30 (September 1987): 311.

생긴 것이다. 생명의 나무에로 접근하는 길이 열린 것이다. 과연 영원히 살 수 있게 된 것이다. 결국 동산에서 다시금 여호와 하나님과 교제하고 경배드릴 수 있게 된 것이다. 어떻게? 하나님과 동행함으로 가능하다. 따라서 (죽음의 계보에 속했던) 에녹에 관한 교훈은 이렇다: 생명은 하나님과 동행함을 통해 얻는다.

2. 목회적 반응

가나안 땅 가까이에 이른 이스라엘 백성은 에녹의 생애에 관한 교훈이 필요했다. 그들 자신들의 역사에 사무친 것은 한 세대 곧 하나님과의 삶(영생)은 하나님과 동행함에 의해 이루어진다는 교훈을 간과한 혹은 무시한 그 세대가 온통 광야(참조. 민수기; 고전 10:1~13)에서 (죽었음으로) 사라진 비참한 기사이었다.

에녹의 생애는 또한 하나님의 새 언약 백성이 그들의 지상 순례의 길에서 따라야 할 모범이다.[20] 죄로 인해 기인되고 그리고 창세기의 계보에 그토록 위력적으로 드러난 종국적 사망이 사실은 그렇게 종국적이지는 못하다. 사람은 죽기 위해 태어난 것이 아니다. 그는 살기 위해 태어났고, 생명은 하나님과 동행함으로 얻어진다. 창세기 1~11장(1:1~2:3을 제외)이라는 전체 범위에 거쳐 끊임없는 침울함을 가져다 준[21] 저주의 촉사(觸絲)가 아담의 일곱 번째 후손에 와서 끊겼다. 하나님과의 동행은 저주의 결박을 푸는 열쇠이다. 더욱이 하나님과의 동행은 단지 산다는 것보다 한 단계 위에 속하는 것이다. 그것은 또한 인간의 심오한 필요와 최대의 공포(죽음)에 대한 해답이다.

신약성경은 에녹의 생애에 관한 신학적 주석을 제공한다.

---

20) Ross, *Creation and Blessing*, p. 174

21) Clines, *The Theme of the Pentateuch*, P. 66.

하나님과의 동행은 그분을 믿는 믿음을 내포한다

히브리서 기자는 신앙이란 고난의 용광로 속에서 참고 견디기 위한 열쇠(히 10:32~39)라는 개념을 전달함으로써 그의 독자들의 마음을 지원해 주었다. 신앙에 관한 간략한 정의를 제시한 후(11:1) 그는 하나님의 인정을 받아(2절) 신앙에 의하여 영적 승리를 쟁취한 이들의 인상 깊은 명단을 열거했다. 믿음으로 성도들은 창조(히 11:3은 창 1~2장을 가리킴)를 이해하게 된다. 아벨은 믿음에 의해 하나님과의 관계에서 의로운 신분을 획득했다(히 11:4은 창 4장을 가리킴). 그리고 그 다음이 에녹이다. 믿음으로 "에녹은 죽음을 보지 않고 옮기웠으니 하나님이 저를 옮기심으로 다시 보이지 아니하니라 저는 옮기우기 전에 하나님을 기쁘시게 하는 자라 하는 증거를 받았느니라"(5절). (창세기에서 에녹과 노아 두 사람 모두 하나님과 동행하였다고 하는 언급 사이에 끼워 넣은) 그 다음 구절인 6절은 정밀하게 자리하고 있고 신학적으로 의미심장하다. "믿음이 없이는 기쁘시게 못하나니 하나님께 나아가는 자는 반드시 그가 계신 것과 또한 자기를 찾는 자들에게 상주시는 이심을 믿어야 할찌니라"(히 11:6).

히브리서 11:5~6은 창세기 5:22~24에 관한 신적 영감으로 이루어진 주석이다. 에녹이 하나님과 동행한 것에 관한 분석은 그가 하나님을 믿은 것에 대해 초점을 맞추고 있다. 따라서 믿음은 그의 동행함과 그가 하나님을 기쁘시게 함의 수단이 되는 원인에 관한 신학적 묘사였다. 에녹의 믿음에 관해서는 두 가지 특징이 강조되었는데 곧 하나님의 실재성을 믿음 ("[이는] 하나님께 나아가는 자는 반드시 그가 계신 것", 6a)과 하나님의 응답하심("또한 자기를 찾는 자들에게 상주시는 이심을 믿어야 할찌니라", 6b)을 믿음이다. 하나님과의 동행은 그를 믿는 것 곧 그의 존재의 실재성을 믿는 것과 믿는 자의 신앙에 대한 그의 응답하심의 진실성에 관한 믿음을 요청한다. 하나님과의 동행은 성도들이 자신들의 현재 신앙과 삶을 근거로 한 하나님의 미래의 상급을 바라보도록 그들을 격려한다.

히브리서 기자는 에녹이 하나님에 대해 생각해 보았다거나 그에 대해 사색해 보았다고 말하지 않는다. 에녹은 하나님에 대해 책을 읽어 본다거나 하나님에 대해 이야기해보고 나서 그로 말미암아 그의 은총을 입은 것이 아니다. 좀 더 정확히 말하면 에녹은 하나님을 믿었고 그로 말미암아 하나님을 기쁘시게 해드렸다.

그렇다면 (에녹의 생애를 들어 소개한) 창세기 저자의 의도는 믿음의 사람, 전형적 의인 그리고 하나님의 뜻에 성실한 순종을 발휘한 아브라함의 이야기를 예기하는 데에 있었던 것이다. 아브라함은 신앙의 의미에 관한 저자의 심오한 실제적인 예가 되었다. 따라서 에녹은 독자를 독려하여 그로 하여금 하나님과의 동행이 무엇인지 질문하도록 준비시키는 일에 쓰임을 받았다.

하나님과의 동행은 그를 기쁘시게 한다

창세기 5장에서 칠십인경은 "에녹이 하나님과 동행하였다"라는 말씀을 "에녹이 하나님을 기쁘시게 하였다"로 번역했다. 노아의 경우도 마찬가지이다. 히브리 본문은 "노아가 하나님과 동행하였다"로 되어 있으나 칠십인경은 "노아가 하나님을 기쁘시게 하였다"(6:9)라고 번역했다. 아브라함의 기사에서도 칠십인경은 꼭 같이 번역했다(17:1; 24:40; 48:15). 브루스(Bruce)는 제안하기를 이러한 변동들은 "의심할 바 없이 그 용어를 덜 신인동형화하려는 욕망에서" 비롯되었을 것이라고 했다.[22] 히브리서 기자는 (칠십인경을 근거로 해서) "하나님과의 동행"을 "하나님을 기쁘시게 함"이라는 이 해석을 따랐다(신앙이 하나님을 기쁘시게 하는 수단이 되는 원인이라는 개념과 서로 얽혀서 연결되었다). 이 사실이 에녹의 생애에서 중요한 교훈을 암시해 준다. 즉 하나님과의 동행은 믿음으로 사는 것과

22) F. F. Bruce, *The Epistle to the Hebrews* (Grand Rapids: Wm. B. Eerdmans Publishing Co., 1964), p. 287.

하나님의 은총을 입게 한다는 것이다. 하나님은 신자들이 그를 믿을 때, 그들이 믿음으로 살 때 기뻐하신다. "여호와를 기쁘시게 하는 것과 그와 동행하는 것은 불가분리적 요인들이다."[23)]

하나님과의 동행은 율법을 형식적으로 충실히 지키는 것이 아니다

율법주의와 신앙에 관한 심오한 교훈을 에녹의 기사에서 터득할 수 있다. 세일하머(Sailhamer)가 이 점에 대해 언급한 바 있다.

> 오경의 저자에게 있어서 "하나님과의 동행"이 단지 소정의 율법들을 "지키는 것"을 뜻했을 리가 없다고 아는 것은 중요하다. 그보다도 저자는 "하나님과의 동행"이라는 주제를 소정의 율법들을 받지 못한 그러한 사람들과 연관시킨다. 그러한 사람들을 선별해서 "하나님과의 동행을 예시함에 의해 저자는 단지 율법에 형식적으로 충실하기보다 더 나은 삶을 가르치려는 그의 소망을 보여준다 …… 그에게 있어서 삶에 이르는 길은 에녹("에녹이 하나님과 동행하였다", 5:22), 노아("그가 하나님과 동행하였다", 6:9)나 아브라함("아브라함이 여호와를 믿으니 여호와께서 이를 의로 여기셨다", 15:6)과 같은 인물들에게 가장 잘 예시되었다. 하나님을 믿고 의지한 사람들의 모델로서 창세기의 저자는 시내산에서 율법을 받기 오래 전에 살았던 족장들을 예시한다.[24)]

목회사역에서 매일 믿음으로 살아야 한다는 메시지(어떤 상황에서든지 불문하고)는 하나님의 백성에게 계속 전달되어야 한다. 신앙은 구원과 성화 양쪽 모두의 활동 방식이다. 그러므로 신앙은 하나님의 양떼를 위해서 준비되고 제공할 모든 음식의 주식(필요 불가결한 요소)이 되어야 한다. 만일 신앙이 철로를 달리는 기관차를 움직이는 보일러의 증기라고 한다면, 그리스도인 지도자들은 자신들의 성도들의 마음에 신앙의 불을 성실하게

---

23) F. S. Parnham, "Walking with God," *Evangelical Quarterly* 46 (1974): 118.
24) Sailhamer, *Genesis*, p. 74.

지속적으로 지펴야 한다.

예배는 그러한 신앙을 북돋는 과정에 이바지하도록 계획되어야 한다. 찬송가와 성경 강해는 반드시 양떼의 신앙을 살지게 해야 한다. 중보기도를 위한 집회들도 역시 성도들이 기도를 드리는 그분에 대한 믿음을 북돋도록 되어야 한다. 성도들로 하여금 기도회를 절망하는 마음으로 떠나게 하기보다는 난제들의 중함과 문제점들의 본질을 파악하여 지도자들은 성도들의 마음을 여호와의 이름에 초점을 맞추게 해야 한다("환난 날에 여호와께서 네게 응답하시고 야곱의 하나님의 이름이 너를 높이 드시며 …… 우리 하나님의 이름으로 우리 기를 세우리라 …… 우리는 여호와 우리 하나님의 이름을 자랑하리로다"(시 20:1,5,7). 여호와의 이름에 초점을 맞추는 것이 성도들의 확신과 하나님에 대한 신뢰를 북돋는 데에 도움을 준다(참조. 마 21:18~22). 목회자들과 기타 그리스도인 지도자들은 성경의 삼위일체 하나님에 대한 성도들의 신앙을 북돋아 주어야 한다. 성도들을 북돋아 주는 것은 그들이 하나님과 동행하는 데에 도움을 준다. 그들이 하나님과 동행하도록 돕는 것은 하나님의 은총을 입게 한다. 하나님께서는 그들을 마음에 들어 하신다. 그들의 신앙의 걸음, 그들의 신뢰의 순례의 걸음을 양성함에 의해, 그들은 하나님과의 약해지지 않은 동행을 계속하기 위해 영원에로 곧장 이어갈 것이다 -영원히. 에녹에 관한 스펄전(Spurgeon)의 설명을 여기에 소개하는 것이 적절하다.

> 그 얼마나 멋진 동행인가! 300년간의 동행이라니! 만일 다른 사람과 동행했다면 동행자를 바꾸고 싶은 생각이 있을 수도 있다. 그러나 하나님과 3세기 동안을 동행하는 것이 너무나 달가워 그 족장은 그의 동행을 계속 시공을 초월해서 동일한 신적 공동체에서 여전히 행진하는 곳인 낙원에 도달했다. 그는 지상에서 천국을 소유했고, 그렇기에 그가 지상을 활공하듯 떠나 천국으로 그렇게 쉽게 이른 것은 그리 [유별난] 일은 아니었다.[25)]

---

25) Charles H. Spurgeon, *The Treasury of the Old Testament* (London: Marshall,

하나님과의 동행은 사망을 이기고 생명을 얻는다

하나님께서 에녹을 위해 사망을 무효로 하신 이유는 에녹이 하나님과 동행하였기 때문이다. 하나님과의 동행이 사는 길이요, 오늘과 내일에 걸쳐 저주를 무효화하고 승리하는 길이다. 에녹의 생애는 사망의 통치가 끝나고, 충성된 자들이 예수 그리스도를 통한 삶 속에서 통치한다는 사실을 묘사한다(롬 5:12~21).

3. 결어

하나님과의 동행은 그분을 믿는 것을 내포하고, 그 믿음이 하나님을 기쁘시게 한다. 하나님과의 동행은 영생하는 길이요, 하나님의 존전으로 돌아가는 길이요, 그분을 경배하고 그분과의 교제를 영원히 즐기는 것이다.

에녹이 하나님과 동행함에 관하여 말커스 다드스(Marcus Dods)가 한 주해는 이 논제에 대한 적절한 결론을 제공해 준다.

> "에녹이 하나님과 동행하더니 하나님이 그를 데려 가시므로 세상에 있지 아니하였더라." 이 말씀은 의미심장하다. 에녹은 하나님과 동행하였다. 왜냐하면 그는 하나님의 친구였고 그분의 일행이 된 것을 좋아했기 때문이다. 그는 하나님과 같은 방향을 가고 있었기 때문이다. 그는 하나님께서 가시는 길에 놓인 것 외에는 그 어떤 것도 바라지 않았다. 우리의 모든 생각 속에 하나님이 계실 때에 우리는 그와 동행하게 된다. 우리는 언제나 의식적으로 하나님을 생각하기 때문이 아니라 우리가 생각하는 모든 경우에 그분이 자연적으로 우리에게 생각나게 되기 때문이다. 마치 어떤 인물 혹은 계획 혹은 개념이 우리에게 중요해질 때 우리가 어떤 생각을 하건 간에 우리의 생각은 항상

Morgan & Scott, 1934), p. 135.

> 이 좋아하는 대상으로 되돌아가는 것을 발견하게 되는 것과 같다. 마찬가지로 경건한 성도에게는 모든 것이 하나님과 관련이 있고, 그 관련에 의해 지배되어야 한다. 그의 상황에 어떤 변화가 고려될 경우에 그는 먼저 그 제안된 변화가 하나님과의 관련에 어떤 영향을 끼칠 것인지를 결정해야 한다. 즉 그의 양심에 여전히 가책이 없을 것인지, 그가 하나님과의 변함없는 친근 관계를 유지할 수 있을 것인지 등등. 그가 죄를 범하게 되면 그가 하나님 옆에 서는 위치를 되찾아 그분과 다시 동행하기까지는 가만히 있을 수 없다. 이것이 하나님과의 동행의 일반적 성격이다. 그것은 우리의 삶 전체를 개방하여 하나님께서 점검하시도록 하여 그분의 뜻에 오해의 소지가 있다면 포기할 준비; 만일 우리가 하나님과 교제를 유지하려는 우리의 노력에서 어떤 만족이 없을 때의 고독한 느낌 곧 우리가 하나님을 불쾌하게 해드리는 어떤 일을 하고 있다는 것을 의식할 때의 불감증적이고 비참한 그 느낌이다. 하나님과의 동행은 필연적으로 삶 전체와 인격에 영향을 미친다. 당신의 친구의 감정을 거스를 것을 아는 주제들을 직감적으로 피하듯이, 자연적으로 당신의 동료에게 마음에 들게 하려고 노력하듯이, 하나님께서 임재하신다는 의식은 당신에게 어떤 중요성이 들 때 당신은 그분이 불찬성하시는 생각들을 억제하며 그분을 기쁘시게 해드리려고 직감적으로 노력하고, 그분 자신의 성품을 반영하는 그런 의향을 기르도록 노력하게끔 깨닫게 된다.[26]

하나님과 동행한다는 것은 개인의 모든 목적과 희망을 다 터놓는 것이요, 자신의 생의 설계와 행복관에 대해 그분의 판단을 구하는 것이요, 하나님과 좋은 사이를 철저히 유지하는 것이다.

---

26) Marcus Dods, *The Book of Genesis*, The Expositor's Bible (New York: A. C. Armstrong & Son, 1893), pp. 51-52.

에스겔서에 나타난 에돔과 이스라엘

말텐 에취 와우드스트라

수세기에 걸쳐 야곱과 에서 간의 갈등에 관한 성경의 이야기는 그리스도인과 유대인들의 생각을 사로잡아 왔다. 유대인의 저술에서 에서의 모습은 난폭함과 권력욕의 본보기로 묘사되었다. 의미심장하게도 유대인 저자들은 에서(혹은 에돔)라는 이름을 로마 제국의 시조로서 사용하였으며, 한편으로 중세기 히브리 사상에서는 이 이름이 반(反)유대적인 어떤 정권, 특별히 기독교를 지칭하는 데 사용되었다.[1)]

야곱-에서 주제(Jacob-Esau Motif)에 대한 그리스도인의 관심은 특별히 말라기 1:2의 예언이 그 중심이 된다. 이레니우스(Irenius)는 "Adversus Haereses, XXI, 2"에서 이 구절을 이삭의 역사가 지니는 상징적 특징을 다루는 폭 넓은 논쟁의 일부로서 인용하고 있다.[2)] 바로 이 구절을 어거스틴은 "Against Two Letters of the Pelagians"라고 명명한 그의 보고서에서 언급한다.[3)]

---

1) R. J. Zwi Werblowski와 Geoffrey Wigoder가 공동으로 편집한 *The Encyclopedia of The Jewish Religion* (New York: Holt, Rinehart and Winston, 1966), s.v. Esau를 참조하라. 또한 Jacob S. Raisin이 지은 *Gentile Reactions to Jewish Ideals* (New York: Philosophical Library, 1953), pp. 209,211,378도 참조하라.

2) 참조. A. Roberts and J. Donaldson (ads.), *The Ante-Nicene Fathers*, Vol. I (Grand Rapids: Eerdmans Pub. Co.), p. 493.

야곱-에서 주제에 관한 이와 동일한 관심이 종교개혁 시대와 종교개혁 이후 시대의 저자들에게서도 나타난다. 칼빈은 "하나님께서 어떤 사람들은 구원에 이르도록 예정하셨고 다른 사람들은 멸망에 이르도록 예정하셨다고 하는 영원한 선택에 관한"[4] 논의에서 말라기 1:2을 사용하고 있다. 17세기 개혁파의 저술에서도 계속 말라기의 이 구절을 언급한다. 프랜시스 투레틴(Francis Turretine)은 이 구절을 그의 "Institutio Theologiae Elencticaenk"[5] 라는 저술에서 논의하며, 이 구절은 또한 비록 간접적으로 즉 로마서 9:11~13을 통해서 인용되지만, 도르트 신경(the Canons of Dordt)에서도 인용된다.[6] 도르트 신경의 해당 부분에 나타난 이 구절에 대한 관심은 만일 항변파(Remonstrants)가 말라기 1장에 나타난 "미워하다"라는 단어의 강도를 약화시키는 데 각별한 노력을 기울였던 점을 염두에 둔다면, 훨씬 쉽게 이해될 수 있다.[7]

본 논문에서는 그러한 논의에 대한 기대가 아무리 흥미진진한 것처럼 보일지라도, 말라기에 언급된 이 의미심장한 예언을 논의하기 위한 그 어떤 노력도 기울이지 않을 것이다. 반면에 말라기서가 아니라 에스겔서가 우리의 관심의 초점이 될 것이다. 또한 이 편이 아마도 우리가 시도해야 할 방법인줄로 생각된다. 수세기에 걸친 해석 과정 속에서 어떤 성경 구절들은 아마도 그것들을 설명하는 데 소모한 수많은 해설 주석으로 다소 부담이 무겁게 느껴졌을 것이다. 틀림없이 전혀 상관없는 것은 아니면서도 다소 해석이 전통에 더 적게 시달림 받는 에돔 관련의 또 다른 구절을 신선한 관점에서 본다면, 하나님께서 인간에게 주신 계시의 결정적 역할을 하는

---

3) Ph. Schaff (ed.), *The Nicene and Post-Nicene Fathers*: First Series, Vol. V (Grand Rapids: Eerdmans Pub. Co., 1956), pp. 396,500.

4) Francis Turretine, *Institutes of the Christian Religion*, III, 21,6,7.

5) (Lugdunum Batavorum: Fred.. Haring, 1969), Part I, Locus IV, Qu. 7 and 19, pp. 419 and 424.

6) *Canons of Dordt*, I, 10.

7) 참조. K. Schilder, *Heidelbergische Catechismus* (Goes: Oosterbaan en Le Cointre, 1943), Vol. I, pp. 484ff.; Vol. II, pp. 383-393, 403-404.

한 구절에 대한 우리의 생각을 새롭게 하는 데 도움이 될 것이다.

I. 에돔에 대한 예언과 열방 전체에 대한 예언

에서겔서에는 눈에 띄는 에돔에 관한 두 개의 예언이 있다. 그 첫 번째 것은 25:11~13에 나타나며, 두 번째 것은 35장 전체에 걸쳐 나타난다. 그 밖에 또 하나의 언급이 36:5에 나타나는데, 이 구절은 이전 35장의 예언과 아주 밀접한 관련이 있으면서도 어떤 의미에서는 전혀 대조적이다. (35:2에 나오는 "세일산"에 대한 언급과 36:1,8에 나오는 "이스라엘의 산들"에 대한 언급을 서로 비교해 보라. 전자에 대해서는 멸망이 후자에 대해서는 축복의 의미가 있을 것이다.)

에돔에 관한 에스겔의 예언들을 공정하게 이해하고자 한다면, 우리는 먼저 열방들에 대한 예언들이 나타나는 보다 넓은 문맥 안에서 간단하게나마 논의하고 넘어가지 않을 수 없을 것이다.

1. 열방에 대한 에스겔의 예언에 나타난 구성적 요소

에스겔서에는 구약의 수많은 다른 예언들과 마찬가지로 열방에 대한 일련의 예언들을 위하여 에스겔의 예언 기록의 상당한 부분이 할애된 것으로 드러났다. (사 13~23장과 렘 46~51장에 나타나는 그와 비슷한 예언 모음집들과 비교해 보라. 가장 초기의 저술 선지자들 가운데 하나인 아모스도 1:3부터 2:3에 걸쳐 이러한 종류의 예언적 표현을 제공하고 있다. 오바댜와 나훔의 예언들도 일정한 나라들에 대한 예언들로 채워져 있으며, 특히 오바댜의 경우는 에돔에 대한 예언만 기록한다.)

주석가들이 대부분 동의하는 바는 에스겔서에서 열방에 대한 예언이 차지하는 위치란 그 예언들을 이해하는 데 아주 중요하다는 것이다. 그래서 월터 로어스(Walter Roehrs)는 이렇게 말한다.

> 에스겔서에서 자리 잡은 그 위치로 미루어보아 열방 나라들에 대한 이 신탁들은 단순히 에스겔의 자기 백성들에 대한 예언들 속에 나오는 간주곡만이 아니라, 더 나아가 나중에 그가 그리는 영광스러운 하나님의 왕국의 묘사에 대한 전주곡과도 같다.[8)]

또 짐멀리(Zimmerli)는 "그 관계가 의심할 것도 없이 책 전체 내용에서 복합되어 하나로 구성된 어떤 구조로서 존재한다"[9)]라고 관찰한다. 더 나아가 폴 오브레이(Paul Auvray)는 에스겔서에 나타난 열방에 대한 예언들을 가리켜 징벌의 예언들과 소망의 예언들을 서로 연결하는 '하이픈'(hyphen)이라고 부른다.[10)]

이처럼 이 예언들이 자리 잡고 있는 위치에서 저술상의 요소가 지니는 중요성이 널리 인정을 받기는 하지만, 이 인정이 지녀야 할 충분한 강세가 종종 일부의 주장으로 약화되어 왔다. 그 주장인즉 열방에 대한 예언들이 성령의 영감하시는 활동으로 말미암은 것이 아니라 오히려 자신들의 원수들이 보복 당하는 것을 보기 바라는 이스라엘 편의 주관적 열망에 따라 기록되었다는 것이다. 이처럼 열방에 대한 예언들을 주관적으로 접근한 실례들은 다수 거론할 수 있다. 예를 들어, 크렐링(Kraeling)의 주장에 따르면 이 예언들이 오늘 그것들이 위치한 자리에 놓이게 된 것은 "바로 이 시점에서 그들이 심판의 예고를 받는 것을 보기 원하는 바람"[11)]에서 나왔을 것이라는 이야기다. 에돔에 대한 예언은 에돔이 이스라엘에게 포악하

8) Walter Roehrs, *Biblical Expositor*, Vol. II (Philadelphia: Holman Pub. Co., 1960), p. 245.

9) Walther Zimmerli, *Ezechiel*, Biblischer Kommentar A. T., Vol. XIII (Neukirchen: Neukirchener Verlag, 1962), p. 579.

10) Ezéchiel, Témoins de Dieu 19 (Paris: Les Éditions Du Cerf, 1947), p. 80.

11) Emil Kraeling, *Commentary on the Prophets*, Vol. I (Camden, N. J.: Thomas Nelson & Sons, 1966), p. 476.

게 행한 데 대한 여호와의 심판이기보다는 오히려 에돔에 대한 유대인들의 마음이라고 강조하는 이와 비슷한 진술들은 여러 곳에서 찾아볼 수 있다.[12)]

성경의 기록은 자기 백성을 대적하는 에돔의 적대감을 나무라시는 분이 여호와 자신이라는 사실에 대해서는 일말의 의심의 여지도 남기지 않고 있다(참조. 겔 35:8 이하와 그밖의 여러 구절들). 그런데도 이러한 언급들을 그저 복수를 바라는 이스라엘의 열망의 표현에 지나지 않다는 것으로 돌리려 한다면 그것은 계시의 정신을 깡그리 말살하려는 것이 된다. 더욱이 그러한 노력은 우리로 하여금 복수에 여념이 없는 이스라엘 백성들이 자신들의 민족신을 그들의 주관적 감정을 표현하는 전달 도구 정도로 전락시키는 데 성공하였다고 가정하지 않을 수 없게 한다. 그리고 마침내는 이러한 왜곡 과정의 결과가 그들 민족의 경전에 성공적으로 스며들게 되었으며 결국 공식적 정경으로 인정을 받게 되었다는 가정까지 하지 않을 수 없게 한다.

에스겔서 - 사실 모든 구약성경의 예언도 그렇듯이 - 는 이러한 주관적 접근 방법과는 병립할 수가 없다. 에스겔의 예언의 첫 부분을 읽어 보라. 그러면 이스라엘의 하나님께서 얼마나 혹독하게 자기 백성의 죄를 책망하셨는지를 알게 된다. 이 예언은 이스라엘 백성들의 소망과 기대의 표현에 불과한 것이 아니다. 더구나 열방에 대한 심판 예언들은 이스라엘에 대한 무서운 예고들을 이스라엘의 대적들에 대한 무서운 예언들과 동등하게 균형을 맞추려는 의도에서 만든 것들이 아니다. 오히려 그와는 반대로 성경은 어느 곳에서나 하나님의 왕국은 그 대적자들이 먼저 타도되지 않고서는 완전한 형태로 임하지 않을 것이라는 점을 분명하게 밝히고 있다. 이러한 강조는 단순히 구약성경에만 제한되는 것이 아니다. 우리는 계시록에서도

12) 참조. *Interpreter's Bible*, Vol. 6 (Nashville: Abingdon Press, 1956), p. 34. "그들의 모든 주변 나라들 가운데에서 그 어떤 나라도 유대인들에게 그토록 미움을 받지는 않았다. 따라서 에돔의 차례가 오고 있다는 사실을 생각할 때 유대인들에게는 만족감이 있었다." 또한 *ibid*, Vol. 5의 렘 49:7-22에 관해서도 참조하라.

그러한 강조를 발견하게 된다. 계시록 18장(특히 19,20절)과 계시록 19장을 잘 비교해 보면, 하나님의 대적자들이 패망을 당하였을 때 승리의 할렐루야가 이어진다는 것을 발견하게 된다.

본 논문에서 "적대감"이라고 하는 성경 개념을 집중적으로 논할 바는 아니다. 그러나 조금만 짚고 넘어가자면, 신적 명령과 묵인에 의하여 이러한 적대감이 하나님의 백성과 열방들 사이에 존재하게 되었으며, 이 열방은 불신 세력의 대표로 간주된다. 출애굽기 23:22("네가 그 목소리를 잘 청종하고 나의 모든 말대로 행하면 내가 네 원수에게 원수가 되고 네 대적에게 대적이 될지라")을 보면 이 적대감이 실재하였으며 여호와께서 그 적대감의 타당성을 인정하셨고 그 적대감이 자신의 적대감으로 여기실 만큼 자신과 이스라엘을 동일시하기로 서약하셨음을 분명히 알게 된다. 이로 말미암아 시편 137편과 시편 139:21,22과 같은 일부 시편들을 꿰뚫는 결정적으로 중대한 내용이 설명된다. 이 시편들에서 믿는 자들인 이스라엘은 자신들을 하나님의 대의와 동일시한다. 그런데 그 대의는 대항하는 세력이 괴멸되지 않는 한 결코 승리할 수 없다. "증오"의 개념에 대한 자신의 논의에서 미첼(O. Michel)은 이 용어에 대한 성경적 이해를 정확하게 요약하여 이렇게 말한다. "현명한 사람은 그의 증오 가운데서 신적 심판의 편에 선다."[13]

2. 에스겔이 제시하는 열방 위에 임할 심판의 이유

---

13) 참조. G. Kittel (ed.) *Theologisches Wörtterbuch zum N.T.*, Vol. IV (Stuttgart; W. Kohlhammer, 1942), p. 690. "내가 네 원수에게 원수가 되고"(출 23:22)라는 표현은 힛타이트 왕 무르실리스(Mursilis)와 그의 봉신인 아무루의 두피 테숩(Duppi Tessub of Amiurru) 왕 사이에 맺은 계약에 분명히 나타나듯이 주전 14, 13세기의 힛타이트 종주권 계약에서도 일반적으로 나타난다(참조. *Ancient Near Eastern Texts*, ed. James Pritchard [Princeton: Princeton Univ. Press, 1955], p. 204, col. 1). 이러한 비교는 출애굽기의 표현들이 지닌 언약적 배경을 지적하고 있으며, 또 그렇게 함으로써 암시적으로는 보다 넓은 국제적 맥락 속에서 이스라엘과 하나님의 모든 관계가 지닌 언약적 배경을 보여주고 있다.

장차 열방들 위에 임할 심판의 이유 중 괄목할 만한 것 하나는 하나님의 백성들과 그 성읍에 대한 그들의 태도이다. 열방들의 존재는 이스라엘에게 있어서 "찌르는 가시"와 "아프게 하는 가시"(겔 28:24)가 되어 왔다. 애굽은 이스라엘에게 갈대 지팡이와 같았다(29:6). 바벨론 유수 직전에 유다가 재난을 당하고 있을 동안, 주변의 여러 나라들은 그 성읍과 백성들의 무너짐에 대해 기쁨을 나타낸 바 있었고 또 이 재앙으로부터 "유다 족속은 모든 이방과 일반이라"(25:8)고 하는 잘못된 결론을 끌어낸 적도 있었다.

에돔에 대하여는 에돔이 "유다 족속을 쳐서 원수를 갚았"(25:12)다고 기록된다. 에돔은 또한 이스라엘에 대하여 "영원한 적대감"을 가진 것과 그들의 재난의 때에 그들을 "칼의 권능"에 넘겨준 일에 대하여 책망을 받는다(35:5).

여호와와 그의 백성의 밀접한 관계 때문에, 이스라엘의 위대함을 깨닫지 못하고서 이스라엘의 멸망을 즐거워한 나라들은 그들의 대가를 받게 될 것이다. 리델보스(J. Ridderbos)가 정확하게 지적했듯이, 열방들에 대한 이 예언들이 가지는 기본 목적은 이방 민족의 개종이라기보다는 오히려 하나님의 이름에 영광 돌리는 것이다.[14] 하나님의 자기 변호를 내용으로 하는 이 짧은 기록은 에스겔서의 전체 예언에서 중심이며,[15] 에스겔로 하여금 "구약의 존 칼빈"이라는 명성을 얻게 하였다.

위에서 언급한 말을 오해한 나머지 이 예언의 메시지에 개종을 촉구하는 내용이 분명히 발견되지 않는다고 해서 이것을 설교에 사용할 수 없는 메시지로 생각해서는 안 된다. 오히려 그와는 반대로 하나님의 자기 변호의 메시지와 자기 백성에 대한 그분의 영원한 성실성을 보여주는 진리의 말씀은 복음 설교에서 강력한 요소가 된다. 하나님의 백성은 구속받은 자들의

---

14) J. Ridderbos, *De Psalmen*, Vol. II (Kampen: J. H. Kok, 1958), p. 336.

15) 참조. Hennig Graf Reventlov, *Wächter über Israel* (Berlin: Alfred Töpelmann, 1963), p. 136: "당신의 이름을 찬양하게 하는 것이 당신이 경영하시는 모든 일의 최종 목적입니다."

공동체이다. 교회가 모든 족속과 나라로부터 죄인들을 초청하는 것은 바로 다름 아닌, 전능자의 손에 의해 구속받음으로써 영원히 안전하게 보호받는, 이 공동체 안으로 초청받는 것이다.[16]

이제 에돔에 대한 예언들을 더 상세히 살펴보려면 여러 나라들에 관한 일반 예언들에 포함된, 논의하지 않은 여러 문제점들을 그대로 남겨둔 채 넘어가야 할 것이다.

II. 역사에 나타난 에돔과 이스라엘의 관계

이 예언 구절들을 언급하기 전에 이스라엘과 에돔이 역사적으로 어떠한 관계였는지 간단하게나마 개관하지 않고서는, 에스겔서에 나타난 에돔 예언들이 지니는 참된 의미를 이해하기란 불가능하다.

1. 에돔의 대표적 역할

관련 자료에 대한 간략한 개요를 제시하기에 앞서, 성경에서 에돔 예언들에는 열방들에 대한 다른 예언들이 지니지 못한 어떤 독특성이 있다는 사실에 주목해야 한다. 패트릭 페어베어른(Patrick Fairbairn)은 에돔이 예언에서 "이교주의의 정수"로 작용한다는 사실을 정확하게 간파해 냈다.[17] 이 표현이 정확하다는 사실은 이사야 34:2을 5절에 비추어서 연구해 보거나, 그뿐 아니라 오바다 15절을 16절과 비교해 보면 분명하게 드러난다(참조.

16) 그러므로 변증신학에서 열방에 대한 예언들을 열방을 모으실 것에 대하여 언급하는 예언들 안에 종속시키려 했다고 하는 것은 단연코 불행한 일이라 하지 않을 수 없다(참조. Johannes Blauw, *The Missionary Nature of the Church* [New York: McGraw Hill, 1962], p. 38).

17) *The Interpretation of Prophecy* (London: The Banner of Truth Trust, 1964), p. 222.

겔 35:14과 36:5). 이 모든 구절들은 "일반 이방 여러 나라들과 특별하게는 에돔이 확실히 보여온, 여호와의 대의와 그의 백성에 대한 적대감과 방해가 마침내는 좌절될 것이며, 진리를 알고 지키는 나라가 아니라 그것을 거부하고 미워하는 나라들은 멸망에 이르게 될 것"[18]이라는 내용을 뒷받침한다.

2. 역사에 나타난 에돔

성경의 기록이 분명하게 밝히는 바에 따르면, 에돔이 수많은 예언의 기록에서 부정적으로 평가받는 그 근저에는 에서의 탄생과 장자권을 팔아 넘긴 일과 그 이후 사건들에 관한 창세기의 기록이 놓여있다. 아무리 에서를 책망하는 기록이 이곳 에스겔서에 분명하게 나타난다 할지라도, 그 책망의 전조가 되는 짧은 기록은 분명히 창세기에 나타난다(창 25:34과 26:35; 에서가 축복 때문에 야곱을 미워한 것이 서술된 27:41도 참조하라).

신명기 2:4~5과 23:7에는 이스라엘이 에돔에게 존경과 우의를 보이라는 명령을 받는다. 그러나 신명기 20:14,20,21에 따르면 에돔은 그러한 우의에 합당한 보답을 하지 않았다.

왕조 시대에는 에돔과 이스라엘의 치적 관계가 혼합된다. 사울과 다윗의 통치 기간에는 에돔은 적으로 간주되었다(삼상 14:47; 삼하 8:14).[19] 요압은 에돔을 정복하고 복종시켰다(왕상 11:15~18).[20] 그러나 때로는 에돔과 유다가 합력하여 모압과 같은 공동의 적에 대항하는 군사작전을 수행한 때도 있었다(참조. 왕하 3:9,12,26; 대하 20:22). 그런데 한편 이 당시 에돔은 유다의 봉신 국가였기 때문에 열왕기하 3장에 언급된 "에돔 왕"은 에돔을 다스리기 위하여 왕가에서 파견된 지방행정관에 불과했으리라는 견해가

---

18) *Idem*, P. 223.

19) 삼하 8:13의 "아람"(개역한글판에는 "에돔" -역자 주)이라는 독문과 대상 18:11, 12의 "에돔"이라는 독문 간의 차이에 관해서는 Y. Aharoni, *The Land of the Bible* (Philadelphia: The Westminster Press, 1967), p. 263을 참조하라.

20) 참조. J. Bright, *A History of Israel* (Philadelphia: The Westminster Press), p.182.

제시되어 왔다(참조. 왕상 22:47).[21]

한편 에돔이 자유를 누리던 기간들이 있었으며, 그 시기에 에돔은 자신들의 세력을 정비하기 위해 많은 노력을 기울였다(참조. 왕하 8:20~22; 대하 21:8~10). 아하스 왕 시대에는 에돔 사람들이 유다를 쳐서 포로들을 잡아갔다(참조. 왕하 28:16 이하). 이사야 11:4에서 이사야의 예언이 나오게 된 경위는 바로 이 역사적 사건 때문이다. ("공의로 빈핍한 자를 심판하며 정직으로 세상의 겸손한 자를 판단할 것이며 그 입의 막대기로 세상을 치며 입술의 기운으로 악인을 주일 것이며.") 일반적으로 에돔에 대한 예언들을 이해하는 데 중요성을 띠는 것은 이사야의 언급이 나타나는 메시야적 배경이다. 비평 학자들은 이 예언을 후대의 어떤 편집자가 기록해 넣은 것이라고 하는데, 그들에 따르면 그 편집자는 "자기 민족의 원수들의 세력이 전복될 것이라고 하는 5~6세기 유대주의의 불타는 신앙"[22]에 사로 잡혔던 사람이라고 한다. 열왕기하 28:17, 아모스 1:11, 요엘 4:19(영어역은 3:19), 에스겔 25:12과 35:5,6과 같은 구절들로 미루어 볼 때, 성경에서는 에돔이 그 형제 나라인 이스라엘에게 계속해서 적대감을 보였던 것으로 묘사하는 것이 분명하다. 이 적대감은 예루살렘이 무너지던 때에 그 불신앙이 극치에 달한다(시 137:7).

III. 에스겔의 에돔에 대한 예언

1. 에스겔 25장과 35장 사이의 유사상과 차이점들

에스겔서에 나오는 에돔에 대한 두 예언들 사이에 나타나는 유사성은 양자가 다 장차 있을 하나님의 택한 백성의 회복의 전주곡으로서 의도되었다

21) 참조. Y. Aharoni, *op. cit.*, p. 309.
22) 참조. *Interpreter's Bible*, Vol. V, p. 252.

고 하는 사실이다. 에스겔서 25장에서는 이러한 강조점을 그 예언이 등장하는 보다 넓은 문맥 속에서 드러내고 있다. 즉 열방들에 대한 일곱(이 일곱이라는 숫자는 아마도 완전함이나 완료됨에 대한 상징일 것이다) 예언들은 예루살렘과 유다를 겨냥한 일련의 심판이 예언들에 뒤따라서 나오며, 더 나아가 이 일곱 예언들은 주로 그 관점이 장차 있을 하나님의 언약 백성들의 회복에 두고 있는 그 예언의 마지막 부분 바로 앞에 위치한다.

35장에서는 이 "전주곡"의 요소가 다시 한 번 나타나지만 이번에는 보다 작은 규모로 등장한다. 이 전주곡의 요소로 발탁된 나라는 에돔, 오직 에돔 하나뿐이다. 앞장에서 묘사된 것처럼 에돔의 심판은 이스라엘의 축복 앞에 위치할 것이다.

그런데 바로 이로써 우리는 두 예언들 간의 차이점들에 이르게 된다. 그 차이점은 에스겔 25장에서는 에돔의 심판이 이스라엘에게 적대적이었던 다른 여러 나라들과 에돔이 공통으로 받게 될 일련의 심판들의 일부로서 간주된 반면에 35장에서는 이 모든 것이 바뀌었다는 데 있다. 이 후자의 관점에서 에돔은 이교주의의 정수로서 그 대표적 역할을 분명하게 드러내며, 또 에돔의 멸망의 필요성은 상대적으로 이스라엘의 축복을 알리는 없어서는 안 될 전주곡으로 강조된다.

2. 일반 이방 나라들의 대표로서 에돔의 역할

사실 하나님을 알지 못하는 나라들의 대표로서 에돔에 관한 개념은 약간 더 세심한 연구가 필요하다. 앞에서 방금 주목했듯이 에돔이 다른 여러 나라들과 갖는 관계와는 전혀 별도로 두 번째로 선택되어 심판의 메시지를 받게 된 사실로부터 열방의 대표로서 에돔에 관한 개념을 알게 되었다. 그러나 이것말고도 열방 대표로서 에돔의 역할에 대한 다른 증거가 또 있다. 36:5을 6~7절 그리고 15절과 비교해 보면 에돔의 심판이 모든 열방에게 임할 심판의 본보기로 의도되었다는 결론에 이르게 된다. 35장의 이해에 관한 36장의 관계에 대해서는 이미 지적한 바 있다. 오바댜 1:15도 동일하게 하나님께서 열방들을 심판하실 때에 나타난 에돔의 대표적 성격을 지적하고 있다.

34:14("나 주 여호와가 말하노라 온 땅이 즐거워할 때에 내가 너를 황무케 하되") 상반절의 표현도 이와 똑같은 사상을 뒷받침하는 데 인용될 수 있을 것이다. 여기에 나오는 '에레쯔'(אֶרֶץ)라는 단어의 정확한 의미에 관한 한 모든 번역본들이 다 일치한 것은 아니다. ASV, RSV, 그리고 Dutch New Version에서는 이 단어를 "땅"이라고 번역한다. 따라서 이렇게 번역한다면 14절의 내용은 에돔이 황폐하게 될 때에 온 땅이 즐거워한다는 것이 된다. 다른 번역본들 – 예를 들면 Jerusalem Bible은 그 단어를 "나라"(country)로 이해한다.

필자의 견해로는 '에레쯔'라는 단어를 "나라"로 번역하는 것이 비록 엄격하게 사전편집의 입장에서 보면 그럴 듯하겠지만, "땅"으로 번역하는 것보다는 적합한 의미를 전달하지 못하는 것 같다. 에돔이 쓰러진다면 어떤 나라가 기뻐하게 된다는 것인가? 이 나라란 결코 에돔 자신은 될 수 없을 것이다. 그러나 이 나라가 팔레스틴의 나라, 나아가서는 그 나라의 주민들을 의미하는 것으로 본다면, 즉 유대인의 나라를 의미하는 것으로 본다면, 그것도 똑 같이 이해하기 어렵다. 왜냐하면 14a 이전의 문맥으로 본다면 결코 이런 식의 언급을 예상할 수 없기 때문이다.

'에레쯔'라는 이 단어에 "나라"보다는 "땅"이라는 의미를 부여하는 것이 더 적합하다는 사실을 뒷받침해 줄 추가적 논증은, 하나님의 대적들이 무너지는 것을 전 세계가 기뻐하는 내용이 성경 다른 곳에도 나타난다는 사실에 있다(참조. 렘 51:48; 계 18:20; 사 44:23; 49:13).

3. 에스겔 35장에 나타나는 주된 몇몇 사상들

(1) 에돔 멸망의 원인들

위에서 살핀 바처럼 에돔이 멸망의 예언을 받게 된 이유들 가운데 하나는 에돔이 이스라엘에게 영원한 적대감을 지녔기 때문이다(5절). 여기에서 "적대감"에 사용된 히브리 단어는 창세기 3:15에서 사용된 것과 똑 같은 단어이다. 이 적대감이라는 개념을 충분히 정당하게 다루자면 별도의 연구가 필요할 것이며, 그 연구에서는 산상수훈에서 예수님이 적대감이라는 개념에 대한 유대주의적 오해에 반론을 펴신 내용(마 5:43)도 고려해야 할 것이다.

에돔이 멸망하게 된 또 다른 중요한 이유는 그들이 이스라엘의 땅을 차지하려는 욕심을 가지고 있었기 대문이다(35:10, "네가 말하기를 이 두 민족과 이 두 땅은 다 내게로 돌아와서 내 기업이 되리라 하였도다 그러나 나 여호와가 거기 있었느니라"). 약속의 땅이 이미 창세기 17장에 나타난 최초 언약의 약속에 포함된 바 있다는 엄청난 중요성을 고려할 때, 그리고 또한 "나 여호와가 거기 있었느니라"(10절)는 구절에서 표현된 바처럼 그 땅이 하나님께서 거하시는 곳이라는 중요한 사상을 고려해 볼 때, 에돔이 가졌던 욕심은 단순한 영토 확장의 욕망 그 이상이었다. 에스겔서는 "여호와께서 거기 계시느니라"(48:35. 개역한글판에서는 "여호와 삼마" ― 역자 주)라는 구절로 끝을 맺는다. 바로 그 한 구절 속에 하나님의 백성들이 장차 올 위대한 미래에서 누릴 뿐 아니라 과거에도 누렸던 그 모든 축복이 응축되어 나타난다. 여호와께서 계셨던 땅을 에돔이 욕심낸다고 하는 것은 택한 백성에 대한 여호와의 유일무이한 관계를 부인하는 행위에 해당하는 것이었다(참조. 신 32:8; 레 25:23).

월터 짐멀리(Walther Zimmerli)가 지적했듯이 35:10이 지리적인 것이 아니라 신학적인 것과 관계가 있다고 한다면, 그것은 잘못된 인상을 주게 될지도 모른다. 왜냐하면 성경에서 지리적인 것과 신학적인 것, 이 두 가지는 서로 뗄 수 없는 단일체를 형성하기 때문이다. 엄밀하게 말하면 가나안이라고 칭하는 지리적 실재가 엄숙한 언약의 약속 실체가 되었기 때문에, 그 땅의 "신학적" 의의가 확립되었던 것이다. 가나안 땅이 구속의 계획 속에 들어있다는 이 중요한 표현의 의미는, 그것이 무엇보다도 신학적 숙고 위에 기초한다는 말이 아니다. 그것은 전적으로 자기 백성에게 가나안을 주신 하나님의 은혜로운 배정이라는 실재에 기초를 두고 있다. 이와 똑 같은 사상이 신구약 사상에 나타나는 예루살렘이 지니는 의미에서도 나타난다. 우리는 때때로 "역사의 예루살렘"과 "신학의 예루살렘"에 대하여 읽을 때, 마치 그것들이 별개의 두 가지 의미인 양 생각한다.[23] 예루살렘은 상징적이고 예표적 의미를 풍성하게 지니고 있는데, 사실 이 예루살렘이 지니는 의의는 다윗이 그곳을 도성으로 삼은 이후에 하나님께서 그 성에 임재하여 계셨다는 사실에 있다. 역사 속의 사건들이란 바로 이런 것이다.

에돔은 이스라엘 족속의 "기업"이 황무함을 즐거워한 것에 대하여(15절) 형벌을 받게 될 것이다. 이 말도 종교적 의미가 풍부히 담겨있는 용어이다. 구원으로 말미암은 유익들이 "기업"(벧전 1:4; 마 5:5)이라는 용어로 서술될 수 있는 이유는 구약에서 구원의 유익들이 그와 같이 묘사되었다는 사실에 있다. 족장들의 이야기 전반에 걸쳐 장차 소유하게 될 팔레스틴이 기업이라는 용어로 묘사된다. 또한 여호와께서 그 나라와 백성을 자신의 기업이라고 부르신 실례들도 있다(신 32:9; 렘 2:7). 이 단어는 애착을 지닌 물건, 즉 침해하면 안 되는 소유권을 의미한다. 그런데 에돔은 이스라엘 족속의 기업이 황무하게 된 것을 기뻐하고 있다. 그러므로 에돔도 그와 비슷한 운명에 처하게 될 것이다.[24]

이처럼 자기 땅과 자기 백성에 대한 여호와의 유일한 애착은 에돔을 심판하시고 이스라엘의 편에 서서 행하시는 그분의 구원사역에 대한 가장 강력한 이유들 가운데 하나이다. 일각에서는 열방들에 대한 예언들이 기록된

---

23) 참조. Dom Thierry Maertens, *Jérusalem, Cité de Dieu* (Bruges: E.d. de l'Abbaye de St. Andre, 2nd ed., 1954), p. 13.

24) 참조. G. von Rad, *Theologie des Alten Testaments*, Vol. I (München: Kaiser Verlag, 1958), pp. 223,228,401f. 역시 삼상 10:1; 민 16:14; 시 37:11; 16:6.

것은 여호와의 존재와 능력이 단지 한 나라에만 국한되는 것이 아니라 그분이 열방의 통치자이심을 나타내기 위한 것이라는 이야기가 있었다.[25] 어떤 면에서는 이것이 사실이기는 하다. 그러나 이것이 여호와께서 친히 자신의 의지와 신성한 언약으로써 오직 한 백성 한 나라에만 애착을 가지셨다고 하는 타당한 진리를 말살하는 데 이용해서는 안 된다. 신명기 32:8,9은 여호와를 열방의 주권자인 동시에 그의 백성에게 유일한 주님이시라고 묘사한다.

물론 성경에는 이스라엘의 지위가 다른 나라들과 조금도 다름이 없다고 언급하는 경우들이 있다(참조. 암 9:7; 렘 1:5; 25:17; 겔 2:3). 그러나 그것은 이스라엘이 언약을 파기하는 태도로 말미암아 실제로는 자신들을 '고임'(גּוֹיִם), 성경에서는 흔히 이방 나라들을 가리키는 데 사용되는 단어 – 역자 주) 가운데 다른 어떤 나라와 같은 수준으로 격하시켰을 경우의 이야기이다. 제 아무리 그분의 언약 맹세가 신실하다고 할지라도 이스라엘에 대한 여호와의 관계는 결코 이런 식으로 완전히 결정된 것으로 여겨지면 안 될 것이다. 이것은 또한 에돔이 자신들의 땅에 정착하던 초기 단계에 있을 때 여호와께서 그들을 다루시던 것이 마치 이스라엘이 약속의 땅에 정착하는 데에 대해 사용된 표현들과 아주 비슷하게 묘사한 이유일 것이다(참조. 신 2:12,22).

이러한 모든 언급들은 사실 열방들을 통치하시는 여호와의 주권을 지적하고 있다. 그것들은 또한 지속적으로 이스라엘에 대한 그분의 특별한 관계가 전적으로 그분 자신의 의지에 의한다고 상기시켜야 한다. 그러나 동시에 그것들은 여호와와 그의 백성을 서로 묶는 영원한 신뢰의 결속을 분명하게 드러내기도 한다. 레벤틀로브(Reventlov)는 열방들에 대한 그 예언의 말씀이 이스라엘의 계시 역사와 밀접히 연결되어 나타난다고 정확히 지적하였다. 여호와께서 정말로 그의 백성과 만나시는 곳은 오직 한 곳뿐이

---

25) 참조. C. F. Whitley, *The Exilic Age* (Philadelphia: The Westminster Press, 1967), p. 100.

다. 그 장소는 바로 그분께서 거하시는 땅이다.[26)]

(2) 에돔의 형벌과 그 목적

에돔의 형벌은 아주 분명한 표현으로 묘사된다. 에돔의 성읍들은 무너질 것이며(4절), 에돔 땅은 황무하게 될 것이다(4b,7절). 에돔 사람들은 끔찍한 대학살을 당하게 될 것이다. 내친김에 조금 더 언급하면, 이와 비슷하게 이사야 63:2,3에서 에돔이 맞을 심판을 묘사하는 경우를 보면 계시록 19:13,15이 세상 마지막 때의 묵시적(apocalyptic) 심판을 묘사할 때 사용한 용어가 나타나는 것을 주목할 필요가 있을 것이다.

한편 에스겔 선지자가 일부 다른 나라들에 대해서는 이스라엘이 포로에서 귀환하듯이 그들도 돌아오게 되리라고 전망하는데(예를 들면, 겔 29:14), 에돔은 그러한 경우에도 포함되지 않는다. 에돔이 맞이할 심판을 그리는 묘사에는 최후 통첩의 성격이 분명히 나타나 있다(참조. 말 1:4; 렘 49:13). 바로 이 최후 통첩의 성격은 "죄악의 끝 때"(35:5)라는 표현에 나타난다. 에스겔 21:30에도 나오는 이 표현은, 히브리사전 편집학자들에 따르면, "종말론적 의미로, 즉 마지막 형벌의 때"[27)]의 의미로 보아야 한다고 한다.

에돔의 형벌의 목적은 에스겔에게서는 가장 특징적 어구로 여길 수 있는 표현, 즉 에돔과 열방들이 하나님을 여호와로 알게 되리라는 어구로 표현된다.[28)] 이 어구는 35장 전체에 걸쳐 약간 변형된 형태로 계속 나타난다

---

26) H. G. Reventlov, *op. cit.*, p. 157. 레벤틀로브의 양식비평적 접근방법은 마일렌버그(J. Muilenburg, "The 'Office' of the Prophet in Ancient Israel," in *The Bible in Modern Scholarship*, ed. J. Ph. Hyatt [Nashville: Abingdon Press, 1965], p. 89)에 의해 비판적으로 검토되었다. 또한 *Developing Lines of Theological Thought in Germany* (Union Theological Seminary [Virginia], 1963), p. 8의 놀스(Martin North)의 비평도 참조하라.

27) Fr. Brown, S. R. Driver and Ch. A. Briggs, *A Hebrew and English Lexicon of the Old Testament* (New York: Houghton and Mifflin, 1906), p. 893, col. 2.

(참조. 35:4,9,12 그리고 15). 에스겔에 따르면 하나님이심을 인정하는 것은 두 가지 독특한 방법으로 초래될 수 있을 것이다. 그것은 열방들에 대한 하나님의 심판으로 말미암아 초래되는 방법과 이스라엘 편에서는 그분의 구속하시는 간섭에 의해서 초래되는 방법이 있을 수 있다. 35장에서는 전자의 방법이 사용된다. 그러나 이미 살펴본 바대로, 하나님의 백성을 대적하는 원수들의 심판은 이스라엘의 회복을 알리는 전주곡일 뿐이다. 그러므로 에스겔서에서 이 중심 어구에 구원의 국면이 전혀 없다고는 할 수 없다.

4. 에스겔서 25장에 나타난 에돔

이 예언은 본 논문의 전반부에서 이미 약간 논의한 바 있다. 25장에 나타나는, 35장의 유사점들과 차이점들에 관해서도 지적한 바 있다. 그러나 아직도 다음의 세부 내용들을 더 살펴볼 필요가 있다. 25장에 묘사된 장차 다가올 에돔의 심판에 대한 서술 가운데서 독특한 특징의 하나는 여호와께서 이스라엘을 이 심판을 시행할 도구로 사용하신다는(14절) 사실이다.

이와 같이 문자 그대로 취한 성경의 증거는 이스라엘 자신의 적대감과 복수심이 에돔의 심판을 불러 일으켰다는 입장을 거부하고 있다. 성경의 이 강력한 증거를 회피하려 한다면, (비평적 입장의 주석들에서 빈번하게 사용하는 처리 방법인) 본문을 수정하는 방식으로 그 증거를 제거하거나 이 구절 및 그와 비슷한 구절들에 대한 주관적 접근 방식을 고집함으로써 그 증거를 무시하는 방법밖에는 없을 것이다. 이 두 처리 방식은 모두

---

28) 포러(G. Fohrer, *Die Huptprobleme des Buches Ezechiel*, BZAW, 72 [Berlin: Alfred Töpelmann, 1952], 40, n. 49)는 이러한 구절의 형태가 나타나는 것을 근거로 35장을 네 부분으로 나눈다. 그러나 레벤틀로브(Reventlov, *op. cit.*, p. 143)의 비평을 참조하라. "그들이 …… 인줄 알리라"는 표현이 내포하는 핵심적 의의에 대해서는 S. R. Driver, *An Introduction to the Literature of the Old Testament*, 11th ed. (New York: Scribner, 1905), p. 295를 참조하라.

다 각 주석가의 취향에 맞추려고 열방에 대한 예언들을 실제로 고쳐 쓰게 된다.

에스겔 25:12~14이 주는 느낌은 시편 137편이 주는 느낌과 아주 흡사하다. 양자 모두 여호와의 백성과 그 성읍이 처할 운명을 기뻐하는 불신앙적인 에돔의 태도에 대한 신적으로 영감 받은 반응들인 것이다. 시편 137편이 우리에게 제공하는 바는 에스겔서 25장에서 여호와께서 주시는 분명한 권고에 대한 이스라엘의 반응이다. 여호와의 명령에 대한 이러한 반응을 정확히 이해한다고 하는 것은 마음 내키지 않는 일은 아닐 것이다. 여호와의 일을 태만히 하여 자기의 칼을 금하고 피를 흘리지 않는 자는 저주를 당한다(참조. 렘 48:10). 비록 여기에 묘사된 것과 같은 느낌들이 극도의 겸손과 경외로써 받아들여지기는 해야 하지만, 그러한 느낌들이 복음이나 그리스도의 정신에 다소 쓸모없는 것처럼 무시되어서는 안 된다. 성경이 묘사하는 하나님은 죄인들을 회개케 하여 자신에게로 나아오게 하시는 분이기도 하지만, 또한 이스라엘을 망하게 하시며 멸하시기를 기뻐하시는 하나님이시다(신 28:63). 신약에서는 바로 이 동일하신 하나님께서 그의 성도들을 불러 바벨론의 멸망을 기뻐하게 하시는 것이다(계 18:20). 신약의 저자들은 저주의 시편들을 꿰뚫는 궁극적 심각성이 그리스도라는 축복된 위격 안에서 실현되었다는 사실을 감지하고 있었다. 그렇기 때문에 그들은 여러 곳에서 이 시편들을 그리스도의 삶과 사역에 관련시켜 인용한다(참조. 요 2:17; 행 1:20; 롬 15:3).

IV. 결론: 에스겔 선지자와 "복음의 교리"

족장시대라는 아주 먼 옛날부터 에서라고 하는 "장자권을 무시하였던"(창 25:34) 이상한 인물이 나타난다. 다가올 왕국의 최종적 문제들이 족장들과 밀접한 관계가 있었듯이(창 22:18; 마 8:11), 구속사에서 에돔의 역할은 아주 확실한 모습을 취하는 것 같다. 그것은 축복의 확실한 모습이 아니라 저주의 확실한 모습인 것이다.

신약성경이 우리에게 가르치고 또 종교개혁의 고백서들이 이 가르침을 메아리로 들려주는 바에 따르면, 비록 율법의 상징들과 의식들이 예수 그리스도 안에서 성취되었다고 하더라도 그것들이 지니고 있는 진리와 실체는 그리스도 안에서 우리와 함께 남아있는 것이다. 바로 그러한 이유로 "우리는 복음의 교리 안에서 우리를 확고히 하고 또 하나님의 영광에 이르기까지 그 모든 고귀한 것들로 우리의 삶을 통제하려고 여전히 율법과 선지자들로부터 취한 성경들을 사용하고 있다(벨직 신앙고백, 제25항).

이미 앞에서 부분적으로 인용한 한 서술 속에서 패트릭 훼어베어른(Patrick Fairbairn)은 놀랍게도 구약성경에 나타난 에돔에 대한 예언들이 확증하는 "복음의 교리"를 요약하고 있다. 훼어베어른은 이렇게 말한다.

> 일반 이방 여러 나라들 그리고 특별하게는 에돔이 여호와의 대의와 그의 백성에 대해 확실히 보여온 적대감과 방해가 종국에는 좌절될 것이며, 진리를 알고 지키는 나라가 아니라 그것을 거부하고 미워하는 나라들이 멸망에 이르게 될 것이다. 그리고 에돔이 후자의 나라를 대표하는 것으로 적절히 생각할 수 있고 이스라엘이 전자의 나라를 대표하는 것으로 생각할 수 있는 것(정확하게는 옛날 그들의 조상들인 에서와 야곱, 즉 육적 씨와 영적 씨가 그들의 표상이었던 것)과 마찬가지로, 한편으로는 하늘의 멸망의 심판이 에돔에게 집중되는 것으로 나타나며 또 한편으로는 하늘의 은총과 축복이 시온 위에 섬광과 같이 내려와서 그곳으로부터 그 모든 주위에 말할 수 없는 기쁨과 만족을 발산한다.[29)]

섬기기 위해 선택받았다는 개념이 너무 자주 강조되어, 특권을 누리기 위하여 선택받았다는 그와 비중이 똑 같은 성경적인 또 하나의 다른 진리가 완전히 망각될 정도로 심각한 위기에 처한 시대에 우리는 살고 있다. 따라서

---

29) Patrick Fairbairn, *op. cit.*, p. 223.

에돔에 대한 에스겔의 예언들이 보여주는 진리를 숙고해 볼 가치가 있다. 그렇게 함으로써 우리가 가지는 "복음의 교리"는 훨씬 더 풍요해질 것이다.[30]

---

30) 예언에 나타난 에돔과 이스라엘의 문제를 다루는 다른 문헌은 E. G. Kraeling, *op. cit.*, Vol. II, p. 184에서 찾아볼 수 있다. 특히 관계가 있는 소논문들로는 다음과 같은 것들이 있다: G. Haller, "Edom in Urteil der Propheten," *Marti Festschrift*, BZAW 41 (1925) : 109-117; 그리고 W. W. Cannon, "Israel and Edom, The Oracle of Obadiah," *Theology* 15 (1927): 129-140,191-200.

에스겔 16:59~63에 나타난 영원한 언약

말텐 에이취 와우드스트라

에스겔서 16장은 이 책 전체에서 찾아 볼 수 있는 가장 장엄한 예언들 가운데 하나로 인정받아왔는데[1], 이는 올바른 지적이라고 생각된다. 다소 열정이 적은 다른 학자들은 우리가 이 장에서 그 어떤 주제를 사용하더라도 그것은 극히 조심해야만 할 것이라고 주장해 왔다. 그럼에도 불구하고 곤란하기는 하지만 그 문맥에서 매우 선정적인 몇 구절들을 뽑아내는 것[2]이 사실 가능한 것으로 생각된다.

성경 강해가들은 본 장, 특별히 1~43절에 사용된 비유적 표현이 어색하다는 데 의견의 일치를 보인다. 파이퍼(Pfeiffer) 같은 이는 한술 더 떠서 본 장이 "음란한 표현들"까지 포함하고 있다고 언급하기도 한다.[3]그러나 여기에서 우리는, 에스겔이 자신의 독자들에게 충격을 주어서 그들로 하여금 그들이 처한 참된 상황을 인식하고 자신들을 발견하게 하고자 하는 것이 그의 목적이었다는 사실을 잊어서는 안 된다. 더구나 동양의 사고 방식은

---

1) E. W. Hengstenberg, *Die Weissagungen des Propheten Ezechiel* (Berlin: 1867 / 9), p. 127을 보라.
2) E. L. Allen, *The Interpreter's Bible*, Vol. VI: *The Book of Ezekiel* (New York and Nashville: Abingdon Press, 1956), p. 141.
3) Robert H. Pfeiffer, *Introduction to the Old Testament* (New York: Harper & Bros., 1948), p. 564..

아마도 서구인들보다도 성생활에 대해 솔직히 논의하는 데 더 익숙하였던 것 같다.[4)]

모든 점을 다 고려한다면, 이 논문을 시작하면서 처음 인용하였던 에스겔 16장에 대한 호의적 평가는 계속 인정되어야 할 것이다. 무엇보다도 에스겔 16장에서 생생하게 묘사하고 있는 바는, 나면서부터 버려진 불쌍한 고아와도 같던 이스라엘을 만나셔서 결국 자신의 신부로 삼기까지 분에 넘치게 베푼 여호와의 사랑이다. 이 시점에서 교회가 소유하고 있는 영광에 대하여 짐멀리(Zimmerli)가 언급한 내용[5)]을 명심하는 것은 참으로 잘하는 일이라 할 수 있는데, 그 이유는 그것이 오늘의 교회("Gemeinde")에서 나타나는 "봉사적 자세"(servanthood)에 대한 지나친 강조를 보완하는 데 도움이 되기 때문이다. 여호와의 신부는 영광스러울 수밖에 없는데, 그 까닭은 여호와께서 그렇게 만드셨기 때문이다. 그러나 그 예언은 또한 하나님의 백성들이 여호와께서 그들에게 넘치게 부어주신 그 모든 보화들을 가지고 음란해 질 수 있으며 또 그렇게 하고 있다는 사실을 너무나도 분명히 밝히고 있다(15~43절).

그러므로 이 장의 처음 43절들에서 다루는 이야기는, 여호와께서 긍휼을 베풀어 양육하시고, 그분의 사랑스런 보살핌 아래 성장한 다음 결혼하여 신부로 삼으셨으나, 부끄러운 창녀로 변해 결국 지조 없음(unfaithfulness)이라는 엄청난 죄로 말미암아 심판을 받게 될, 버려진 아이의 이야기이다.

이 시점에 이르러 선지자는 사마리아 성과 소돔 성을 의미하는 두 "자매들"의 비유를 추가한다. 이 두 자매들은 그 사악함과 지면에서 멸망당한 것으로 유명하였지만, 그래도 이들은 예루살렘보다 더 의로웠다고 할 수 있다. 왜냐하면 예루살렘이 사악한 행위를 저질러 이들 두 자매들을 "의롭게

---

4) 누르드찌히는 이 점을(A. Noordtzij, *Ezechiel, Korte Verklaring der Heilige Schrift* (Kampen: J. H. Kok, 1956), p. 163에서 지적하고 있다.

5) Walther Zimmerli, *Biblischer Kommentar A. T., Vol. XIII: Ezechiel* (Neukirchen: Neukirchener Verlag, 1958), p. 364.

하였기"(justified) 때문이다(51,52절). 이것이 에스겔서 16장의 나머지 부분, 즉 59~63절을 읽으면서 염두에 두어야 할 문맥이다.

이후 계속 이어질 내용에서 필자는 이 예언 가운데서 두드러진 점들을 최근의 주석학적 견해에 비추어 논의하려고 한다. 언약의 가르침은 비록 잘못된 안도감의 근원으로 왜곡될 위험성이 항상 있기는 하지만, 그럼에도 불구하고 오늘의 세계가 너무나도 유일하게 필요로 하는 복음의 중추가 된다. 구약성경에 나타나는 가장 중대한 언약의 구절들 가운데 하나를 간단하게나마 살펴봄으로써, 우리 시대가 안고 있는 문제들을 진정 복음주의적으로 접근해 나가는 하나의 새로운 추진력을 제공받기 바라는 마음이 간절하다.

I. 이 구절의 저자 문제

우리가 다루고 있는 이 구절의 저자가 누구인가에 대해서는 여러 다른 견해들이 있다. 포러(Georg Fohrer)는 44~58절과 59~63절을 소위 "아마도 저자 자신의 것이 아닌 기록"(probably not genuine)이라 칭하는 구절들 가운데 열거하고 있다. 그는 59~63절이 "후대의 저자"가 기록한 것이라고 말한다.[6] 헤른트리히(Volkmar Herntrich)도 이와 마찬가지로 44~63절의 진정성에 대하여 의문을 제기한다. 헤른트리히는 이러한 혼란 때문에 편집자가 실제로 무엇을 말하기 원해서 이 구절을 기록하였는지 확인하기가 어렵다고 한다. 또한 그는 59~63절을 아마도 제3의 어떤 인물이 기록하였을 것이라고 한다.[7] 한편 파이퍼(Pfeiffer)는 에스겔 16장은 대부분 주전 591~588년 사이에 선포되었으며 53~63절은 후대에 보충하여 기록된 것이라

6) Georg Fohrer, *Die Hauptprobleme des Buches Ezechiel* (Berlin : Alfred Topelmann, 1952), pp. 72-74.
7) Volkmar Herntrich, *Ezechielprobleme* (Giesen: Alfred Topelmann, 1932), p. 101.

고 확신한다.[8)]

에스겔 16장의 여러 부분들 간의 관계에 대한 보다 "유기적" 견해는 짐멀리(Zimmerli)에 의해서 발전되었다. 짐멀리는 수고스러운 연구 끝에 44~58절과 59~63절이 "단순히 앞의 내용과 따로 떨어진 고립된 것이나 혹은 전적으로 독립된 표현으로 볼 성질의 것이 아니"[9)]라는 사실을 알게 되었다. 왜냐하면 44절에서는 앞의 3절에서 이미 쓰였던 속담을 사용하고 있으며, 더 나아가서 그것을 새로운 방향으로 발전시키고 있기 때문이다. 한편 59~63절은 53~58절과 어떤 관계가 있는 것으로 그려내고 있다. 즉 두 구절이 모두 구원의 약속을 포함하고 있다는 점이 바로 그것이다. 더욱이 59~63절에서는 1~43절에서 나타나는 것과 똑 같이 "여자"라는 주제가 사용되고 있으며, 또 이 주제는 44절과 그 이하의 구절에서 나타나는 "자매들"이라는 주제와 결합된다. 그래서 짐멀리는 에스겔 16장과 같은 장은 오래된 자료들과 오래되지 않은 자료들을 포함하는 독립된 작은 단위의 글들을 계속 수집하여 나타난 것이 아니라고 확신한다. 왜냐하면 그 과정은 오히려 점진적 성장의 과정, 즉 어떤 중심이 되는 핵이 계속 풍성하게 되면서 진행되고 완성되는 과정이었기 때문이다.

이와 비슷하게 16장 전체에 걸쳐 나타나는 사상의 기본 단위를 강조하는 견해는 알더스(G. Ch. Aalders)에게서 찾아볼 수 있다.[10)] 알더스는 전 장에 걸쳐 나타나는 '지마'(זִמָּה)라는 단어가 사용된 것에 대해 주의를 기울이도록 요구한다(참조. 27,43,58절). 알더스는 43~63절의 내용이 구원의 약속을 포함하는 반면에 그 장의 첫 부분에서는 구원의 약속이 포함되지 않은 사실은 6:8~10에서 심판의 선언에 희망의 언급이 삽입되지 않았다는 점에서 그에 필적하는 형식을 찾아볼 수 있다고 말한다.

---

8) Pfeiffer, *op. cit.*, p. 599. H. G. May, *The Interpreter's Bible*, Vol. VI: *The Book of Ezekiel*, p. 141.

9) Zimmerli, *op. cit.*, p. 342.

10) G. Ch. Aalders, *Ezechiel* (Kampen: J. H. Kok, 1955), p. 280.

필자의 의견으로는, 충분한 근거들에 기초해서 생각한다면 에스겔서 16장 전체의 통일성과 진정성 문제에 대해서는 도무지 의문을 제기할 수 없다고 생각된다. 다음에 다루는 내용들에서는 이러한 입장이 전제되었다.

II. 에스겔서에 나타난 언약 개념의 역할

에스겔의 예언에서 언약 개념이 중심적이냐 아니냐 하는 문제는 그 대답이 다양했다. 파이퍼(Pfeiffer)는 "에스겔의 개념으로 볼 때에 이스라엘과 하나님 여호와의 관계에서 기본이 되는 것은 하나님께서 친히 그 민족과 맺으신 언약(16:8)"[11]이라고 보고 있다. 한편 짐멀리(Zimmerli)는 우리가 언약 개념을 "에스겔의 신학적 언어로 나타나는 구체적 표현"에 속하는 것으로 생각하지 않아야 한다는 주의를 주고 있다. 59~63절에 나타나는 주요 강조점은 이미 22절과 43절에서 찾아볼 수 있는 "기억하다"라는 동사에 있다. 예루살렘의 기억하지 못하는 태도는 은혜롭게 기억하시는 여호와와 대조를 이루며, 또 여호와의 이 기억하심으로 말미암아 결국 예루살렘도 돌이켜 기억하게 될 것이다(61,63절).[12]

아이히로트(Eichrodt)의 소견에 따르면, "…… 그(즉 에스겔)의 전체 사고 방식은 언약 개념에 의해 지배를 받고 있다고 확실하게 주장할 수는 없다."[13] 아이히로트는 언약 개념과 혼인의 개념이 서로 "비슷하면서도 독립적"이라고 여기는 반면에, 파이퍼는 언약 개념을 총체적으로 논하기 위하여 혼인-언약(marriage-covenant)이라는 개념에 호소한다. 개인적으로

---

11) *Op. cit.*, p. 551.

12) *Op. cit.*, p. 369.

13) W. Eichrodt, *Theology of the Old Testament*, trans. J. A. Baker, Vol. I (Philadelphia: The Westminster Press, 1961), p. 60.

필자는 브리젠(Vriezen)의 견해에 동의하는데, 그는 "일부 선지자들이 하나님과 그 백성간의 관계를 표현하기 위하여 신랑과 신부의 비유를 사용하고 있다"고 피력하는 한편, 그럼에도 불구하고 "에스겔에게 있어서 이 개념은 언약 관계와 매우 밀접하게 연결되어 있는" 까닭에 "16:8에서 그는 아무런 어려움 없이 언약 개념으로 넘어가고 있다"[14]고 파악한다. 이와 다소 비슷하게 혼인-언약과 일반 언약 사상의 밀접한 관계를 주장하는 학자로는 리델보스(J. Ridderbos)[15]가 있다.

한편 짐멀리는, 언약 개념이 에스겔의 전승에서 자증적 자료들에 속하기는 하지만(참조. 34:25; 37:26; 44:7) 그 개념이 에스겔의 용어에서 구체적 표현으로 나타나는 것은 아니라고, 의심할 것도 없이 올바르게 서술하고 있다.

III. 에스겔 16:59~63에서 두드러지게 나타나는 점들

1. 이스라엘의 죄는 언약을 파기한 데 있다

이 논문은 이스라엘에게서 나타난 언약 개념의 성격과 근원에 관한 구약 연구의 현주소를 밀도 있게 논하는 데 지면을 할애하지는 않을 것이다. 벨하우젠(Julius Wellhausen), 크래쯔마르(Richard Kraetzschmar), 최근에는 휘틀리(C. F. Whitly)와 같은 학자들이 주장하기를 언약 개념은 선지자들의 명확한 사상들로 말미암아 후대에 일어난 사상이었다고 한다.[16] 한편

---

14) Th. C. Vriezen, *An Outline of Old Testament Theology* (Newton, Mass.: Charles T. Brantford Co., English ed., 1958), p. 146.

15) J. Ridderbos, *Het Godswoord der Profeten*, Vol. IV: *Van Ezechiel tot Maleachi* (Kampen: J. H. Kok, 1941), p. 94.

16) 벨하우젠과 다른 학자들의 견해를 해당 문헌과 더불어 논하는 간략한 논의에 대해서는 Delbert R. Hillers, *Treaty Curses and the Old Testament Prophets* (Rome:

멘덴홀(Mendenhall)과 같은 학자들은 성경의 언약들과 고대 근동 조약들 간에 나타나는 구조적 유사성에 근거하여 언약 개념이 아주 이른 시기부터 나타났다고 주장해 왔다.[17]

여기에서 이 문제로 더 깊이 들어갈 필요는 없을 것 같다. 왜냐하면 힐러스(Hillers)가 정확하게 표현하고 있듯이 "(학자들) 모두 이스라엘과 여호와 사이에 어떤 언약 개념이 요시야의 개혁 시기인 주전 621년에는 이미 완전히 발전된 형식으로 나타났다는 데 의견의 일치를 보이고 있기"[18] 때문이다.

지금 논하고 있는 에스겔서의 구절에서 예루살렘의 죄가 언약에 성실치 못한 죄인 것으로 나타난 사실에 대해서는 일말의 의심도 있을 수 없다. 특별히 "맹세를 멸시한 것"과 "언약을 파기한 것", 두 가지가 언급되는데 이 두 표현은 각각 좀더 깊은 연구가 필요하다. "나 주 여호와가 말하노라 네가 맹세를 멸시하여 언약을 배반하였은즉 내가 네 행한 대로 네게 행하리라"(59절).

(1) 예루살렘은 맹세를 "멸시하였다"

어느 영역본 성경에서는 여기에서 "멸시하였다"(despised)로 번역된 히브리어 단어를 "경멸하였다"(scorned)로 옮기고 있다.[19] 마틴 루터가

Pontifical Biblical Institute, 1964), pp. 1-2와 82-83을 참조하라.

17) George E. Mendenhall, "Covenant Forms in Israelite Tradition," *The Biblical Archaeologist* XVII (1954) : 50-76. 이 문제를 보다 상세히 논의한 것을 보려면 다방면에 걸친 문헌을 제시하는 K. A. Kitchen, *Ancient Orient and Old Testament* (London: The Tyndale Press, 1966), p. 90 이하를 참조하라.

18) *Op. cit.*, p. 82.

19) 예를 들면, *A New Translation of the Bible* (New York: Harper & Row, 1922)에 나타난 James Moffat의 경우를 참조하라. *The Bible in Basic English* (Cambridge: University Press, 1965)에서는 이 구절을 "맹세를 한편으로 제쳐놓은 것"으로 옮기고 있다.

번역한 성경의 개정판에서 "업신여겼다"(verachtet)[20]라고 번역한 반면에, 하이니쉬(Heinisch)는 이와 비슷하게 "경시하였다"(missachtet)[21]로 번역한다. 이 단어는 사실 기본적으로는 "멸시하다", "수치로 여기다"라는 뜻이 있다.[22] 이 단어는 또한 17:16과 그 이하의 구절들에 나타난 것처럼 인간들 간에 맺는 언약에도 사용된다.

한편, 멸시를 당한 대상이 "맹세"(oath, ASV)라고 불리는 이 단어를 쿠크(Cooke)는 "저주"(curse)로 번역한다.[23] 리소우스키(Lisowsky)는 그 단어의 의미로서 "화, 저주, 증오"(Fluch/curse/exsecratio)라는 의미를 열거한다.[24] 이 어휘들에 대하여 사전들이 만장일치로 의견 일치를 보이는 것은 아니다. BDB(Brown-Driver-Briggs) 사전에서는 그 단어의 의미로서 "맹세"를 열거하면서 이 구절을 "맹세를 멸시하다"라고 번역한다.[25] 게제니우스(Gesenius)는 첫 번째 의미로 "저주"를 언급한 다음 두 번째 의미로 "가설적 자기 저주"(hypothetical self-malediction)를 제시하면서 이 의미를 지금 우리가 고려하고 있는 구절에 적용시키고 있다.[26] 또한 쾰러-바움가르트너(Koehler-Baumgartner)는 "어떤 사람에게 임한 저주"로 생각하고 있다.[27]

---

20) *Die Bibel ... nach der Übersetzung Martin Luthers*, revised text (Stuttgart: Württembergische Bibelanstalt, 1964).

21) P. Heinisch, *Die Heilige Schrift des Alten Testaments: Das Buch Ezechiel* (Bonn: Peter Hanstein, 1923), *ad loc.*

22) Francis Brown, S. R. Drive, and Charles A. Briggs, *A Hebrew and English Lexicon of the Old Testament* (New York: Houghton Mifflin Co., 1906), s.v.

23) G. A. Cooke, *The International Critical Commentary: The Book of Ezekiel* (Edinburgh: T. & T. Clark, 1967, first publ. 1936), *ad loc.*

24) Gerhard Lisowsky, *Konkordanz zum Hebräischen Alten Testament* (Stuttgart: Württembergische Bibleanstalt, 1958), s.v.

25) *Op. cit.*, s.v.

26) Wilhelm Gesenius, *Hebräisches und Aramäisches Handwörterbuch über das Alte Testament*, rev. F. Buhl (Leipzig: F. C. W. Vogel, 1921), s.v.

27) Ludwig Koehler and Walter Baumgartner, *Lexicon in Veteris Testamenti Libros* (Leiden: E. J. Brill, 1953), s.v.

히브리어 '알라'(אָלָה)라는 말에 내포된 두 가지 의미는 이와 아주 동떨어진 것이 아니니다. 사실 맹세는 자기 저주(self-malediction)의 조건을 내포하는 형식의 언어이다. 그러므로 그 단어는 암시적으로 맹세를 전혀 중시하지 않는 사람은 그 맹세가 구체화되는 자신을 향한 저주에 대해서 대수롭지 않게 여기리라는 의미를 내포한다는 것이다. 그러나 멘덴홀(Mendenhall)이 "어떤 언약은 필연적으로 일종의 언약의 맹세를 의미한다"[28]고 정확하게 지적했듯이, 맹세란 언약 체결에서 필수 요소이었으므로, 맹세를 멸시한다는 것은 그 언약의 "파기"에 해당한다.

(2) 예루살렘은 언약을 파기하였다(broke)

영어권 세계에서 이 구절에 나오는 부정사구 '레하페르'(לְהָפֵר)의 번역으로는 "파기함으로써"(in breaking, AV, ASV, RSV)라는 표현이 가장 널리 알려져 있다. '레'(לְ)를 부정사와 결합시킨 이 부정사구의 용법은 그 모든 것들 가운데에서도 "부대상황"을 나타내기 위하여 혹은 "좀 더 정확하게 규정하기 위하여" 사용된 것으로 잘 입증된다.[29] 예루살렘 성경(Jerusalem Bible)에서는 "너희가 언약을 파기할 정도로 너희의 맹세를 멸시하였다"(you have despised your oath even to the extent of breaking a covenant)[30]라고 옮기고 있다. 그러나 여전히 다른 학자들은 그 표현의 두 부분을 다음과 같이 단순히 병렬시키고 있다. "맹세를 경멸하고 언약을 파기하였다"(in scorning the oath and breaking the covenant).[31]

---

28) George E. Mendenhall, "Ancient Oriental and Biblical Law," *The Biblical Archaeologist* XVII (1958): 28.

29) 참조. E. Kautzsch, ed. *Gesenius' Hebrew Grammar*, rev. A. E. Cowley (Oxford: Clarendon Press, 1910), par. 114, n.4.

30) *The Jerusalem Bible* (Garden City, N.Y.: Doubleday & Co., 1966), ad loc.

31) 이것이 J. M. Powis Smith가 *The Bible: An American Translation* (Chicago: University of Chicago Press, 1939), *ad loc*에서 보여주는 번역이다. *The Luther Bible*도 이와 비슷하게 번역한다.

우리가 어떤 번역을 선호하든지 간에, 이제까지 언급한 두 부분이 서로 보완하고 있는 점이 명쾌하게 나타나야만 한다. 만일 언약에서 언약의 맹세가 반드시 있어야 하는 것이라면, 맹세에 대해 가벼운 마음으로 대하는 태도는 실은 그 언약을 무효화하는 결과가 되는 것이 틀림없다. 그러므로 사실 선지자 에스겔이 탄핵하는 악이란 무엇보다도 언약의 규약들, 즉 언약의 맹세와 저주에 대해 가벼운 마음가짐이라는 지적은 당연하다. 왜냐하면 언약에 대한 이러한 가벼운 마음가짐이란 불가피하게 언약의 파기를 초래하기 때문이다. 말하자면 그렇게 될 수밖에 없기 때문이다.[32)]

"파기하다"(to break)로 번역된 히브리어 동사는 또한 "파괴하다", "쳐부수다", "무효화하다"[33)]를 의미한다. 이 단어는 이미 창세기 14장에서 여호와와 아브라함 사이에 체결한 언약에도 나타난다(참조. 레 26:15; 렘 11:10).

2. 여호와께서 예루살렘에 대해 행하시는 일

(1) 언약파기의 보복

"그러나 내가 너의 어렸을 때에 너와 세운 언약을 기억하고 너와 영원한 언약을 세우리라." 여러 주해가들과 번역가들은 이 59절과 60절 사이에 나타나는 상호 의존성을 간파하였다. 그래서 스미스(Smith)는 "비록 내가 너의 행한 바에 대하여 그대로 갚아 주어야 하겠지만, ……(60절) 그러나 내가 …… 기억하고 ……"라고 번역한다. 또한 누르트지히(Noordtzij)는 다음과 같이 옮기고 있다: "… heb Ik gedaan gelijk gij gedaan hebt, … (60절) dan gedenk Ik, ja Ik, aan mijn verbond …."[34)] 다른 번역들에서는

---

32) "맹세"와 "언약"의 관계에 대해서는 Johannes Pedersen, *Israel: Its Life and Culture*, Vol. III-IV (London: Oxford University Press, 1940), pp, 449-450도 참조하라. 신 29:11-12에서 분명히 나타나듯이 "맹세"와 "언약"은 때때로 동의어로 사용되기도 하였다. 참조. Hiller, *op. cit.*, p. 84.

33) Koehler-Baumgartner, *op. cit.*, s.v.

59절을 AV와 ASV에서 옮기듯이 따로 위치시키고 있다. 설사 우리가 그 두 절들 사이의 문법적 관계를 설정하고 싶을지라도 여호와께서 언약파기에 대한 보복을 진술하는 59절의 메시지를 간과하면 안 된다.

이 시점에서 모든 번역들은 '케티브'(Kethib)인 "네가 ……"(and thou doest)보다 '케레'(Qere)인 "내가 ……"를 선호하고 있으나, 그 동사의 시제에 관해서는 약간의 견해 차이가 있다("내가 ……하였다" 혹은 "내가 ……할 것이다" 혹은 "내가 ……한다"). 후자의 차이점은 중요성을 아주 크게 부여할 만한 것은 아니다.

한편, 이 예언의 정확한 시기는 결정될 수 없다. 왜냐하면 이 예언이 묘사하는 장면은 예루살렘의 미래에 속하는 것으로 보이기 때문이다. 이것은 다시 말하면 59절에서 언급하는 언약 파기의 보복 역시 미래에 있을 것으로 보는 것이 가장 타당하다는 뜻이다. 구체적으로 예루살렘이 행한 그대로 하나님께서 예루살렘에게 하실 일은 바벨론의 군대가 그 성읍을 취하도록 하나님께서 허용하시는 그 때에 일어나게 될 것이다. 신명기 28:15~68과 같은 구절들에서 언급된 그 언약 파기의 "저주"가 지니는 완전한 무게와 힘은 그때 가서야 효과를 발휘할 것이다.

(2) 언약의 기억(Covenant Remembrance)

59절과 60절 사이에 나타나는 반의(反意)의 관계는 여러 번역본들에 의해서 시사된다(ASV: "그럼에도 불구하고", nevertheless; RSV: "하지만", yet). 여기에서 인칭대명사가 강조 용법("I, even I, will remember". 역자 주: 개역한글판에는 이 강조적 어법이 정확하게 드러나 있지 않다)으로 사용된 사실을 주목할 필요가 있다. 예루살렘의 어렸을 적의 언약을 기억하시어 여호와께서 역사하시리라고는 도무지 바랄 수 없지만, 그럼에도 불구하고 그러한 일이 나타나고 있다. 이 사상은 예레미야 2:2의 그것과 아주

34) Noordtzij, *op. cit.*, *ad loc.*

비슷하다. "가서 예루살렘 거민의 귀에 외쳐 말할찌니라 여호와께서 이같이 말씀하시기를 네 소년 때의 우의와 네 결혼 때의 사랑 곧 씨 뿌리지 못하는 땅, 광야에서 어떻게 나를 좇았음을 내가 너를 위하여 기억하노라." 오직 예레미야 2장에서만 그 "기억하심"이 예언의 서두에 나타나 마치 그 배경을 이루는 듯하다. 한편 에스겔 16장에서는 그것이 예루살렘의 죄악에 대한 가장 생생한 묘사들 가운데 하나인 해당 부분의 결론에 나타나 있다.

구약성경에서 "기억하심"이라는 표현은 단순히 마음에 회상하는 것 이상의 의미가 있다. 그것은 언약을 다시금 효력을 발생케 하는 것에 해당하는 것이다. 출애굽기 2:24에서 애굽에 있는 이스라엘을 여호와께서 "기억하심"은 그들에 대한 "이해"가 동반된다. 시편 98:3도 잘 주목하여 보라. 여호와께서 그분의 긍휼과 그분의 진리를 "기억하실" 때, 땅의 모든 끝이 이스라엘의 하나님의 구원을 "볼" 것이다. 구세주의 탄생 — 누가복음 1:72 — 에서 최정점에 이르게 된 것이 바로 이와 동일한 언약의 "기억하심"이다.

예루살렘의 어린 시절에 맺으신 언약은 바로 시내산 언약을 의미한다. 여기에서 예루살렘은 전체 민족을 대표하는 것으로 보아야 한다. 언약은 어릴 때의 그 민족과 맺었던 것이다(참조. 렘 2:2 이하). "기억하다"라는 단어는 본 장에서 이미 여러 차례 나타난 바 있다(참조. 22,23절). 예루살렘이 행하지 못한 것, 즉 그 어린 시절을 "기억하는" 그 일을 여호와께서 행하시는 것이다.

(3) 언약의 실행(Covenant Enforcement)

a) '헤킴 베리트'(הֵקִים בְּרִית)라는 표현: '헤킴 베리트'라는 구문은 언약 제정을 서술하기 위하여 사용된 구문들 가운데 하나이다. 이 구문은 창세기 6:18과 다른 일곱 구절들에서 나타난다. 쾰러(L. Koehler)에 따르면 이 표현은 언약 설정을 나타내는 또 다른 표현인 '카라트 베리트'(כָּרַת בְּרִית)보다

도 훨씬 더 명쾌한 표현, 즉 "권위 있고 구속력 있는 주도적인 하나님의 의지"[35]를 전달하고 있다. 동사 '쿰'(קום)의 히필(hiphil)형인 '헤킴'(הֵקִים)은 아직 세워지지 않은 것을 "세우시는" 의미와 이미 세워져 있는 것을 "계속 서 있게 하는" 의미라는 두 가지가 있다. 이 동사가 지니고 있는 이중적 의미는 번역본들에서 드러난다. 예를 들면, 아이히로트(Eichrodt) 같은 사람은 언약을 "제정하다"(aufrichten)와 언약을 "똑바로 유지하다"(aufrecht erhalten)라는 두 가지 의미에 대해 언급한다.[36] 한편, 모팻(Moffat)은 이 동사를 "확증하다"(ratify)라는 말로 옮긴다.[37] 또 불가타역(Vulgate)에서는 "suscitabo tibi"로, 칼빈은 "stabiliam"으로 옮긴다. 이러한 번역자들은 모두 한결같이 이 시점에서 결정적인 의미라고 할 수 있는 '헤킴'이라는 단어가 지닌 두 번째 의미를 잘 알고 있었다. 그래서 리델보스(Ridderbos)는 이 단어 '헤킴'은 그 두 의미를 모두 가능하게 하고자 여기에 의도적으로 선택된 것이라고 올바르게 결론을 내린다.[38] 그러므로 언약에 관해 여호와께서 하시는 일에 대해서 이 단어를 선택하였다고 하는 것은 그 언약의 새로움과, 동시에 앞서 맺은 언약과의 연속성도 함께 강조하는 의미가 있다.[39] 칼빈도 이와 마찬가지로 이 구절에 대한 자신의 주석에서 그 새 언약은 일종의 "갱신된" 언약이라는 사실을 강조한다. 61절의 주해에서 말하는 칼빈의 표현은 아주 강조적이다. "...... 이 시대에 하나님께서는 자신이 전에 율법 안에서 약속하셨던 것 이외에는 그 어느 것도 그의 독생자 안에서 우리에게 보여주시지 않는다."[40]

---

35) Ludwig Koehler, *Old Testament Theology*, trans. A. S. Todd (Philadelphia: The Westminster Press 1957), p. 63.

36) 각주 41을 참조하라.

37) *Op. cit.*, *ad loc.* 짐멀리도 이와 마찬가지로 "비준하다"(validation, Gültigmachung)라는 의미로 언급한다. Zimmerli, *op. cit.*, *ad loc.*

38) J. Ridderbos, *op. cit.*, p. 137.

39) 이러한 사실은 아이히로트 〔W. Eichrodt, *Das Alte Testament Deutsch: Ezechiel* (Göttingen: Vandenhoeck & Ruprecht, 1959), *ad loc.*〕가 명쾌하게 서술한다. "Indem Gott den ewigen Bund aufrichtet oder aufrecht erahlt (Das dafür gebrauchte Wort kann beides bedeuten) betont er die Kontinuität seiner Bundesfürsorge."

알더스(Aalders)는 이 구절을 위와 같은 방식으로 이해하지 않는다. 알더스에 따르면, "이 '영원한 언약'은 파기된 언약의 단순 갱신을 의미하는 것이 아니다. 그것은 …… 똑 같은 언약이 아니다. 아니, 그보다는 새로운 어떤 언약인 것이다."[41]

b) '베리트 올람'(בְּרִית עוֹלָם, 영원한 언약)이라는 표현: 알더스의 주장은 우리로 하여금 에스겔에 의해 약속된 여호와의 하시는 일에 대하여 좀더 연구하지 않을 수 없게 한다. 그 언약이 '베리트 올람'이라 불린 사실은 그 약속의 언약과 그 이전의 언약(들)이 지니는 연속성과 분연속성의 문제와 어떤 관련이 있지 않았을까? 이전의 언약은 영원하지 않은 언약이었을까? 또 '베리트 올람'이라는 조건이 옛 언약에는 결여된 새 언약에 관한 어떤 내용을 서술하는 것일까?

일반적으로 '올람'(עוֹלָם)이라는 단어는 "기간"(duration) — 즉 1) 과거의 기간, 2) 미래의 기간을 의미한다.

1)의 의미에 관해서 생각해 보면, 이 단어는 "옛적"(사 63:9,11) 또는 "영원한 문"(시 24:7,9)과 같은 표현에 나타난다. 또한 이 단어는 하나님께서 하시는 일, 그분의 사랑, 그분의 통치, 그분의 존재에 대해서도 사용된다.

2)의 의미에서 생각해 보면, 이 단어는 "영원" 또는 "항상"이라는 의미가 있다. 이 단어는 또한 땅과 같은 어떤 사물의 계속되는 존재를 나타내기도 한다. "영원한 적대감"(겔 25:15; 35:5)이라는 표현에 사용된 것도 바로 이 단어이다. 또 노아와 맺은 언약(창 9:16)이나 아브라함과 맺은 언약(창 17:7,13,19)이 "영원한 언약"이라고 불렸다는 사실을 주목하는 것은 중요하다. 또한 안식일을 지키라는 명령도 '베리트 올람'(출 31:16)으로 이행되는 것을 의미한다. 한편, 문서설에 동의하는 학자들은 이 표현이 P문서에

40) Ioannes Calvinus, *Commentarius in Ezechielem prophetam* ("Opera Quae Supersunt Omnia," ed. G. Baum, E. Cunitz, and E. Reuss: Brunsvigae, 1882, first publ. 1965), *ad loc.* "Deus hodie nihil exhibet nobis in Filio suo unigenito, nisi quod olim sub Lege Pollicitus est."

41) Aalders, *op. cit.*, *ad loc.*

해당하는 것으로 여기고 있다.[42)]

그러나 이제 다음과 같은 질문들이 제기된다. 선지서들에서는 이 표현을 어떻게 사용하고 있는가? 이 용례가 그 표현에 대한 새로운 이해를 지시해 주는 것으로 볼 수는 없는가? 옛날의 표현에 대한 새로운 적용이 나타나고 있는 것은 아닌가? 이것이 전과 동일한 언약이 아니라 하나의 새로운 언약이라고 하는 알더스의 주장을 보증할 만한 '베리트 올람'이라는 표현에 대해 너무나도 독특한 어떤 것이 있지는 아니한가? 아마도 선지자들이 관찰한 바와 같이 '베리트 올람'이라는 표현은 이전의 언약이 지니지 못한 특성들을 소유하고 있는 것이 사실은 아닐까?

여기에서 우리가 관찰할 수 있는 한 가지는 선지서들에 이 표현이 나타나면 언약 파기의 개념이 그 안에 부여된다는 점이다(참조. 사 24:5 "땅 또한 그 거민 아래서 더럽게 되었으니 이는 그들이 율법을 범하며 율례를 어기며 영원한 언약을 파하였음이라"). 다시 말하면, "영원한" 것으로 불린 언약이라고 해서 그것이 절대로 깨어질 수 없다는 의미는 아니라는 것이다. 이사야가 말하는 깨어진 언약은 바로 아브라함과 맺은 언약을 가리키는 것이었다. 그럼에도 불구하고 우리의 목적상 '베리트 올람'이라는 표현은 그것이 선지서에 사용되었을 때에도, 파기될 수 없는 성질을 가정하고 있는 것이 아니라고 주목하는 것은 아주 중요하다.

이사야서의 또 다른 곳에서 '베리트 올람'이라는 표현은 여호와께서 아직 이스라엘과 맺지 않으신 어떤 언약으로 나타난다(사 53:3 "너희는 귀를 기울이고 내게 나아와 들으라 그리하면 너희 영혼이 살리라 내가

---

42) 참조. Cooke, *op. cit.*, *ad loc.* 모세 오경에서 소위 P문서 이론에 대한 보다 중요한 논의를 위해서는 Samuel R. Külling, *Zur Datierung der "Genesis-P-Stucke"* (Kampen: J. H. Kok, 1964), *passim*을 참조하라. 퀼링은 아브라함과 맺은 언약 체결을 묘사하는 장인 창세기 17장에 대하여 주로 연구한 결과 이 장이 주전 2천년경까지 거슬러 올라가는 고대 근동 조약 체결의 고전적 형태를 나타낸 것이라고 결론을 내린다. 이러한 결과로부터 그는 소위 "P" 자료들이 아주 이른 시기에 속하는 것으로 결론을 내린다.

너희에게 영원한 언약을 세우리니 곧 다윗에게 허락한 확실한 은혜니라"). 이것은 곧 그 표현이 미래를 과거와는 다른 것으로 보는 것임을 시사한다고 할 수 있다. 그럼에도 불구하고 그 "영원한 언약"이 미래에 속하는 것일 때조차도, 그 약속의 축복들은 이미 과거에 누린 즐거움들, 즉 "다윗에게 허락한 확실한 은혜"인 것이다. 이것이 또한 다윗 자신이 이미 하나님께서 그와 맺으신 언약을 가리켜 '베리트 올람'(삼하 23:5)이라고 언급한 이유이다.

에스겔도 이 표현을 그의 예언의 다른 곳에서 사용하고 있다(37:26 "내가 그들과 화평의 언약을 세워서 영원한 언약이 되게 하고 또 그들을 견고하고 번성케 하며 내 성소를 그 가운데 세워서 영원히 이르게 하리니"). 그곳에서도 역시 동일하게 명명된 그 언약은 아직도 미래에 종결될 어떤 것으로 나타난다. 그러나 이미 이사야의 표현에서 주목하였던 것과 마찬가지로 이 언약의 축복들은 이전의 언약들을 특징짓는 것들이기도 하다. 에스겔 37장에서 하신 "번성"의 약속은 인간에게 최초로 주셨던 약속(창 1:28)으로 거슬러 올라가며, 그 이후로 계속 이어지는 언약 체결에서 하나의 확실한 요소를 형성한다(참조. 창 17:6). 더욱이 이스라엘 가운데 자리한 성소의 제정도 과거의 언약들과의 분명한 연결을 확증한다. 그러므로 '베리트 올람'이라는 표현은 예언서들에서 사용되었을 때조차도 알더스의 관찰 결과를 확증해주는 그러한 것이 아님을 알 수 있다.

그러나 선지서에 제시된 '베리트 올람'이라는 약속에 담긴 그 독특한 풍요함을 주목하지 못한다면 그것은 잘못된 일일 것이다. 비록 이 언약이 여호와께서 예루살렘의 어린 시절의 언약을 "기억하시는" 때에 맺은 것이기는 하지만, 그럼에도 불구하고 여기에 약속된 '베리트 올람'이 기적과 같은 것이라고 할 수 있는 것은 그 언약이 바로 언약의 상대자로서 예루살렘이 전적인 부적격성이 묘사된 이후에 맺어졌다는 점 때문이다. 예루살렘의 편에서 본다면, 예루살렘은 그 언약의 모든 조건을 위반하였다. 여호와께서도 역시 예루살렘이 행한 그대로 그들에게 행하실 것이다. 그러므로 여호와께서 다시금 그 언약의 "설정" 혹은 "확정"에 대하여 "영원한 언약"이라는 말로 언급하실 때, 이것은 다시 한번 예루살렘으로 하여금 그 언약 관계의 확고부동함과 넘치는 은혜의 성격을 확신시키려는 목적에 이바지해야 한다. 이 확고함과 은혜로움은 시초부터 그 언약을 특징짓는 것이었다. 그러나 구속의 역사에 비추어 보면, 이스라엘은 그 언약을 거듭해서 파기하였는데, 그 이후로는 이 확고함과 은혜로움의 특성들은 이전에 그것들이 드러났던 것보다 한층 더 분명하게 드러날 것이다. 그런 면에서 한층 더 분명하게 드러나는 이 언약의 새로움을 그 이전의 언약들과 비교하여 강조하기를 좋아하는 사람들의 관심을 우리는 어느 정도 이해할 수 있다.[43)]

구속의 역사는 또한 이 시점에서 칼빈이 말하고 있는 표현에 대한 배경도 된다. 그 개혁가의 주해들을 대충만 읽어보아도 단번에 택함을 받은 자들만을 위한 언약의 약속이라는 개념에 대하여 다소 이론적인 이해에 이르게 될 것이다. 왜냐하면 칼빈은 60절에 대한 자신의 주석에서 그 선지자가 자신을 삼가 조심하면서 말하고 있으며(*ut ita loquar*) 또 자신의 말(*sermonem*)을 특별히 택함을 받은 자들에게 돌리고 있다고 주장한다. 칼빈은 또한 주장하기를 그 약속이 선택을 받은 자들에게만 해당하는 것이라고 한다(*propriam solis electis*). 그러나 칼빈은 여기에서 한걸음 더 나아가 하나님의 자비가 택함을 받은 자들로부터 진행된다고 서술하기를 기대하는 사람들은 그러한 언급을 찾으려는 것이 헛됨을 알 것이다. 이 시점에서 보여주는 칼빈의 주해에 따르면, 선택이 아니라 언약이 바로 하나님의

---

43) 겔 16:60의 '베리트 올람'이 파기된 바로 그 언약이 아니라는 개념에 대해서는 칼빈이 59절에 대한 자신의 주석에서 말하고 있는 분명한 진술에서 어느 정도 정당성을 찾아 볼 수 있다. "왜냐하면 다른 부분이 그로부터 분리되는 곳에서는 어떤 언약도 없기 때문이다." 그러나 칼빈의 용어가 지니고 있는 구속사적 배경 속에서 그 이하에 이어지는 내용을 주목하라. 이와 동일한 사실이 "남은 자" 개념을 53절에 대한 칼빈의 토의 내용에 도입시키려는 노력에 대해서도 적용되어야 한다. 어떤 의미에서 이스라엘은 그 시초부터 남은 자라고 칭할 수 있다. 한편 언약의 역사를 통해서 점진적으로 분명하게 드러나는 것처럼 남은 자라는 것은 이스라엘의 재구성 이상이나 그 이하의 것도 아닌 바로 그 자체이다(*op. cit.*, *ad loc*).

자비의 근원이라는 것이다. "그러므로 하나님께서는 그 백성의 어렸을 적에 그들과 맺으신 자신의 언약을 염두에 두실 것임을 선언하시며, 또 언약의 말씀들에 의거하여 그 언약으로부터 말미암지 않고서는 자신의 긍휼을 나타내지 않으실 것임을 언급하고 계신다."[44)]

3. 여호와께서 의미심장한 반전(反轉)을 가져오신다

61절에서 말하는 중요한 반전은 이 16장에서 사마리아와 소돔에 대한 이스라엘의 관계를 말하는 이전 언급들에 비추어 볼 때에만 이해될 수 있다. 다른 모든 일들 가운데에서도 "영원한 언약"은 예루살렘과 그의 "자매들"과의 급진적 관계 변화로 구성된다. 즉 이들 자매들이 예루살렘의 딸들이 된다는 것이다. "네가 네 형과 아우를 접대할 때에 네 행위를 기억하고 부끄러워할 것이라 내가 그들을 네게 딸로 주려니와 네 언약으로 말미암음이 아니니라"(61절).

이 약속의 중요성을 올바로 이해하려면 44~58절의 내용을 간략하게나마 살펴보는 것이 필요하다. 왜냐하면 바로 이 구절들에서 예루살렘의 자매들이라는 개념이 처음 도입되기 때문이다.

(1) 왜 자매들의 비유가 도입되는가

16장의 처음 43절들은 예루살렘이 언약을 배반한 것에 대한 무서운 묘사를 내용으로 하고 있다. 그런데 이제 그 선지자는 이미 제시한 것보다 한층 더 어둡게 묘사하려고 예루살렘의 자매들이라는 비유적 표현을 도입한다. 그 결과로 나타난 모습은 결코 단순하지 않다. 이 구절들에 대한 묘사에

---

44) Calvinus, *op. cit., ad loc.* "Deus ergo pronunciat se memorem fore foederis, quod pepigerat cum populo illo in adolescentia, quibus verbis significat misericordiam suam non aliunde prodituram quam exfoedere."

나타난 소위 "혼돈된" 요소들이라고 하는 것 때문에, 그 요소들을 확실한 증거가 부족한 후대의 편집자에게 책임을 돌리는 해석자들이 있다는 사실을 앞에서 주목한 바 있다.[45)]

이 문제에 관해 제시된 다양한 견해들을 상세하게 검토하는 것은 본 논고의 목적에서 벗어나는 일이다. 그러나 간단하게나마 언급하자면, 일반적으로 "자매들"의 도입이 "그녀(즉 예루살렘)를 더욱 수치스럽게"[46)] 하는데 기여한다고 진술하는 쿠크(Cooke)의 견해에 동의할 수 있을 것이다. 이와 마찬가지로 짐멀리(Zmmerli)는 이 부가적 비유에서 "예루살렘의 죄에 대한 선언을 한층 더 무겁게 함"(Verschärfung der Sündaussage über Jerusalem)[47)]을 발견한다. 이것은 예루살렘의 심판과 멸망에 대해 정당성을 부여하는 목적에 도움이 될 것이다.

(2) 그 자매들의 정체

예루살렘과 비교의 대상이 되는 그 두 자매의 정체가 무엇이냐 하는 문제는 사마리아와 소돔의 회복이 예언된다(53,55절)는 사실로 말미암아 문제가 복잡하게 된다. 이 성읍들은 "그들의 옛 지위의 회복"(return to their former estate, ASV)을 체험하게 될 것이다. 그 이후의 성경 역사나 혹은 시대의 역사 가운데에서 이 묘사를 확증할 만한 어떤 사건이 발생한 적이 있는가?

이러한 면에서 가장 큰 어려움은 소돔을 이 묘사에 도입하는 데에서 나타난다. 어떤 학자들은 여기에서 소돔이 요단 동편에 자리한 이스라엘의 지파들 즉 르우벤, 갓, 므낫세 반지파를 대표한다고 주장하였다. 또 다른 학자들은 소돔이 롯의 딸들로부터 시작된(창 19:30 이하) 모압 족속들과

---

45) 참조. 각주 7.
46) Cooke, *op. cit.*, p. 176.
47) Zimmerli, *op. cit.*, p. 366.

암몬 족속들을 나타낸다고 생각한다.[48] 한편, 반 덴 보른(Van den Born)은 소돔이 다름 아닌 예루살렘 자신에 대한 비유라는 견해에 속한다(참조. 사 1:9,10). 그러나 이 제안은 예루살렘을 소돔과 비교하고자 하는 전체 의도를 다소 의심스러운 것으로 만들고 말 것이다.[49] 사마리아와 소돔의 도입에 대한 가장 명쾌한 설명은 그 사악함에서 예루살렘 도성과 비교될 만한 두 개의 괄목할 만한 성읍들을 찾다 보니 그렇게 되었다는 설명인 것으로 보인다. 이 두 성읍들은(소돔은 수백 년 전에, 사마리아는 불과 얼마 전에) 그들이 받아 마땅한 심판을 받았다. 그러므로 이 성읍들은 단순히 그들 자신들을 위해 언급된 것이 아니라 그들과 예루살렘을 서로 비교하기 위하여 언급된 것이다. 우리는 그 성읍들이 지니고 있는 부속적이고 예시적인 역할을 염두에 두어야 한다. 이 두 성읍들이 그들의 옛 지위를 회복하는 것에 대해 무엇을 언급하든지 간에 그것은 그들이 이 예언에 지니고 있는 특별한 역할에 비추어 언급되어야 한다.

이러한 문맥에서 소돔의 비교적인 기능은 이 성읍의 죄악에 대한 묘사 가운데 교만함과 식물의 풍족함과 태평함과 가난하고 궁핍한 자를 도와주지 아니한 죄 같은 것들이 현저하게 언급된 사실로써 분명하게 예시된다. 그런데 일반적으로 소돔이 멸망당한 이유라고 생각되는 죄악들에 대해서는 아무런 언급이 없다. 오히려 소돔의 죄악들은 자기 민족의 사치 속에서 멋대로 행동하면서 억압을 당하는 자들과 가난한 자들에 대한 사회적 관심을 게을리 한 그 어느 도시에서도 가능한 한 죄악들이다.[50] 소돔에서 나타난

48) 이러한 견해들에 대해서는 여러 주석들을 참조하라.

49) A. van den Born, "Ezechiel uit de grondtekst vertaald en uitgelegd," *De Boeken van het Oude Testament*, ed. A. van den Born, W. Grossouw and J. van der Ploeg (Roermond-Maaseik, 1954), *ad loc.*

50) 동성애의 현상과 관련해서 소돔의 죄에 대한 묘사와 평가를 살펴보고자 한다면, J. Ridderbos, "Bible und Homosexualität," in *Der Homosexuelle Nächste, Ein Symposium* (Hamburg: Furche Verlag, 1963), pp. 54 이하를 참조하라. 또한 Helmut Thieliche, *The Ethics of Sex*, trans. J. W. Doberstein (London: Clarke, 1964), pp. 282-83을 참조하라.

그 상황은 전체 타락상의 일부였다. (엄격한 성적 비유를 사용하는 데 하등의 어색함이나 불편함을 느끼지 않는) 이 16장에서 성적 타락에 대해서는 그 어떤 구체적인 언급도 하지 않고 있다는 사실은 한결 더 놀랍다.[51] 아무튼 이 장에 나타난 (사마리아뿐 아니라) 소돔의 비교적인 역할은 소돔의 죄에 대한 이 묘사에 의해서 충분히 확인된다. 단지 이러한 묘사로써만 예루살렘이 자신의 죄악상을 인정할 수 있었을 것이다.

본 논문의 범위의 한계로 인해 이들 두 성읍들이 에스겔이 예언한 그대로 그들의 옛 지위를 회복하는 것이 정확하게 어떠한 것인지에 대하여 밀도 있게 논의하기는 어렵다. 이 문맥 속에서 이 두 성읍들이 보여주는 부속적이고 예시적인 역할을 염두에 둔다면, 이 문제는 그 중요성을 약간 잃게 된다. 이 예언의 성취에 대하여 무천년설 견해에 집착하는 사람들은 유대인들이 포로에서 돌아온 다음 조상들의 땅을 다시 소유하게 되면 사마리아의 회복이 어느 정도 이루어진다는 사실을 보여주는 에스겔 37:15 이하와 에스겔 48장과 같은 구절들을 지적해 왔다. 소돔의 회복에 대해서는 성전에서 흘러나오는 강물이 지닌 소생시키는 힘의 효력이 미치는 범위 안에 사해 지역을 포함시키고 있는 에스겔 47:10을 언급할 수 있을 것이다.[52]

이 근사치에 가까운 성취들로 말미암아 우리가 궁극적 성취에 대하여 외면하면 안 된다. 왜냐하면 회복된 가나안은 새 하늘과 새 땅을 상징하는 것이며, 그 회복의 축복 안에서 언약 민족의 다른 한쪽(사마리아)과 또 전에는 이스라엘에 속하지 않았던 사람들(소돔)이 동참하게 될 것이기 때문이다. 그러나 리델보스(J. Ridderbos)가 정확하게 표현하고 있듯이 이 시점에서는 에스겔이 이 진리를 단지 간접적으로만 언급하고 있다. 그 선지자가 직접 언급하는 것은 이 두 성읍들이 예루살렘에게 복종하게 되는 데에서 예루살렘으로부터 나타나는 은혜이다.[53]

---

51) *The Interpreter's Bible, op. cit.*, p. 150에 나타난 Allen의 언급을 참조하라.
52) J. Ridderbos, *op. cit.*, pp. 139,140 및 여러 주석들의 해당 구절들.
53) J. Ridderbos, *op. cit.*, *idem.*

(3) 자매들이 딸들이 되다

이제 61절의 구체적 메시지를 생각해 볼 때이다. 여호와께서 "영원한 언약"을 제정하시면 예루살렘의 자매들을 취하여,[54] 그들을 예루살렘에게 딸들로 주실 것이다. 그 자매들의 비유는 앞에서 언급한 내용과 어떤 관련을 설정하고 있다. 그러나 그 관련은 이 시점에서는 예루살렘이 그 언니들(복수)과 동생들(복수)을 접대하고 있는 반면에 바로 이전 예언(46절)에서는 단지 하나의 언니와 하나의 동생이 각각 "딸들"[55]과 더불어 언급된 사실에 의해 약간 바뀐다. 이전의 관계가 지속되는 만큼 우리는 예루살렘을 사마리아와 소돔을 다 포함하는 하나의 "위대한 이스라엘"이라는 어머니로 간주해도 될 것이다. 그렇다면 이 구절은 에스겔이 47:13 이하와 47:8("그가 내게 이르시되 이 물이 동방으로 향하여 흘러 아라바로 내려가서 바다에 이르리니 이 흘러내리는 물로 그 바다의 물이 소성함을 얻을지라")에서 말하는 내용에도 비추어 생각해 보아야 한다. 후자의 구절은 가나안의 지역 상황에 의하여 묘사된 메시야적 미래와 주로 관련 있는 장면을 묘사한다. 그러나 이 약속의 조속하고 보다 일시적 성격은 바벨론 유수가 끝날 때 나타날 것이다. 이 약속은 예언의 실제적 면과 상징적-예표적(symbolico-typical) 면을 조합한다.

그 두 자매들에 대한 이전 언급과의 관련이 너무나도 느슨해서 여기에서 그 모든 형과 아우들이란 다 하나님의 백성의 영광을 나누는 교제 안으로 영접하는 어떤 예언에 관한 언급으로 보아도 된다고 믿는 해석자들도 있다.[56] 그러나 이러한 사상 자체가 성경적이기는 하지만 이 장에서 사마리아

54) 몇몇 해석자들은 '베카흐테크'(בְּקַחְתֵּךְ>, "네가 …… 접대할 때에")라는 어구를 '베카흐티'(בְּקַחְתִּי, "내가 …… 취할 때에," when I take)로 수정하기를 원한다. 그것을 바꿈으로써 그 의미가 아주 심각하게 영향을 받는 것은 아니지만 그것을 굳이 억지로 바꿀 필요가 없다.

55) 한 성읍과 그 "딸들"에 대해서는 삿 1:27도 참조하라(역자 주: 개역성경에서는 이것을 "거민들"로 옮기고 있다).

와 소돔에 대한 이전 언급과의 관련성을 완전히 포기해서는 안 될 것 같다. 왜냐하면 예루살렘의 과거의 비참함과 심판 받은 상태는 예루살렘의 형언할 수 없는 죄악성을 이들과 비교함으로써 드러났기 때문이다. 또 바로 이 사실이 예루살렘이 자신의 이전 자매들을 장차 딸들로서 맞이할 어머니가 되리라는 약속을 그처럼 기이하게 하고 있다.

그럼에도 불구하고 "자매들"이라는 복수형을 사용한 것은 주해상 약간의 중요한 의미를 지닌다. 블랙우드(Blackwood)는 다음과 같이 요약한다.

> 예루살렘은 주위의 민족들, 심지어는 하나님께 대하여 매우 적대적이었던 민족들에게까지도 믿음이 확장되는 중심지가 될 것이다.[57]

시편 87편에서도 훌륭하게 표현된, 예루살렘이 영적으로 어머니 구실(motherhood)을 한다는 개념은 어쨌거나 기독교가 그 "모체가 되는 종교"(mother-religion)인 유대교에 은혜를 입고 있다는 것을 나타내기 위해 사용되는 용어인 "유대-그리스도교적"(judaeo-christian)이라는 요즘의 표현과 혼동하면 안 된다. 단순히 하이픈("-") 부호 하나로는 이곳과 성경의 다른 부분들에서 가르치는 어머니 구실이라고 하는 진리를 표현할 수 없다. 그와는 정반대로 유대교와 기독교를 하이픈으로 연결하는 것은, 비록 때때로 그것이 기독교 신앙의 독특성을 부정하고 싶지 않은 사람들에 의해 사용되기는 하지만, 비교 종교학이 지닌 해악을 생각나게 할 것이다. 예루살렘이 어머니이다! 하나님의 은혜를 힘입었다고 조금이라도 말하는 사람들은 거기서 "태어났음"에 틀림없다(시 87편). 예루살렘이 어머니 구실을 한다는 비유는 갈라디아서 4:26에서 사도 바울에 의해 신약 교회로 옮겨지고 있다. 예루살렘은 이제 "우리 모두의 어머니"이며, 더 이상 과거의 예루살렘이나

---

56) C. F. Keil [*Biblischer Commentar über den Propheten Ezechiel* (Leipzig, 1882), *ad loc*]이 그렇게 믿고 있다.

57) Andrew W. Blackwood, Jr., *Ezekiel, Prophecy of Hope* (Grand Rapids: Baker Book House, 1965), p. 111.

현재의 유대교가 아닌 것이다.[58)]

(4) 수치와 긍휼

여기서 간과하지 말아야 할 것은 장차 예루살렘이 맡게 될 어머니 구실에 대한 선포가 예루살렘이 당하게 될 수치를 언급하는 문맥에서 나타난다고 하는 점이다. "네가 네 형과 아우를 접대할 때에 네 행위를 기억하고 부끄러워 할 것이라……." 여러 해석가들에게는 바로 이 사실, 즉 장차 올 예루살렘의 회복에 대한 선포가 곧 성취될 목적을 위해서 예루살렘의 수치가 필요했다는 사실이 걸림돌이 되어왔다. 포러(Fohrer)는 베르토레트(Bertholet)의 글에서 일부 인용하면서 말하기를, 이 약속은 "'밝고 즐거운 마음"(gaily joyful heart - Luther)을 가진 하나님의 자녀들이 지닌 영광스러운 자유라고 하는 복음주의적 개념으로부터 훨씬 벗어나"[59)] 있다고 하였다. 또한 알렌(E. L. Allen)은 "하나님의 긍휼이 그것을 받는 자들에게 얼마만큼 이르게 될지를 에스겔은 이해하지 못하고 있다"[60)]고 언급한다. 또 알렌은 말하기를 그 선지자가 묘사하고 있는 회복은 "중도에 멈춰 있다"고 하였다. 예루살렘은 긍휼의 때에도 여전히 무가치한 과거의 수치에 사로잡혀(참조. 63절) 하나님 앞에서 부끄러움을 지닌 채 서게 되리라는 주장은, 잃어버렸던 자유와 기쁨을 용서가 회복시켜줄 수 있다는 진리와 또 우리가 무거운 짐을 인생 종착지까지 지고 갈 필요가 없고 그것이 십자가에서 우리로부터 벗겨지는 것을 볼 수 있다고 하는 진리와 일치하지 않는다는 것이다. 이렇게 하여

---

58) 기독교와 유대교의 관계에 대한 이 문제를 좀더 충분히 논의한 내용을 원한다면, 필자의 *Continued Recognition of the Old Testament as Part of the Christian Canon* (Grand Rapids: Calvin Theological Seminary, 1963), pp. 14 이하를 참조하라.

59) Fohrer, *op. cit.* p. 74. 포러의 말은 A. Bertholet, *Das Buch Hesekiel* in Kurzer Hand-Commentar zum Alten Testament, edition of Karl Marti (Leipzig, 1897), p. 61에서 인용하였다.

60) *The Interpreter's Bible, op. cit.*, p. 151.

"여기에는 에스겔이 상상 가능한 것 이상의 복음 내용이 있다"[61]는 말을 우리는 듣게 된다.

이러한 식의 비평은 구약의 예언과 신약의 성취 간의 관계에 대한 약간의 재미있는 문제들을 야기한다. 그 문제는 너무나도 광범위하기 때문에 상당히 철저하게 다룬다고 해도 해결될 수는 없다. 필자가 믿는 바는 아마도 "하나님의 긍휼이 그것을 받는 자들에게 얼마나 미치게 될지를 "에스겔이 이해하지 못하고 있다"고 말할 수는 있을지 몰라도 이것이 곧 여호와의 대변자임을 자처하는 에스겔이 말하고 기록한 표현들이 지니는 참된 요점에 관한 모든 것을 해결해 주지는 못한다는 것이다. 에스겔의 이해와 여호와의 의도, 이 두 가지가 정확하게 일치하는 것일 수는 없다(선지자들이 진리를 연구하고 살핀 것과 그들 자신의 예언이 지니는 궁극적 의미에 대하여 베드로가 베드로전서 1:10 이하에서 말하는 내용도 참조하라). 해석자의 진정한 임무는 기록된 성경의 의미를, 틀림없이 그 기록의 최초의 수신자들의 이해라고 하는 영역과 관련하지 않을 수는 없지만 그럼에도 불구하고 모든 성경의 전체 문맥 안에서, 상세하게 해설하는 것이다.[62]

개혁주의적 입장을 취하는 해석가들은 구약성경의 페이지들에 구원의 복음에 대한 묘사를 마음껏 주입시키기를 원한 적이 없었다.[63] 그러나 계시의 과정에서 복음이 단지 유대교의 불순물이 섞인 상태로부터 점차적으

---

61) *Idem.*.
62) 개혁신학적 입장에서 구약성경, 특히 예언에 관한 해석에 대해 뛰어난 논의를 살펴보기 원하면, J. Ridderbos, "Over de Uitlegging Der Hilige Schrift," in *Bijbelsch Handboek*, ed. G. Ch. Aalders, et al. (Kampen: J. H. Kok, 1935), pp. 366-422를 참조하라. 비록 주어진 예언의 이해 과정에 있어서 종종 인간 저자의 의도가 중요한 역할을 하기는 하지만, 이 의도가 "최종적으로 성령께서 이 인간의 표현에 대해 가지고 계시는 의도를 확정시키는 유일의 또는 절대적 기준은 아니"라고 리델보스는 정확하게 논증한다(p. 397).
63) 종교개혁 당시의 저술가들이 "복음"이라는 단어가 구약을 포함한다고 조심스럽게 사용한 것에 대한 정보를 원한다면, Zacharius Ursinus, *Commentary on the Heidelberg Catechism*, trans. G. W. Williard (Grand Rapids: Eerdmans Pub. Co., 1954), p. 102를 참조하라.

로만 드러나게 되었다는 이 계시 과정에 대한 에스겔의 이해와 우리가 실재로 "십자가에서" 얻은 것을 서로 대조해 보면, 사실 에스겔의 예언에서는 십자가가 예루살렘의 "딸들"이 모여들게 되는 중요한 시점이 되는 신약의 기간을 고대하지 않고 있다. 비록 필자가 전술한 바와 같이 이스라엘이 바벨론 유수로부터 돌아오는 때를 에스겔의 예언이 성취되는 보다 가까운 시기라고 인정하기는 하지만, 에스겔은 여기에서 논의되는 예언이 실제로는 바벨론 유수의 시점을 넘어서 훨씬 나중의 시점을 지향하고 있으며 또 어느 정도는 신약의 교회 시대를 묘사하고 있다고 주장할 것이다.

그러므로 이 은혜의 약속이 설정된 "회개의 마음 구조"[64]에 우리 자신을 순응시킬 필요가 있다. 과거의 잘못 때문에 그리고 또한 이러한 잘못들에도 불구하고 하나님의 넘치는 긍휼 때문에, 예루살렘이 구원의 여호와 앞에 설 때의 모습은 부끄러움이 특징을 이룰 것이다. 이러한 자세는 십자가에 대해서도 아주 어울리는 태도이다.

(5) 난해한 표현: "네 언약으로 말미암음이 아니니라"(וְלֹא מִבְּרִיתֵךְ)

여호와께서 그 두 자매들을 예루살렘에게 딸로 "주시는 것"은 '웨로 베리테크'로 될 것이다. 이 구문에 대해 제시된 여러 번역본들을 간단히 훑어만 봐도 그 의미를 이해하기가 참으로 어렵다는 것은 금방 드러난다. 그 번역본들의 일부를 열거해 보면 다음과 같다:

"but not by thy covenant"(ASV)
"but not on account of the covenant with me"(Moffatt)
"although this was not included in this covenant"(Jerusalem Bible)
"sans que j'y sois tenu par mon alliance avec toi"(Bible de Jerusalem)

64) Emil Kraeling, *Commentary on the Prophets*, Vol. I (Camden, N.J.: Thomas Nelson, 1966), p. 449.

"dock icke för din trohet in forbundet"(Swedish translation, 1977)
"hoewel niet op grond van het met u gesloten verbond"(Dutch New Translation)
"aber nicht um deines Bundes willen"(Luther Bible, revised).
"wenn auch night als Teilhaber deines Bundes"(Zimmerli)
"obgleich sie nicht aus deinem Bunde sind"(Keil)
"zonder het aan je verplicht to zijn"(Van den Born)

a) 전치사 '민'(מִן)의 효력: 대부분의 번역들은 여기에 나오는 전치사 '민'이 어떤 효력을 발생시키는 원인의 의미가 있는 것으로 보고 있다. 이것은 잘 알려진 의미이다(참조. 창 19:36; 사 6:4; 신 7:7; 수 22:24).

짐멀리(Zimmerli)의 번역에서 전치사 '민'은 다른 번역에서 보다 조금 더 본래적 의미, 즉 일부분을 나타내는 의미인 "……로부터" 라는 의미를 지니고 있다. 이들 다른 나라들은 예루살렘의 언약의 "참여자"로 주어지지는 않을 것이다. 카일(Keil)의 번역에서도 이와 똑 같은 용법으로 고려된다.

b) 어미(suffix) '에크'(ךְ..): 이 전치사의 정확한 번역은 그만두더라도 그 구문에는 어미 '에크'(ךְ..)의 성격에 관한 문제가 있다. 그것이 주격 어미인가 아니면 목적격 어미인가? 그것은 목적어로서 예루살렘과 맺은 언약에 대한 언급인가 아니면 예루살렘 자신의 언약을 의미하는 것인가? 혹은 더 자세히는 예루살렘이 그 언약에 대해 행한 것을 가리키는가? 맨 마지막 견해는 그 언약 안에서 예루살렘이 신실치 못하였음에 대해 말하는 스웨덴역(Swedish translation)에 반영되어 있다. 이러한 견해에 따르면 여호와께서는 예루살렘에게 이들 두 딸들을 주실 것이다. 그러나 그것은 예루살렘이 언약 관계에 너무나 충실해서 주시는 것이 아니다. 그 어미를 주격 어미로 보지 않는 반대 의견은 성경의 다른 곳에서는 결코 언약이 사람의 언약으로 묘사되지 않고 있는 사실에 있다. 언약은 언제나 여호와의 언약이다. 이러한 사실에 자극을 받아 일부 학자들은 군사적 언약, 즉

동맹관계에 대하여 생각하기에 이르렀다. 다시 말하면 예루살렘은 이 딸들을 그 언약을 통해서 받아들이는 것이 아니라 군사적 혹은 정치적 계약을 통해서 받아들이게 된다는 것이다.

비록 목적격 어미이냐 주격 어미이냐의 문제가 ASV에서는 미결 상태로 남지만, 이 문제를 새화란역(New Dutch Translation) 성경뿐 아니라 RSV에서는 목적격 어미라는 견해를 지지하는 쪽으로 명백하게 결정이 나있다. 이 점에 대해서는 RSV가 아마도 가장 분명할 것이다. "나와 맺은 언약 때문이 아니니라."

쿠크(Cooke)는 그 어구를 "모호한" 것으로 간주한다. 그의 의견으로는 그 어구가 "나 여호와와 맺은 너의 언약 때문이 아니라 나의 긍휼 때문이니라", 혹은 "전에는 예루살렘과 그다지 밀접한 관계가 없던 그 딸들, 그들과 ……"[65]라는 의미일 수 있다는 것이다.

쿠크가 (언약 때문이 아니라 긍휼 때문이라는) 가능성 있는 것으로 제시한 첫 번째 해석에 의하면 이 구절에서 여호와께서 긍휼을 베푸시는 근거가 바로 언약과 그것에 의한 기억들이 되고 마는 난점에 처하게 된다. 그러므로 "언약"과 "긍휼"이 어쨌든 여호와께서 예루살렘에게 그 딸들을 주시는 일을 성취하시는 두 가지 방법이라고 주장하는 것은, 그 구절이 전체적으로 말하고자 하는 의도와 일치하지 않는 것처럼 보일 것이다.

쿠크는 그 다음으로 가능성이 있는 해석으로서 이곳에 나오는 "언약"을 "아주 가까운 관계", 아마도 "동맹관계" 혹은 "조약"(compact)의 의미로 받아들인다. 카일(Keil)은 '웨로 미베리테크'라는 표현이 바로 예루살렘에게 주어질 그 딸들이 언약 밖(extra-testamental)에 있을 것이라는 사실, 즉 하나님께서 이스라엘과 맺으신 언약에 포함되지 않을 것이며 따라서 그 언약에 의해서 영원한 언약의 영광에 참여한다고 주장할 수 없는 사실을

---

65) Cooke, *op. cit., ad loc.*

나타낸다는 견해를 가지고 있다. 이에 대하여 비록 소돔에 관해서는 이렇게 말할 수 있다고 하더라도 하나님의 언약 안에는 예루살렘과 유다뿐 아니라 사마리아도 포함되어 있기 때문에 사마리아에 관해서는 이렇게 말할 수 없다는 반론이 제기되어 왔다.[66] 그러나 이러한 반론은 "딸들"의 의미를 너무 좁게 사마리아와 소돔으로 국한하여 받아들이기 때문에 나타난다. 이미 우리는 이 어구가 언약 민족에 포함되지 못하는 모든 민족들 전체를 포함할 것이라는 사실을 살펴보았다.

알더스는 '웨로 미베리테크'라는 어구가 "영원한 언약"과 관련하여 해석되어야 한다고 믿는다. 그러나 그 어구가 알더스의 주장처럼 시내산 언약과 "영원한 언약" 간의 구분 – 대조를 나타내기 위한 구분이 아니다 – 을 분명하게 보증하는지는 의심스럽다. 이에 대해서는 본 논문이 앞에서 다룬 논의를 비교해 보면 될 것이다.

하이니쉬(Heinisch)는 이 어구에 대해 분명하게 의견을 밝히지 않고 있지만, 그러면서도 그는 예루살렘이 그 "딸들" 중에서 영광의 자리를 얻게 될 때, 이것은 예루살렘 자신의 공로 때문이 아니라 "순전히 은혜로 말미암아"(aus reiner Gnade)[67] 될 것이라고 한다.

짐멀리는 두 가지 가능성을 질문의 형식으로 언급한다. 이 어구를 해석하기 위하여 짐멀리가 생각하는 그 첫 번째 가능성은, 비록 딸들로 받아들여지기는 하지만 그럼에도 불구하고 그 두 자매들은 예루살렘과 똑 같은 언약의 참여자들이 되지 않았을 것이라는 사실이다. 짐멀리에 따르면 이것은 곧 예루살렘이 성전-도성(temple-city)으로서 영원한 지위를 계속 차지하게 될 것임을 제시하는 것으로 생각되었다. 짐멀리가 설명으로 제시하는 두 번째 가능성은, 그 어구가 여호와께서 회상(回想) 가운데 이전에 언약에서 제공되어 왔던 그 어떤 것 이상의 방법으로 사마리아와 소돔을 다루시는 것을 의미하였을지도 모른다는 것이다.[68]

---

66) Aalders, *op. cit, ad loc.*

67) Heinisch, *op. cit., ad loc.*

칼빈은 이 어구에 대해 논하는 가운데 그 어구가 옛 언약과 새 언약을 구분하는 의도를 나타낼지도 모른다고 주장할 사람이 있을 가능성을 소개하고 있다(알더스가 이에 대하여 말하고 있는 내용을 참조하라). 칼빈은 그러한 표현('옛 언약이 아닌 새 언약에 의하여'라는 표현)으로 생각하는 사람들이 "부분적으로는 옳지만 전적으로 옳은 것은 아니다"[69]라고 지적하고 있다. 다시 말하면, 칼빈은 그 구분의 합리성을 인정하지만, 그러나 그와 동시에 그는 옛 언약과 새 언약같이 구분에 주의를 기울이라고 요청한다면 할 말을 다 하였다고 볼 수는 없다고 생각한다.

앞에서 주목하였던 바처럼, 칼빈이 단호하게 믿는 바에 의하면 하나님께서는 예전에 율법 아래서 약속하지 않으신 것은 그 어느 것도 자신의 독생자 안에서 "드러내시는" 법이 없으시다. 그런 까닭에 칼빈은 말하기를 당연히 다시 한번 세워지고 안정하게 구축되는 것은 바로 이 옛 언약이어야만 한다. 그러나 이렇게 되는 것은 "인간의 편에서가 아니다."[70] 그 백성들은 언약으로부터 이탈하였다. 그러므로 하나님께서도 자유롭게 다른 방식으로 행하셔도 되었을 것이다. 바로 이 시점에서 칼빈은 그 두 언약 사이에 유사성들과 상이점들이 나타난다고 주장한다. 그 차이점들은 의미심장하게도 다소 도식적으로 제시되고 있다. 옛 언약이 덜 지니고 있는 것을 새 언약은 더 많이 가지고 있다. 이러한 관련 속에서 그는 예레미야 31장에 나타나는 새 언약에 대한 구절을 언급하고 나서 다음과 같은 의미 깊은 말로 자신의 결론을 맺고 있다.

> 그러나 새 언약은 너무나도 직접적으로 옛 언약에서 나왔기 때문에, 그것은 비록 형태상으로는 구분되지만 실체에 있어서는 거의 같았다.[71]

---

68) Zimmerli, *op. cit., ad loc.*

69) "*Nequi nihil dicunt, neque totum*" (Calvin, *op. cit., ad loc.*).

70) "*Non ex parte hominum*" (*idem*).

71) "*Et tamen novum fdedus ita a veteri namare, ut fere sit idem quad substantiam*

그 어구가 함축한 내적 어려움뿐 아니라 그토록 다양한 의견들에 비추어 생각해 볼 때, 그 의미에 관한 어떤 의견도 불가피하게 다소 임시적이고 가설적인 것으로 남을 수밖에 없다. '베리트'(בְּרִית)라는 용어 자체의 정확한 의미에 관한 한, 필자는 이것을 하나님께서 자신의 백성과 맺으신 언약이라는 의미로 받아들이고 싶지, 예루살렘이 그 주변의 민족들과 맺은 계약이라는 의미로 받아들이고 싶지는 않다. 이 용어가 속한 전체 문맥은 그 용어에 대해 철저하게 동일한 의미를 제시하고 있는 것 같다. 여호와께서 예루살렘에게 이전의 자매들을 딸들로 주실 것이지만 '웨로 미베리테크'(וְלֹא מִבְּרִיתֵךְ) "네 언약으로 말미암음이 아니니라"고 말씀하실 때, 아마도 여호와께서는 이 은혜의 행위가 기계적인 추론에 따라 예루살렘의 언약에서 그저 자동적으로 솟아 나오지는 않을 것이라고 말씀하는 의도를 지니고 계실 것이다. 언약은 절대로 그처럼 기계적으로 작용하도록 의도되지 않았다. 이스라엘이 언약을 그와 같은 식으로 생각하였을 때, 그 언약은 좌절에 부딪히게 되고 말았다(삼상 4장에 묘사된 언약궤의 이야기와 비교해 보라).

만일 이것이 바른 해석이라면, '웨로 미베리테크'라는 어구는 예루살렘의 미래의 회복이 지니는 필연적으로 은혜로울 수밖에 없는 특징을 강조하는 것이다. 그것은, 부정 속에 암시된 긍정으로서, 바로 그것으로부터 이 축복이 솟아 나오고 또 바로 그 근거 위에서 이 축복이 용인될 그 언약이 하나의 순전한 은혜가 되고 행위의 의(work-righteousness)가 되지 않을 것임을 암시한다. 언약이 비록 그렇게 해석되기는 하였지만 이러한 양상을 지녔던 적은 결코 없었다. 그런데 그 백성으로 말미암아 파기된 이후에 이제 그 언약이 마지막 국면에 접어들었기 때문에, 이 진리가 이전보다 더욱 분명하게 나타난다.

(6) "너로 나를 여호와인 줄 알게 하리라"(63절): 에스겔 예언의 기조

---

tametsi distinguenda sit forma." (*idem*)

에스겔은 "구약성경의 칼빈"[72]으로 호칭되어 왔다. 파괴적 성격을 지녔든지 건설적 성격을 지녔든지 간에 여호와의 권능 있는 역사하심이 지니는 목적에 대하여 에스겔이 독특하게 강조한 점에 비추어 보면, 그는 충분히 이러한 묘사를 받을 만한 자격이 있다. 에스겔의 이러한 강조 가운데 나타나는 가장 특징적 표현이 "너로 나를 여호와인 줄 알게 하리라"는 형태의 이 어구는, 우리가 다루고 있는 현재의 구절과 같이 변형하여 사용된 것은 거론하지 않더라도, 에스겔서에서 59번 이상 나타난다. 이 표현은 매우 일반적으로 심판의 선언들에 덧붙여지지만, 62절의 경우처럼 회복의 약속에 뒤따라 나오기도 한다.

여호와의 심판들은 여호와의 편에서 그 상황에 잘 대처하지 못하였기 때문에 오는 것이 아니다. 그 심판들은 오히려 여호와께서 자신의 정당함을 입증하시고 이스라엘에게 죄를 물으시는, 여호와 자신의 거룩하심의 표현인 것이다(참조. 22:16; 12:15; 15:7; 20:25,44). 그 어구는 또한 이방 민족들과 다른 나라들에 대한 예언들에도 나타난다(25:5,7,11; 28:34). 한편 여호와께서 그분의 신실한 백성들에게 복을 내리실 때, 이 어구는 또한 구분의 거룩하심에 대한 부가적 증거로서 나타난다(20:42; 34:27; 26:11; 37:13,14).

리델보스가 말하듯이 이 표현은 "하나님의 자족성"을 의미한다. 이 말은 하나님께서 역사하시는 목적이 그분 자신 안에서, 즉 그분의 위대하심과 그 이름의 영광의 표시로서 나타나는 것을 가리킨다.[73]

이 어구에 나오는 '야다'(יָדַע, to know)라고 하는 히브리어는 "*nosse cum afectu et effectu*"[74]로 정의되었다. 그것은 "지적인 지식과는 전혀 다른 어떤 것이다. 그것은 마음의 지식이며 인간의 사랑을 필요로 한다."[75]

---

72) Kraeling, *op. cit*, p. 403.

73) J. Ridderbos, *op. cit.*, p. 65. S. R. Driver, *Introduction to the Literature of the Old Testament*, 9th ed. (Edinburgh, 1913), p. 295도 참조하라.

74) 이것은 Franz Delitzsch가 내린 정의이다. 참조. J. Ridderbos, *Commentaar op het Oude Testament: De Psalmen* (Kampen: J. H. Kok, 1955), p. 17.

75) Vriezen. *op. cit.*, p. 128. 지식을 "총체적 터득"(appropriation of the totality)이라고

예루살렘성경(Jerusalem Bible)에서는 그 표현을 "그러면 내가 여호와인 줄을 너희가 배우게(learn) 될 것이다"라고 옮기고 있다. 다른 번역본들에서는 그 표현에서 "체험"이라는 요소가 감지되고 있다.[76] 예를 들면, 루터성경(Luther Bibel)의 경우가 그러한데, 루터성경에서는 "so dass du erfahren sollst, dass ich der HERR bin"이라고 번역한다.

예루살렘이 그분의 변치 않는 신실하심과 끝없는 은혜로 말미암아 여호와가 누구이신지를 전보다 더 잘 알게 될 날이 올 것이다. 오랜 언약 기간 중에 백성들 편에서 신실하지 못하였음을 회상해 볼 수 있었던 신앙심 있는 이스라엘 백성들에게 있어서 이 표현은 이전에는 전혀 경험하지 못했던 여호와의 넘치는 선하심에 대한 전조를 제공하였음이 틀림없다.[77]

(7) '베카페리-라크'(בְּכַפְּרִי־לָךְ): "내가 네 모든 행한 일을 용서한 후에"

가슴 깊이 감동을 주는 이 장은 이전에 약속한 복된 미래가 실현되면 여호와께서 무엇을 행하시거나 또는 무엇을 이루어 놓으실 것에 대한 언급과 더불어 끝난다. 여호와께서는 예루살렘의 과거 행실들을 '키페르'(כִּפֶּר "용서하다")하실 것이다.

이 유명한 성경의 단어에 대한 번역은 각양 각색이다.

"when I am pacified toward thee for all that thou hast done"(AV)
"when I have forgiven thee all thou hast done"(ASV, RSV도 비슷하다)
"wanneer ik voor u verzoenin doe voor alles wat gij gedaan hebt"(네가

하는 페더슨(Pedersen)의 표현도 참조하라. 지식은 "추상적 인식이나 어떤 세부적인 것들에 대한 지각이 아니라 총체적 터득이며 그 주된 특징들에 대한 최초의 주요한 획득"이다.

76) 예를 들면, Noordtzij, *op. cit., ad loc.*; Heinisch, *op. cit.*,에서는 "인식하다"(erkennen)로 번역한다는 것을 참조하라.

77) 참조. Von Rad, *op. cit.*, Vo. II, p. 251 및 거기에 언급한 문헌.

행한 모든 것들에 대해 내가 너를 속량하였을 때, The Dutch New Version)
"when I purge thee of all that thou hast done"(Cooke)

본 논문의 한계상 그 어근 '키페르'에 대해서 집중적으로 논의할 수는 없다. 그러나 이 동사는 신학적으로 매우 중요한 의미가 있다.78) 이 단어는 에스겔서의 다른 부분들에서도 나타나고 있다(예, 43:20,26; 45:15,17). 이 단어가 뜻하는 문자 그대로의 의미는 "덮어 가리우다"이다. 이 단어는 또한 순수하게 인간들 간의 관계에서도 나타나는데, 예를 들면, 창세기 32:20(개역성경은 "형의 감정을 푼 후에" – 역자 주)이 그것이다. 이 단어가 희생제사의 영역에서 사용되면, "덮어서 가리움"(covering)을 하는 편은 하나님 혹은 하나님의 편에서 행하는 제사장이다. 보스(Vos)는 "피해를 당한 당사자이신 하나님께서 덮어 가리우는 것을 조달해 주시고, 그것은 죄인에게 적용된다"79)라고 말한다. 기스펜(Gispen)은 레위기 1:4("그가 번제물의 머리에 안수할지니 그리하면 열납되어 그를 위하여 속죄가 될 것이라")을 주해하면서, "여호와께서는 그 면전에서 죄와 죄인들이 가리움을 받아야할 심판자이시라"는 점을 주목한다. 한편 여기서 가려지는 것은 여호와의 눈이 아니며, 희생의 동물, 특별히 그 피는 여호와의 목전에서 죄인을 가리는 일을 담당한다.80) 이 대속, 즉 이 가리움이 영원한 언약이 기초를 두는 근거가 된다는 것이다. 회복된 예루살렘은, 그 딸들과 더불어서, 바로 이 하나님 편에서의 근본적 역사하심이 없다면 그 언약의 축복들

78) 개혁파의 입장에서 이 단어에 대해 논의한 것을 살펴보기를 원한다면, G. Vos, *Biblical Theology* (Grand Rapids: Eerdmans Pub. Co., 1954), p. 183을 참조하라. 또한 보스가 "'피의 신학'을" 비평적 학자들 측에서는 "원시 종교가 지닌 아주 야만적 형태의 잔재라고 거부하는 것"에 대해 말하고 있는 내용을 주목하라(*op. cit.*, p. 106).

79) *Op. cit.*, p. 184.

80) W. H. Gispen, *Het Boek Leviticus* (Kampen: J. H. Kok, 1950), p. 39.

가운데 그 어떤 것도 맛보지 못할 것이다. 이것은, 우리가 위에서 전술한 바처럼, 예루살렘이 가난하고 궁핍한 사람들에게 보이지 못한 사회 정의에 대해서도 실제 관련이 있다고 생각된다. 이러한 면에서 볼 때 예전이 예루살렘은 가장 악한 범죄자인 소돔보다도 더 악했던 것이다. 그러므로 회복된 예루살렘도 역시 억눌리고 아무런 힘이 없는 자들에 대한 이전의 무관심을 버리게 될 것이다. 그러나 이러한 세계 정의의 구현이라는 목적을 향해 나아가는 길은 피 흘림을 통해서 여호와께서 이루어 주시는 속죄에 의하여 진행된다.[81] 우리는 이 예언이 십자가 위에서 죽으신 그리스도의 대속의 죽음에 의해 성취된 것을 믿는다.[82]

81) 이러한 점에서 최근 캐나다의 수많은 장로교회 목사들이 발표한 성명서의 내용은 전적으로 성경 말씀과 일치하며, 특별히 이 장과 절에 적합하다: "인간 사이의 화목은 하나님과 인간의 화목으로부터 진행되는데, 하나님과 인간의 화목은 그 자체가 그리스도 안에서 성취되고 믿음으로 받아들여진 하나님의 구원 사역의 결과이다. 하나님께서, 사람들이 믿음으로 예수 그리스도를 구세주로 영접하기 이전에 혹은 구세주로 영접하는 것과는 별도로, 하나의 기관으로서 교회를 부르셔서 인간 사이를 화목케 하는 촉매 혹은 대행이 되게 하셨다고 주장하는 것은 복음을 왜곡시키는 것이다." R.E.S. *News Excahnge*, No. 1 (Jan. 27, 1970): 572.

82) 이것이 또한 Dutch New Version, in *De Bijbel in Nieuwe Vertaling Met Verklarende Aantekeningen*, ed. G. Ch. Aalders and W. H. Gispen (Kampen: J. H. Kok, 1954), *ad loc*의 각주를 작성한 사람들의 의견이기도 하다.

히브리어와 히브리적 사고

세끼네 마사오

I

나미키 고이치(並木浩一)가 욥의 사고법을 현실성과 가능성 사이의 "대극화적 사유"(對極化的 思惟)로 규정한 것[1]이 인연이 되어 학자들이 히브리적 사고의 문제를 새롭게 여러 모로 생각하여 왔는데, 본 논문에서는 이 문제를 히브리어와 관련시켜 다루고자 한다. 물론 언어와 사고의 문제는 그렇게 간단하지 못해서 한 민족의 사고와 그 사고방법이 그대로 그 민족의 언어구조에 맞아 들어가는 것은 아니다. 인류 전반에 걸쳐 공통되는 논리적 심리적 구조는 모든 언어에 공통성을 부여하기 때문에 한 언어가 한 민족의 사고 특색을 그대로 반영한다고는 본래부터 생각할 수 없다. 또한 사고는 언어를 매개로 한다고는 하지만 사고는 언어 자체가 아니라서 언어 없이는 사고도 존재하지 않는다. 그러기 때문에 언어와 사고의 상응관계는 복잡하다. 다만 최근의 언어학에서 점차로 밝혀진 바는, 한 민족의 언어는 어느 정도 그 민족의 세계상(Weltbild)을 반영한다는 것이다. 그런 까닭으로 하나의 언어 안에 어느 정도 그 민족의 사고법이 보이기 마련이다.[2]

---

1) 나미키 고이치(並木浩一), "욥기에 있어서의 부정"(일어), 『성서학논집』 4, p. 67 이하.

우리의 연구에 큰 자극이 된 것은 나까무라 하지메(中村元)의 "동양인의 사유방법" 제2권이다. 특히 나까무라는 인도인, 중국인, 일본인의 사유방법을 각각의 언어와 관련시켜 고찰하였다.[3] 우리가 의도하는 바도 히브리인의 사유방법을 히브리어와의 관계에서 고찰하는 일이다.

II

언어의 세 가지 기능을 뷜러(K. Bühler)와 스넬(B. Snell)의 견해를 따라 동작(Wirkung), 표현(Ausdruck), 서술(Darstellung)로 하고, 그 각각을 주로 맡는 품사로서 동사, 형용사, 명사를 열거할 수 있다. 우리는 "어류(語類)의 의미론"이라는 논문에서 셈어 내지는 히브리어의 경우에, 표현의 기능 곧 형용사의 역할이 동작과 서술의 기능, 구체적으로는 동사와 명사에게 흡수되는 경향이 강한 사실을 상론하였다.[4] 예를 들면 상태동사에서 인도-유럽어는 형용사와 계사(Copula)로 표현되는 경우, 동사만 사용한다. 혹은 셈어 또는 히브리어에서 동사의 태(態)는 그 안에 표현적인 것을 포함하기 때문에, 인도-유럽어에서는 형용사 - 동사를 동반할 경우에 동사만으로 마무리 하게 된다. 예를 들면 ṣaḥaq(웃다)의 강의태(强意態)인 ṣiḥeq는 "되풀이 하여 웃다"가 된다. 다른 한편 셈어에서는 명사가 형용사를 대신하여 많이 사용된다. 가장 현저한 것은 이른바 구성태(構成態)의 경우인데 그밖에도 명사가 형용사를 대신하여 사용되는 일이 많다. 그렇기 때문에 결론적으로 말해서 셈어나 히브리어에서는 표현이 동작과 서술의 양극에, 형용사가 동사와 명사의 양극에, 흡수된다는 현상을 지적하지 않을 수 없다. 셈어나

---

2) 掘論, "고전 히브리어에서 시간의 표출 - 언어와 사고의 문제에 관련하여", 『이스라엘의 사상과 언어』(일어), 1962, p. 285 이하.

3) 나까무라 하지메(中村元), 『사유방법』(I, 인도인. 중국인의 사유방법, 1948, II. 일본인의 사유방법).

4) 『어류의 의미론』(上揭拙著, p. 271 이하).

히브리어는 그 기능, 그것을 맡은 품사의 관점에서 보면 양극적이라고 할 수 있다. 역시 전술한 논문에서 우리는 셈어를 보면 "동사문·명사문이 분명히 구별되는 것도 셈어의 양극성을 나타낸다"고 언급하였지만, 이것은 문장론의 문제로서는 상론하지 않았다. 금번에는 이 문제에 관해서도 깊이 들어가 생각하고자 한다. 나까무라 하지메의 사유방법의 연구가 책의 전반부에서 주로 여러 가지 언어의 문장 특색에서부터 문제를 고찰하고 있는데 문장의 문제는 언어와 그 배후에 있는 사고를 고찰하는 데 중요하기에 그러하다. 여하간 이상에서 우리가 지적한 히브리어의 양극성이 나미끼(並木)가 말하는 대극성과 동일하다고 지적한다는 것은 더 말할 나위도 없다. 다만 나미끼(並木)의 견해의 뛰어난 점은 대극화적 사유를 현실성과 가능성 간의 것으로서 규정하였다는 바이다. 현실성과 가능성이라는 명칭이 적당하느냐 하는 것은 어쨌든지 간에 일단 이 명칭을 사용한다고 하면 언어 기능의 작용, 품사로 말하자면 동사는 당연 가능성의 극이요 서술 곧 명사는 현실성의 극을 대표한다.

III

문장에 관해서 다루기 전에 현실성과 가능성 사이의 대극화와 관계가 있다고 생각되는 흥미 깊은 현상을 히브리어와 관련하여 게를레만(G. Gerleman)이 지적하고 있기 때문에 우리의 문제의식이라는 입장에서 이를 다루어 보기로 하자.[5)]

게를레만이 문제삼은 것은 히브리어에서 추상사와 구체사의 관계이다. 추상사(Abstrakta)는 주로 동작 내지는 성질을 명사화한 것(Nomina actionis, Nomina qualitatis)인데, 추상사는 구약의 역사서보다는 선지서나

5) G. Gerlemann, *Bemerkungen zum alttestamentlichen Sprachstil* (Studia Biblica et Semetica, 1966).

시편에서 더 많이 사용된다. 역사서에서는 적나라한 사실이 기술되고 선지서나 시편에서는 사고의 대상이 되는 활동과 특질이 문제시되는 까닭에 이는 당연한 일이다. 구약에는 활동과 특질이 명사화되는 것이 매우 자주 나타나는 현상이라고 게를레만은 지적한다. "그들은 기뻐하였다"라고 말하는 대신에 "기쁨이 그들의 속에 있었다"로 표현된다. "그는 속이지 않는다" 대신에 "속임이 그의 속에 없다"라고 말한다는 것이다. 이 경우에 동사적인 것에서 명사적인 것으로 중점이 옮겨진다. 특정한 인칭에 묶여 있는 사건이 거기서 분리되어 추상화된다. 이 추상화에 의해 오히려 의미가 강해진다. "그의 기쁨이 크다"라는 표현이 "그는 크게 기뻐한다"라는 표현보다 더 강하다. 그런데 이렇게 명사화된 추상사는 "있다" "되다" "생기다" 등의 계사적 의미가 희박한 동사와 함께 쓰이는 것은 앞에 든 예에서 본 바와 같다. 그건 그렇다 치고, 히브리어에서는 다음과 같은 흥미로운 현상이 뒤이어 일어난다고 게를레만은 지적한다. 그것은 추상사가 다시금 구체적 동사와 자주 연결되어 나타난다는 사실이다. "기쁨이 그의 속에 있었다" 대신에 "기쁨이 그의 위에 왔다" 등으로 표현되기에 이른다. 이런 종류의 예는 대단히 많다. 추상사가 구체적 동사와 함께 하여 모습을 드러낸다. "정의가 광야에 거한다", "의와 평화가 서로 입 맞춘다" 등이 그 예이다.[6)]

이상과 같은 게를레만의 지적은 우리가 문제시하는 관점에서 볼 때 흥미가 깊다. 구체사는 현실성을 떠맡고, 추상사는 가능성을 떠맡고 있다는 것은 의문의 여지가 없을 것이다. 따라서 우리가 여기에서 발견하는 것은 양극이 서로 영향을 주고받는다는 사실이다. 나미끼가 말하는 바에 의해 양극이 "서로 부정적으로 매개된다"는 사실이 언어상의 현상으로서 이렇게 나타난다고 말할 수 있는 것으로 생각된다. 먼저 구체적인 동사의 사용이 추상사로 변하고, 다음으로 이 추상사가 역으로 구체적인 동사와 결합되어 나타난다는 사실은 구체사와 추상사 사이에 상호 영향을 준다는 것이요,

6) 같은 표현이 바울의 헬라어에도 나타난다. 예를 들면 고전 9:16의 "necessity is laid upon me" -KJV(역자 주: 개역한글판은 "내가 부득불 할 일임이라.")

히브리인의 대극화적 사유에서 대극의 상호 부정매개라는 것은 언어현상으로서는 이렇게 양극의 상호영향으로 보인다고 생각되는 것이다.

IV

히브리어와 문법 현상에 대극화 내지 양극적 사고의 영향이 나타난 것은 수사(數詞)에 의한 남성 여성의 대립적 사용과, 이른바 전환 '와우'(waw)에 의한 완료와 미완료의 대립[7] 그리고 그밖에도 광범위하게 나타나는 경우가 있다고 생각되나, 여기서는 문장의 문제를 주로 생각하려고 한다.

문장을 전체적 특성에서 볼 때 명사문(la phrase nominale)과 동사문(la phrase verbale)으로 나누는 것은 방드리(Vendryes) 등도 지적한 바와 같다. "명사와 동사를 구별하는 형태상의 차이가 없는 국어는 있다 해도, 어떤 국어라도 명사문과 동사문의 구별이 있다는 사실에는 일치하고 있다"고 그는 말한다.[8] 문제는 각각의 언어에서 명사문·동사문이 어떤 특징을 갖고 있느냐에 있다. 오버휴버(Oberhuber)는 명사문·동사문의 대립은 셈어의 구조적 성격과 관계가 있다고 말한다.[9] 이것은 옳은 말이지만 문제는 명사문·동사문의 특질을 어떻게 파악할 수 있느냐에 달려 있다. 명사문은 주어와 속성어라는 두 항을 내포하고 있으나 둘 다 어느 쪽이든 광의적 명사의 범주에 속한다. 동사문은 어떤 동작을 명령하거나 확인하며 상상하는 것이 그 목적으로서 동사문은 단 한마디로도 성립된다고 방드리는 말한다. 이 사실을 후기 고전 중국어의 형태 분석에 의하여 확실하게 진술한 것은

---

7) G. R. Driver, *Problems of the Hebrew Verbal System*, 1936, p. 19.

8) J. Vendryes, *Le Langage*, 1921, p. 143.

9) K. Oberhuber, *Der einfache Nominalsatz und die sog. nominale Apposition* (VT III, pp. 2-45).

돕슨(Dobson)인데[10] 그는 명사문(Determinative Sentence)의 최소 형태는 두 항이고 동사문의 최소 형태는 단항이라고 단정한다.

이 명사문의 규정과 일견 모순된다고 생각되는 것은 셈어 내지 히브리어에서 명사문에 단극성(單極性)인 명사문을 인정하는 사람이 있다는 사실이다. 부로켈만(Brockelmann)이 그러하고, 역시 히브리어의 명사문에 대해 비교적으로 최근에 가장 상세하게 연구한 사람인 오버휴버(Oberhuber)가 바로 그런 인물이다. 부로켈만은 “소리지름”(Ausruf)이 그런 경우라고 인정하며[11] 오버휴버는 “부름”(Anruf)의 경우에서도 그렇다고 인정한다. 그러나 오버휴버도 명사문을 정의하여 주어(mubtada')와 술어(habar)를 나타내는데 오로지 명사적 카테고리를 사용하는 것으로 하고, 단극적 명사문은 mubtada' 없이 마무리 짓는 타입으로서, 이 mubtada'는 회화 상황에서 그 존재가 전제되어, 혹은 habar와 함께 생각된다고 말하기 때문에 오버후버의 경우에도 명사문을 본래적 주어·술어의 양극성에 의하여 생각하는 것은 분명하다. 더욱이 오버휴버는 전술한 바와 같이 동사문·명사문의 대립을 셈어의 구조적 성격과 관련이 있다고 보면서 대극성(Polarität)이라는 말도 사용한다. 오버휴버가 말하는 대극성이란 동적(動的) 대극성이라고 말해도 좋을 것으로 생각하는데 그것은 다음과 같은 의미에서 그렇다.

셈어의 동사 조직의 출발점에 있어서 명사 내지 대명사적 요소의 협력이 중요한 의미를 갖는다는 것은 이미 알려진 사실이다. 구체적으로 말하면 셈어 동사의 두 개의 기본형 qāṭāl-tā(Töter du), ta-qṭul(du Töter)에서 이 두 형은 명사 또는 대명사적 요소에서 예를 들면 후자의 qṭul은 부정법(역시 명령법)의 꼴로서, 동사나 명사로도 사용하지 않는 기본형이다. 전자의 qaṭal에서도 아카드어의 Permansiv(Stativ, 상태형이라고도 칭함)가 그대로 보여주는 바와 같이 명사나 동사로도 발전될 수 있는 기본형이다(ta는 물론 2인칭 대명사이다). 이들 기본형이 완전한 명사적 기능을 갖게 되는

10) W. A. C. H. Dobson, *Late Archaic Chinese*, 1958.

11) C. Brockelmann, *Hebräische Syntax* …, 1956, p. 9.

것은 그것들을 성분으로 갖는 동사의 형태(명사적 요소+대명사[이 대명사는 '제로' 기호라는 것에 속한다]와 대명사+명사적 요소)가 대립적으로 생겨날 때에 그렇다. 이러한 동적 양극화를 오버휴버는 Polarität라고 부른다. 양극성을 성립과정에서 더듬어보는 이상, 동적 양극화가 되는 것은 당연하다고도 말할 수 있으나, 셈어의 명사문-동사문의 성립이 이런 양극화를 깊이 내포한다는 것은 우리의 주제에 있어서 흥미로운 일이다. 더욱이 오버휴버는 qāṭāl-tā를 원래는 단극적(單極的) 명사문으로 봄으로써[12] 이것을 존재 혹은 상태의 영역에서 사용되는 것으로 간주하고, ta-qṭul은 원래 양극적 명사문으로 봄으로써 사건 혹은 행동의 영역에 사용되는 것으로 생각한다. 상태(status)와 행동(actio)은 셈어의 언어 표출기능의 2대 영역이요 이 상태와 행동이 우리가 전술해온 개념규정에서 현실성과 가능성에 적응된다는 사실은 말할 나위도 없을 것이다. 마지막으로 오버휴버는 "상태적 명사문 타입은 카테고리로서 생각하는 언어표현이며, 동사문 타입은 행동으로서 생각하는 언어표현이다"라고 결론짓고 "언어구조는 한 민족의 사고와 심성(Psyche)의 구조적 표현이다"라고 말한다. 우리의 문제와 관련된 입장에서 말한다면 명사문-동사문의 대립은 셈 사람 내지 히브리인의 양극화적 사고 내지 심성의 표현이라고 말할 수 있다. 오버휴버는 또 다시 명사문-동사문의 어순 문제를 언급하면서 전자를 주어-술어, 후자를 술어-주어의 순서를 취한다고 지적하지만 이 문제를 출발점으로 하여 다시금 히브리적 사고의 문제를 생각하여보자.

V

히브리어 동사문의 어순이 동사를 앞에 둔다는 통상적 견해에 대해서는

12) 이것은 qaṭal이라는 대명사적 요소가 없는 3인칭 단수 남성의 경우를 생각하였을 때라고 이해한다.

비교적 최근에 슐레징거(K. Schlesinger)가 반대한다. 통상적 견해는 아랍어 문법에서 온 것이며, 히브리어에 waw 계속법+명사의 문장은 대단히 많은데 이것은 waw가 붙기 때문에 일어나는 위치의 전환이라고 슐레징거는 본다.[13] 그러나 계속법의 경우를 끄집어낸다면 그 예는 분명히 많으나 그것이 붙기 때문에 발생하는 위치의 전환이라고 하는 이유를 대는 것은 충분하지 못하며 역시 셈어 전체에서 보아 통설을 따라 생각해야 한다.[14]

우리는 통설을 따라 이론을 전개하여 나가고자 한다.

명사문의 주어를 앞에 두고 술어를 뒤에 두는 것은 어떤 사고법을 전제하는가? 명사문은 셈어에서 판단의 입장에서 말하자면 포섭판단과 상태판단인 경우에 사용된다.[15] 이것은 상태판단이 셈어의 경우에는 포섭판단과 구별되지 않는다는 것이기도 하다. 두 판단을 포함하여 특수자(特殊者) 개체는 주어가 되고, 보편을 술어로 삼는 것이라고 말하면 좋을 것이다. 그리고 그 때 셈어에서 주어가 앞에 오는 것은 인도어와는 반대 경우인 중국어·일본어의 경우처럼 개체를 중시함을 나타낸다고 말할 수 있을 것이다. 개체는 대개 구체적인 것이기 때문에 히브리인의 경우에는 구체적인 것 내지 사건을 앞세우고 사물을 생각하는 특징이 여기에 나타나 있다고 말해도 좋을 것이다. 여기에 비해 동사문은 작용판단을 나타내지만 이 경우에서 명사문과 달리 동사가 앞에 나오는 것은 매우 흥미롭다. 동사는 술어이며, 나까무라를 따라 말하자면, 술어는 주체적 관념내용의 표시이며 주어는 객체화된 실체의 표시이지만 히브리어의 경우에 다른 언어에서 볼 수 없는 명사문과는 어순의 차이가 보이는 것이 우선 주의해야 할 점이다. 이것은 명사문·동사문의 양극성이라는 또 하나의 표현이다. 또 다시 이것은 주어의 활동을 중시하는 표현이다. 사건(Geschehen)의 중시라고 해도 좋을 것이다. 이것은 물론 히브리인에게 있어서 역사(Geschichte)를 중시하는 문제와 연결된다는

13) K. Schlesinger, *Zur Wortfolge im hebräischen Verbalsatz* (VT III, p. 381 이하).
14) H. Cazelles, *Hébreu* (Linguistica Semitica, 1961, p. 110을 참조하라).
15) 아래의 여러 판단 문제에 대하여는 나까무라의 상게서를 따름.

것은 말할 나위도 없다.

문장은 어느 것이나 통합체이며 동사문은 돕슨(Dobson)이 규정한 대로 단항(one term)적이다. 셈어에서 동사문에 동사가 먼저 나오는 것은 문장의 타 요소가 주체의 활동에 통합되는 경우의 강도를 나타내는 것으로 생각된다. 결국 의사적(意思的)인 것이다. 이것은 일본어에서 동사문의 동사가 맨 나중에 오며, 그 동사의 부정은 다시금 그 동사 다음에 오기 때문에 동사문의 통합이 흔들리기 쉬워 문장의 정서적 통일의 면이 강한 것과는 정반대이다.16)

명사문장은 자주 두 개의 항(two terms)에 의한 통합체이다. 인도-유럽어의 경우에도 명사문에서는 원래 계사가 없었다고 방드리(Vendryes)는 지적한다. 그러나 시간개념을 표시하기 위하여 계사가 생겼다고 방드리는 본다.17) 이 견해는 일부만 옳다고 생각된다. 명사문에서 계사 발생은 인도-유럽어나 중국어나 셈어에서도 이차적이다. 계사는 명사 문장에서 두 개 항의 병렬이 그대로 방치되면 문장 통일이 상실될 가능성이 있기 때문에 두 개의 항을 연결할 계사로서 이차적으로 발생한 것이라고 생각된다. 그리고 이 계사의 특질에 각 언어의 특질이 나타난다는 것이 우리의 견해이다. 인도-유럽어에 있어서는 동사로서의 성격이 제일 약한 동사가 다시금 그 존재의 의미까지도 약화시켜 A is B라는 식의 제일 순수한 계사를 낳게 하였다. 존재판단에 사용된 동사가 포섭판단, 내속(內屬)판단 중의 상태판단으로 사용되었으며 이것은 타 언어의 계사와 비교하면 가장 논리적인데 to be는 동등(equal)을 나타낸다. 논리학적으로는 개체와 보편 사이의 범주적 판단을 나타낸다. 셈어에서 히브리어의 hāyā, 아람어의 kāna가 대체로 인도-유럽어의 asti, esti, is에 상응하는 점도 있으나, 이것을 오버휴버처럼 계사라고 하는 것은 의문이다. 더욱이 오버휴버는 히브리어의 '예쉬'(יֵשׁ)

16) 바울의 헬라어에서도 돌연 동사가 문장 초두에 나와 극히 셈어적 감각을 주는 경우가 있다(갈 1:6; 롬 1:11을 참조하라).

17) Verdryes, 상게서, p. 164 이하.

도 계사로 보나 이것도 존재판단을 위한 특수적 소사(小辭)이며 순수한 계사로 인정하기는 어렵다. 히브리어에서 계사로 생각해야 할 것은 3인칭 인칭대명사(그 1인칭과 2인칭은 2차적 유추에 의한 것일 것이다) '후'(הוּא) '히'(הִיא) '헤마'(הֵמָּה) '헤나'(הֵנָּה)의 사용이다. '아도나이 후 하엘로힘'(הָאֱלֹהִים)이라는 경우를 생각하게 된다. 물론 이 3인칭 인칭대명사의 사용도 원래는 인칭대명사로서의 표현 가치를 완전히 상실하지는 않았을 것이나 점차로 순수한 계사가 되었다고 생각한다. 이러한 동적 과정을 통하여 히브리어에 있어서 계사의 특징은 의사적(意思的) 강조가 이루어지게 되었다고 생각한다. '아도나이 후 하엘로힘'은 원래 "여호와야말로 하나님이시다"라는 강한 뜻이었다. 그것이 점차로 "여호와는 하나님이시다"라는 순수한 계사적 사용으로 바뀌었다고 생각한다. 이 '후'(הוּא)에 유사한 것은 중국어의 '쓰'('是' 우리말의 "……이다" – 역자 주)의 사용인데, 나까무라는 '是'의 사용은 중국어의 직접적 감각적 파악을 나타낸다고 한다. 또한 '是'가 술어를 수식한 경우가 있어서 이것은 중국어에서 보편자(普遍者)도 개별적인 것으로서 파악되는 것을 나타낸다고 이해한다. '후'는 '是'와 달라서 어느 정도 먼 것을 지적하기 때문에 중국어의 경우의 특색과 다르다. 더욱이 중국어의 계사로서 '예'(也, 우리말의 "……도"– 역자 주) '이'(矣, 우리말의 "……이야" – 역자 주)에 대해 진술한 돕슨(Dobson)은 그것들이 중국어 명사문의 범주적 판단을 나타낸다고 하나, 이것은 서양인의 견해로서 오히려 일본어의 "나리"(なり) "다"(だ, 우리말의 "……이다" – 역자 주) "다요"(だよ) "사"(さ, 우리말의 "……이야" – 역자 주) 등과 같이 정서적이라고 이해해야 할 것이다.[18] 일본어의 통상적 포섭판단·상태판단을 나타내는 명사문에서 계사의 특징은 "-와"(は, 우리말의 "……은, 는" – 역자 주)이며, 이 "-와"에 대해 사쿠마(佐久間) 박사는 그것이 "문제의 장(場)의 설정"[19]이라고 말하나 시모무라(下村) 박사는 이 문제를 더 진전시켜 "-와"는 장소의

18) 고우노 로쿠로(河野六郞) 교수의 가르침을 따름.
19) 사쿠마(佐久間) 著, 『일본어의 언어이론』(일어), 1959, p. 14 이하.

자기 한계를 갖고 있다고 말한다.[20] 포섭판단·상태판단에 있어서 특수가 일반에 관해 서 있고, 일반은 특수에 관해서 있는 장소라고 보는 것은 니시다(西田) 철학의 뛰어난 인식인데[21] 이 경우의 논리에 상응하는 언어적 표현을 이 "-와"라고 우리는 보는 것이다. 특수는 일반 한정에 관하여 특수인 것이다. 판단은 일반이 자기 자신을 한정한다. 장소가 장소 자체를 한정하는 것이며 이러한 장소의 자기한정이 "-와"에 의하여 표현되는 것이다.

---

20) 시모무라 토라타로(下村寅太郎), 언어와 사유(『과학기초론 연구』, 23호, p. 166).
21) 니시다 키타로(西田幾多郎), 『움직이는 것에서부터 보는 것에 이르기까지』라는 책의 "장소"라는 항을 참조하라.

찾아보기_주제

찾아보기_인명

찾아보기_성구